U0658300

作战指挥

二战德国陆军实战指南

TRUPPENFÜHRUNG

GERMAN ARMY MANUAL FOR UNIT COMMAND IN WORLD WAR II

德国国防部部队局 著

小小冰人 译

民主与建设出版社
·北京·

© 民主与建设出版社，2020

图书在版编目（CIP）数据

作战指挥：二战德国陆军实战指南 / 德国国防部部
队局著；小小冰人译. -- 北京：民主与建设出版社，
2020.5

ISBN 978-7-5139-2960-8

Ⅰ. ①作… Ⅱ. ①德… ②小… Ⅲ. ①第二次世界大
战—陆军—军事史—德国 Ⅳ. ①E516.9

中国版本图书馆CIP数据核字(2020)第043542号

作战指挥：二战德国陆军实战指南
ZUOZHAN ZHIHUI
ERZHAN DEGUO LUJUN SHIZHAN ZHINAN

著　　者	德国国防部部队局
译　　者	小小冰人
责任编辑	彭　现
封面设计	王　星
出版发行	民主与建设出版社有限责任公司
电　　话	（010）59417747　59419778
社　　址	北京市海淀区西三环中路10号望海楼E座7层
邮　　编	100142
印　　刷	重庆长虹印务有限公司
版　　次	2020年5月第1版
印　　次	2020年5月第1次印刷
开　　本	787毫米×1092毫米　1/16
印　　张	18
字　　数	300千字
书　　号	ISBN 978-7-5139-2960-8
定　　价	89.80元

注：如有印、装质量问题，请与出版社联系

序一

在战场上赢得胜利有几个关键要素：装备、领导力、训练和学说。这些要素中，军事历史学家们迄今为止最关注的是装备（武器）和领导力。训练固然重要，但很少加以详细探讨。军事学说这个要素得到的关注大于训练，但并未达到其应有的重要度。这一直是研究军事行动中的一个严重问题。

第二次世界大战是关于战争中战役和战术学说重要性引人瞩目的证据。二战前半期，德国军队横扫欧洲，穿过波兰、法国、挪威、低地国家、巴尔干、北非，并以一连串前所未有的战役胜利深入苏联腹地。战争后半期，虽说德国国防军在各条战线节节败退，最终功败垂成，但德国陆军在敌众我寡的战斗中多次展现出强大的战术和战役能力。尽管其效忠的政权具有邪恶的本质，但必须承认，一对一的情况下，二战中的德国陆军可谓有史以来最具效力的战斗力量之一。

德国陆军之所以成为二战期间一支强大、高效的力量，原因之一是他们掌握优秀的战术（战役）学说。1940 年的战役和法国仅 6 周便告败的事实，为研究军事学说的重要性提供了机会。1940 年战役后的若干年里，德国的胜利往往被解释为他们投入大量坦克、机械化力量和战机来对付一个受缚于马其诺防线和防御战略的对手。但我们现在知道，就兵力和武器数量而言，1940 年的德国国防军几乎不占什么优势。实际上，具有优势的往往是联军。1940 年，英法联军投入的师同德国人一样多。法国军队在坦克数量和质量方面占有较大优势，炮兵优势比达到二比一。而在空中，德国空军可用战机的数量和质量仅比英国和法国略有优势。简言之，交战双方 1940 年的军力可谓旗鼓相当，德国人并不具备 1914 年他们的攻势在马恩河被法国人和英国人所阻时明显享有的力量优势。

德国军队 1940 年和二战前半期在战场上赢得的胜利，合理的解释是一种优越的军事学说。他们掌握一种采用诸兵种合成和机动作战有效、切合实际的学说，这使他们与对手相比具有极大的优势，而英国和法国的作战学说更适合 1918 年，而非 1940 年的情况。从法国到北非再到苏联，面对实力强大、训练有素、装备精良的对手，德国人展示出一种有效学说的价值。在战场上学到一些痛苦的教训后，英国人、苏联人和美国人修改了自己的战术（战役）学说，看上去同德国人的军事学说极为类似，这一点不足为奇。从1942年起，德国人的优势逐渐遭到侵蚀，盟军采用卓有成效的战术和战役学说击败并打垮了德国国防军。

《作战指挥》（*Truppenführung*），撰写于1933年，是军事史上最重要的学说表述之一。从出版伊始到二战结束，《作战指挥》一直是德国陆军战术思想和战役实施的主要指导方针。总的说来，这是一份非凡的文献。它是对德国陆军在第一次世界大战结束后的岁月里制定的现代机动作战概念的有效阐述。不过，在阐述最终在1939—1942年一系列闪电战中得以体现的机动作战概念的同时，这份条令也有相当一部分篇幅致力于分析防御作战。描述出色军事领导力特征和要求的开篇章节，可以单独作为指导军官的一份经典文件。

正如编辑和译者指出的那样，《作战指挥》并不是一份真正的革命性文件。它以克劳塞维茨、毛奇、泽克特的传统为本，借此表述德国从事战争的方式，其本质是德国传统中最佳战役和战术思想的综合体。《作战指挥》将第一次世界大战中出现的武器（例如坦克、卡车、装甲车、飞机）有效纳入德国机动作战和战术灵活性的传统。

又如编辑们还指出的那样，《作战指挥》的某些章节面世后不久便被武器和战术的发展所取代。《作战指挥》提及坦克和坦克旅，但没有探讨1935年后才出现的装甲师。不过，装甲师不仅仅是一股坦克力量，其效力得益于作为一股配置均衡的诸兵种合成部队投入战斗。使用合成军兵种是作战指挥和德国军事学说的核心原则之一。

德国军事学说的优势之一是该学说创建及修改的过程。这种学说并非源自个人天分，而是总参谋部内广泛辩论与讨论的产物，是利用战争和演习经验测试其学说概念的一种政策。军事学说并非神圣不可侵犯，总参谋部和军方领导完全可以在必要时抛弃或修改《作战指挥》的部分内容。例如，《作战指挥》撰写关于骑兵师的概念时，混编骑兵和摩托化部队是各强国军事学说的标准做法。但德国陆军1932年年末和1933年年初在一系列师级演习中测试了合并骑兵或摩托化部队的学说概念。这种概念在纸面上看似强大，但事实证明并不可取。骑兵根本无法跟上摩托化部队，而克服不同兵种间的后勤和协同问题也很困难。面对这种情况，骑兵们积极接受了摩托化，开始改编成摩托化（机械化）师。《作战指挥》条令中描述的骑兵行动已然过时。这说明德国人会测试并抛弃那些存有缺陷的战术和战役概念，而当时被视为世界上最优秀的法国陆军，却没有在现实情况下检验其军事学说。法国陆军1940年投入几个骑兵和摩托化混成师，而德国人早在1932年便已发现这种编制的缺点。

将《作战指挥》置于德国军事传统的背景下，我们可以了解作战指挥和德国战争方式的优缺点。德国军事领导人虽然在战争的战术和战役层面表现出色，但事实却证明，他们对战略的掌握很拙劣。显然，冯·毛奇伯爵去世后的若干年里，克劳塞维茨的某些东西并未被德国总参谋部继承。

对美国军方而言，《作战指挥》自出版以来一直是一份颇具影响的文献。美国陆军1941年推出的作战学说，大部分内容直接引自《作战指挥》。二战后的许多军事学说也深受德军在二战中的经历及德国机动作战传统的影响。美国陆军20世纪70年代和80年代发展并推出的空地一体战战役学说中，修改后的德国军事传统同样发挥了核心作用。

军事学说是军队在战场上赢得胜利的一个重要因素，1940年是这样，时至今日依然如此。以美国为首的联军在1991年海湾战争中面对实力庞大、装备精良的伊拉克军队时迅速取得决定性胜利，不能仅仅归功于优异的武器装备。美军空地一体战学说主要基于德国的军事传统，同这场一边倒的战场胜利有很大关系。15年来，美国陆军一直在刻苦训练，准备以高度灵活的机动战学说同苏军交锋。但他们没有对苏联开战，而是以其机动战学说对付伊拉克军队，对方据守着强大的防御阵地，接受过防御训练并遵循一种严格的防御学说。美军基于诸兵种合成和快速机动的计划执行得异乎顺利，仅用四天便将伊拉克军队歼灭殆尽，自身伤亡寥寥无几。

如从多个方面看，《作战指挥》就像克劳塞维茨的《战争论》一样，是一部具有时代特征的著作。这本书于70多年前写就，但其关于作战、领导乃至战术的性质方面的许多内容，时至今日依然有效。作战学说作为战场胜利的组成部分，其重要性在这70年里并未下降，甚至有所加强。虽然武器和技术发生了巨大变化，但作战和战争战役层级的性质没有改变。的确出现了各种新技术，可战场上依然存在迷雾和摩擦。指挥官们仍必须做出生死攸关的决策，并在备受压力、混乱迷惑的情况下执行任务。用于赢得胜利的火力与机动之间仍存在一种紧张的关系。指挥官的目标依然是歼灭敌武装力量。合成兵种仍是战术的基础，能够最有效地使用麾下部队的指挥官将赢得胜利。《作战指挥：二战德国陆军实战指南》提供了关于战役和战术性质的一些真知灼见，我向军官和军士们强烈推荐这部著作。

詹姆斯·S.科勒姆

美国空军高级空中力量研究学院比较军事学教授

美国陆军预备役中校

没有什么比遵循突如其来的灵感（无论这些灵感看上去多么智慧，多么杰出），而不探寻其合乎逻辑的结论，或沉溺于一厢情愿的想法（无论我们的目的是多么真诚）更危险的事情了。我们需要军官们有条不紊地遵循逻辑论证的路径，以训练有素的智慧、足够强大的性格和勇气执行智力的要求，从而得出相关结论。

路德维希·贝克将军

摘自他 1935 年 10 月 10 日在战争学院 125 周年院庆上的演讲

序二

军队是使之建立的社会之反映。美国人拥有丰富的物质资源，偏好技术解决方案，由此形成的军队往往倾向于依赖尖端武器和军事史上无疑最佳、最奢侈的后勤体系。同样，过去150年的德国军队也反映出德国人在组织和纪律方面的国民性。但在几个关键方面，从第一次世界大战的灰烬中重生，并在极其不利的情况下差一点赢得第二次世界大战的德国军队，却与形成这支军队的社会截然不同。

从某种程度上说，许多人对德国社会及其性格特点的普遍看法具有一定程度的正确性。这些特点包括几乎不加质疑地接受权威，社会僵化，专注于保存记录、文书工作和各种形式的官僚程序。这些特点表现得最为突出之处莫过于德国的行政部门。虽说美国陆军倾向于忠实再现美国行政部门大部分最糟糕的特点，但德国陆军显然没有这种顽疾。

因此，第一次世界大战后的德国陆军非常成功地在其自身社会框架内保留并加强了更广泛的德国社会的特点，这些特点有助于作战行动取得成功，同时，他们消除了那些会给有效行动造成妨碍的特点。尽管公众对德国人的印象是僵硬刻板，并得到无数好莱坞电影和电视节目的强化，但二战期间的普通德国士兵绝不愚蠢或缺乏想象力，而他们的军官和军士既非机器人，也不是僵化的独裁者。

要了解二战期间德国陆军的心理、哲学和社会价值，关键性的东西可在《作战指挥》（*Truppenführung*）手册中找到。这份手册作为德国陆军军事条令出版于1933年（第一部分）和1934年（第二部分）[1]。欲理解德国的军事行动，该手册的重要性就像"战地手册FM 100–5'作战篇'"之于美国，或"野战勤务条令"之于英国。从多个方面看，《作战指挥》堪称《孙子兵法》的现代版。据威廉姆森·默里教授说，"这依然是有史以来最具影响力的学说手册"，而且"还代表着对领导及其所实施战术最细致周到的审查"[2]。

德国陆军以1905年颁布的一套野战勤务条令从事第一次世界大战。虽说其学说主体主要源自卡尔·冯·克劳塞维茨少将和赫尔穆特·冯·毛奇元帅的思想，但 1905 年版战地手册明显带有 1891 年至 1906 年间任德国总参谋长的阿尔弗雷德·冯·施利芬将军的重要印记。尽管克劳塞维茨的理论在今天备受尊崇，但 1945 年前德国陆军中的许多人，要么拒不接受，要么忽略他最重要的一些概念，包括防御力量固有的优势，以及战争与政治间的关系。而克劳塞维茨普遍被接受的一个概念是歼灭战（Vernichtungsschlacht）思想。

由于德国在欧洲的地理位置，德国军事规划者普遍认为他们必须能从事一场两线战争。为成功做到这一点，他们就应该一个接一个地击败对手，而不是同时与多个对手交锋。这意味着一场场短暂而又猛烈的战争，每场战争取决于通过一场决定性会战歼灭一个对手，或者说依次消灭敌军。于是，施利芬成了歼灭原则（Vernichtungsprinzip）的信徒。某些历史学家认为他的这个概念远远超出克劳塞维茨的预想，另一些人则认为他不过是战争哲学家的忠实回应者。不管怎样，歼灭原则是德国 1914 年战争学说的基石。但第一次世界大战并未实现德国人对此的设想。

尽管第一次世界大战的传统形象是僵局、停滞和堑壕战，但与现代战争相关的大部分战术概念都诞生于 1914 年至 1918 年间。1915 年至 1917 年的防御战期间，德国人开创并掌握了灵活防御、纵深防御和反斜面防御概念。1918 年的攻势中，他们完善了这样一种技术：压制炮火支援下的流动、非线式渗透战术。第一次世界大战结束后，汉斯·冯·泽克特将军成为德国军队领导者，魏玛防卫军非常仔细地研究、分析了这场大战的发展。

泽克特革新最重要的产物是关于战术学说的新手册，《合成军队的指挥和战斗》（H. Dv.487, *Führung und Gefecht der verbundenen Waffen*）——普遍称之为"Das FuG"。该手册出版于 1921 年（第一部分）和 1923 年（第二部分），的确是一部了不起的著作。与一战后几乎任何一个国家的学说手册都不同，Das FuG 彻底摒弃了阵地或堑壕战（Stellungskrieg）。相反，它专注于运动战（Bewegungskrieg），同时采用 1914 年至 1918 年间发展而成的许多战术技术。Das FuG 还重新强调了战争期间已然减弱的歼灭原则[3]。施利芬的另一些概念也被加入了 Das FuG 之中，包括进攻的首要性；包围与正面行动相结合，以此作为最佳解决之道；防御纯属进攻的暂时性前奏[4]。

这本《作战指挥》主要由路德维希·贝克将军、维尔纳·冯·弗里奇将军、奥托·冯·施蒂尔普纳格尔将军撰写，更新了 Das FuG 的基本概念，使其与机动作战、航空、电子通信迅速显现的潜力保持一致。Das FuG 强调的机动和进攻重点保持不变[5]，完整的段落和章节都被移入《作战指挥：二战德国陆军实战指南》[6]。但新手册一个非常重要的补充是其序章部分，以 15 个富含哲理的段落设定了这本手册的基调。

通过一场决定性会战赢得战争的想法纯属战术概念。它与作战艺术和战争的战役层级完全对立，对后者而言，顺序作战和累积效应才是关键。虽然美国军方和北约直到 20 世纪 80 年代中期才承认战争的战役层级概念，但自拿破仑时代以来，战役思想一直在缓慢而又稳定地发展。克劳塞维茨并未使用特定术语，但他在《战争论》一书中明确确定了战术与战略之间的战争层级。二战前，苏联人在战役层级从事的大部分理论工作备受赞誉，但《作战指挥：二战德国陆军实战指南》一书清晰阐述了克劳塞维茨关于战术和战役层级的概念[7]。

作家希蒙·纳维称《作战指挥》是"确认战役认知 1938 年前便已存在的最佳证据"[8]。虽然获得这种赞誉，但《作战指挥》的重点几乎完全在战术方面。由于拒绝接受顺序作战——他们将之等同于消耗战（Materialschlacht）——德国军事学说仍同战术层级紧密相连。因此，许多历史学家认为，德国陆军所谓的作战艺术实际上不过是大规模层面的战术而已。

第一次世界大战后德国军事体系最重要的概念之一是 Auftragstaktik，这个术语可以粗略翻译为"任务型命令"，但无法找到准确的英语词汇充分表述这个术语的全部含义。Auftragstaktik 基于这样一种原则：指挥官应告诉下属需要做些什么以及何时完成，但没有必要告诉他们该如何去做。遂行任务的过程中，下级指挥官拥有很大的自由度，完全可以充分发挥主动性。在第一次世界大战之前，当时的德国陆军实施作战的原则被称为"指令领导"（Weisungsführung），同 Auftragstaktik 类似，但只委托集团军级指挥官（有时候下到军级），在他们执行使命时赋予其广泛的自行处理权。而一战后 Das FuG 创建并引入作战指挥的 Auftragstaktik，将该原则拓展到最低级别的班长，必要时甚至可以扩展到单兵。

冯·泽克特在 1925 年的魏玛国防军总司令观察报告中如此写道：

目前最重要的是加强个人的责任，特别是他的行动独立性，从而提高整个军队的效率……外部环境施加的限制使我们得以在思想上获得更大自由度，并获得提高个人能力的有益结果。[9]

欲让 Auftragstaktik 奏效，受领任务的下级军官，甚至是普通士兵，必须充分理解上级的意图，大多数情况下指的是更高一级指挥官的意图。当然，这意味着下级军官必须明白"为什么"。如果他不明白，就有义务提问。相反，下达命令的上级指挥官有义务做出解释。这种过程并不符合军事组织一贯给人留下的刻板印象，也不是德国社会的特点。因此，我们发现《作战指挥》中的一些段落，时至今日仍被世界上的许多军队视为激进：

2. 战争的进行受到持续发展的影响。新武器决定了不断变化的形式。（我们）必须预料到它们的出现，并评估其影响，然后必须迅速将这些武器投入使用……

4. 从事战争的教训无法以条令的形式详尽汇编。明确阐述的原则必须根据实际情况加以使用……

6. 指挥一支军队及其下属部队，要求指挥官具有清晰视野、极具远见的判断力，能做出独立和果断的决定，并坚定不移、积极地加以执行……

15. 从最年轻的士兵起，所有人必须在任何时候和任何情况下全身心投入。只有这样，整支部队才能在一场决定性行动中发挥作用。

虽然德国人顺从上级领导的传统和遵守明确程序的偏好同 Auftragstaktik 格格不入，但德国陆军将这种战术发挥到历史上任何一支军队都难以超越的程度。奇怪的是，这个术语并未出现在《作战指挥》的刊本中，但相关概念明确无误地穿插于整本手册，例如可参见第6、第9、第10、第15、第36、第37、第73、第74、第75、第76段。

第15段尤为重要。泽克特组建 10 万人的魏玛防卫军时，设想的是一支双重目的的军队。最初这是一支小型、职业化、高素质的军队，是一股精兵（Eliteheer）。但它也是一支骨干力量，日后将为一支大幅度扩充的军队提供指挥人员。因此,泽克特也在设计一支 Führerheer——指挥官队伍。通过添加第15段，《作战指挥》的作者们给魏玛防卫军所有成员下达了通告。1934 年 10 月 1 日,《作战指挥》第二部分出版后不久，希特勒下令将魏玛防卫军的规模秘密扩充三倍。1935 年 3 月，纳粹德国重新采用征兵制，建立起一支 38 个师、约 60 万人的客观基础力量[10]。到 1943 年 10 月，德国军官团的人数达到 246453 人，10 年内扩充了 64 倍[11]。

军官团的迅速扩充自然造成一些机构压力和社会紧张，但德国军队对这些问题处理得相对较好。同 1914 年前的英国军队和社会一样，德国社会严格的阶级结构，在第一次世界大战德国军队中的军官与士兵之间设立起坚实的壁垒。经历 4 年战争后，面对 1918 年的战败，这些社会壁垒成为分裂德国军队的断裂线，而这个国家也经历了政治和社会革命。战后，泽克特实施革新，着手消除军队内部这些壁垒，以便在相互信任、相互尊重、真正的手足情谊的基础上建立一支更具凝聚力的作战力量，而无关某人的社会背景或他的军事职责及权力级别。因此，我们在《作战指挥》中读到了这些段落：

7. 从某种意义上说，军官既是领导者又是教师。他不仅要了解部下，富有正义感，还必须以渊博的知识、丰富的经验、高尚的品德、严格的自律和高度的勇气赢得赞誉……

12. 领导者必须和他们的部下同吃同睡，同生死共患难，分享他们的喜悦和悲伤。只有这样，他们才能切实掌握战斗力的真实状况，了解士兵们的需求。

最初的 Das FuG 和随后的《作战指挥》在重新定义德国陆军的社会景观方面取得巨大成功。F.W. 冯·梅伦廷少将在二战后的经典著作《坦克战》中写道：

在威尼斯一家旅馆用餐时，我和司机同桌，这使意大利人深感惊异。一般来说，军官和士兵们是分开进餐的。但像这次这样，一名军官和一名士兵共同执行一项任务,一同用餐是理所当然的。与1918年不同,我们对官兵一致的认识从未动摇过。甚至到1945年,德国陆军中也没有出现腐败的迹象。[12]

第十四章装甲战车和第十五章空中力量,是《作战指挥》中最有趣的部分。这两章都引自 Das FuG 并加以更新,而 Das FuG 是《凡尔赛和约》明确限制德国拥有此类武器后撰写的。在对该手册的简介中,冯·泽克特证实了其中包含的内容:

这些条令基于一支军队的实力、军械和装备,适用于一支一流现代化军事力量,而不是目前根据和平条约组建的10万人的德国陆军。只有保持对我们现在被褫夺的战斗武器(空军、重型火炮、坦克等)的鲜活记忆,我们才能找到抗击拥有现代装备之敌的办法和手段。缺乏这些武器绝不能导致进攻时犹豫不决。

就连德军第一个装甲师组建、德国空军正式成立数年前出现的《作战指挥》一书也指出:"这本手册想想的是一支拥有巨大资源的军队中的实力、武器和装备。"德军最初的三个装甲师1935年秋季组建,但到1937年9月秋季大演习才全面投入使用[13]。在此之前,战争学院(Kriegsakademie)里那些未来的参谋人员仍在他们的演习中使用一个想象的装甲师结构(参见附录4)。1934年10月1日,希特勒下令秘密成立德国空军。待他1935年3月11日公开宣布德国空军的存在时,德国人已拥有1888架各种类型的飞机。从汉莎航空这家德国国家航空公司召回预备飞行员和地勤人员后,德国空军几周内增加到2万名官兵。

《作战指挥》的撰写预料到新武器技术的出现。例如手册第783段指出,预计作战飞机之间会引入空对空无线电通信。但手册中的部分内容到1939年显然已过时。德国人的确已着手更新《作战指挥》。1938年1月,战争学院发布了更新后的手册草案,名为《战争指挥》(Kriegsführung)。这本新手册本来是德国人将三大军种的行动合并到一个全面学说中的首次尝试,但随着二战的爆发,相关工作陷入停顿,这份手册一直没有完成[14]。想想《战争指挥》的最终版本会是什么样是一件很有趣的事,而德国陆军奋战至1945年,使用的一直是《作战指挥》手册。

对德国陆军的普遍观点集中于他们作为进攻机动大师的声誉。但情况需要时,他们也能实施娴熟、顽强的防御。如前所述，德国人在第一次世界大战期间便已发展出同现代战场防御相关的大部分概念。就像纳维所说的那样，作战指挥"反映出一种进攻和防御平衡的方式，将这二者视为战役机动的基本、互补形式"[15]。二战期间的德军指挥官，特别是陆军元帅瓦尔特·莫德尔，一次次实施熟练的防御。第564段和第566段列出的原则，读上去就像为1944年许特根森林战役所写的剧本，在那里，寡不敌众、装备不佳的守军在三个月内给美军造成近2.5万人伤亡。

当然，德国人的战术思想并未随着手册的出版而停滞不前。冯·梅伦廷在《坦克战》一书中指出，德国总参谋部1935年至1937年间就如何使用坦克的问题发生激烈争执。时任总参谋长的贝克显然希望遵循法国的学说，将坦克的用途限制在近距离支援步兵方面。而维尔纳·冯·弗里奇和海因茨·古德里安则反对这种想法[16]。古德里安在战后回忆录中把贝克说成是个极度保守的失败主义者，毫无战役理解力，当然，贝克当时已然殒命，无法为自己辩解了[17]。另外，《作战指挥》第339段似乎表明步兵和坦克的行动得到协调，但并未合并。德国陆军中步兵与坦克真正的结合发生在1940年法国战役后，赫尔曼·巴尔克上校当时建议组建步兵—坦克混编部队[18]。正如罗伯特·奇蒂诺教授指出的那样，贝克1933年出任总参谋长（当时称为部队局局长），第一个装甲师1935年组建。因此，古德里安声称自己就组建装甲师的事宜同贝克展开"旷日持久的斗争"，这种说法看来纯属夸大其词[19]。

炮兵也是《作战指挥》预料到未来发展的一个领域，但不太成功。手册中提及重型和远程低伸弹道火炮（参见第417段、第605段），尽管1934年的德国陆军并没有这种火炮。由于德军炮兵在第一次世界大战期间的毁灭性效力，《凡尔赛和约》第164款将魏玛防卫军的火炮数量限制在288门，口径不得大于105毫米[20]。《作战指挥》手册收录了炮兵在一战期间的许多经验教训，例如以毒气作为反炮兵火力，以此压制敌方火炮（参见第358段）。另一方面，该手册拒绝预测（与观测截然不同）炮火（参见第338段），尽管格奥尔格·布鲁赫米勒上校已在1918年的德军攻势中证实其有效性不容置疑。而1944年和1945年，美国陆军大力证明了这些炮火方位技术在机动作战中的有效性。

《作战指挥》预测到自行火炮的出现（参见第339段），但德军炮兵一直没能充分发展其潜力。持续存在的战术弱点使德国人在战场上付出高昂的代价。二战中的德军装甲师配有自行火炮，但直到 1944 年，他们的步兵师仍处于火力严重不足的状态，大部分火炮依靠马匹拖曳。德军严重依赖战术空中力量与坦克的结合，这种方案在波兰和法国战役期间行之有效，但在广袤的苏联境内却不尽如人意，德国空军在那里无法做到随时随地出现在战场上空。反观苏联红军，二战爆发时有 6.7 万门火炮，战争结束时编有约 90 个炮兵师和数个炮兵军。而 1944 年和 1945 年的西线，盟军先是取得空中优势，后又夺得制空权，导致德国人根本无法依靠火炮提供火力支援 [21]。

对德国人来说，战斗情报是个薄弱环节。虽说《作战指挥》强调了决策过程中情报的重要性，但也强调不确定性是战斗中的规则。指挥官们很少有正当理由等待完整或完美的情报，因此，他们和他们的参谋人员不得不考虑对手最危险的行动方案（参见第 62 段）。相比之下，今天的美国和北约军事人员，决策过程中考虑的是对手最危险、最有可能采取的行动方案 [22]。德军指挥官和参谋人员的注意力完全集中于对手最危险的行动方案，往往忽略对方最有可能采取的行动。由于后者的威胁比前者更难预计，情报的作用因而在德国人的决策过程中遭到削弱 [23]。

后勤是德国军事思想中的另一个主要盲区。由于后勤补给需求随着时间的推移不断增加，军队后勤体系方面的弱点给战争战役层级造成的问题远远大于战术层级。虽说德国人是使用铁路系统进行大规模部队调动的高手，但其后勤体系的许多其他因素并不健全。这使德国人在两次世界大战中深受其害。《作战指挥》的 23 章节中，有两个章节专用于解决后勤问题，但师级指挥部门负责相关事务的许多工作人员甚至不是军人，而是军队文职人员（Wehrmachtsbeamten）。哈伦·N. 哈特尼斯上尉 1935 年至 1937 年作为美国交流军官在德国战争学院学习，他在发给美国陆军的一份报告中指出，战争学院在战术教学方面，教员与学员的比例为 1:20，补给方面为 1:120，运输方面甚至降至 1:240 [24]。

总之，《作战指挥》不是个完美的学说体系。它几乎不太关注战争的政治和战略层级，很大程度上忽略了克劳塞维茨对这些维度的批判性分析。第一次、第二次世界大战期间的德国军事体系中几乎完全看不到这种思想水平 [25]。他们为此付出了相应的代价。但是，德国军官教育体系根本不是为培养诸如乔治·C. 马歇尔、德怀特·E. 艾森豪威尔、艾伦·F. 布鲁克或科林·鲍威尔这种高级指挥官而设。因此，德国产生了像埃尔温·隆美尔这种卓越甚至辉煌的战地指挥官，但他们对宏伟的战略知之甚少。埃里希·冯·曼施泰因和阿尔贝特·凯塞林是二战期间德军战地指挥官中明显的例外；而贝克的个人著作则表明，他非常清楚克劳塞维茨定义的政策与战争之间的关系[26]。

尽管存在缺点，但《作战指挥》仍是当代遥遥领先的学说手册。其目的不是赋予德军指挥官如何赢得战斗的秘诀，而是旨在给予他们一套适用于复杂、独特战斗情况的智力工具。就像詹姆斯·科勒姆指出的那样，"学说"（Doktrin）这个词在德语中并不常见，使用这个词时，并不代表"正确行事方式"的意思，就像美国人倾向将其用于战术那样[27]。评论德国战争学院培养未来总参军官的训练哲学时，哈特尼斯上尉写道：

得出的解决方案也许不够完美，或者说算不上最佳，可如果这是个可行的解决方案，能够以手头现有手段加以执行，这就是个经得起战斗考验的方案，与其他或多或少在细节方面似乎更好的解决方案同样值得称赞。决策的目标是得出可行的解决方案。战争中很少能得到完美的解决方案。[28]

哈特尼斯作为一名交流军官学员在德国战争学院学习 1 年后，阿尔伯特·C.魏德迈上尉（后来成为中将）更为简洁地指出："充满勇气、大胆、果断性的不完善计划或决策，强过陷入不确定性的完美计划。"[29]

虽然《作战指挥》到第二次世界大战中期已存在 10 年，但仍包含许多种子，使一些德国最伟大的指挥官得以在战场上创新。例如，许多人认为以 88 毫米高射炮打坦克这种极为成功的权宜之策，是隆美尔在北非对付英国人期间创造的。此举确实令英军深感意外，但在 7 年前，《战地指挥》手册已明确指出：

812. 防空武器用于地面行动会降低其主要作用的效力，应限于特殊情况。这种用途仅适用于作为防御火力打击近距离内的战车。

　　《作战指挥》并不是一本关于参谋人员行事和程序的手册。两次世界大战中的德国陆军拥有出色组织、训练有素的参谋人员。虽然《作战指挥》附录 1 和附录 2 简要地介绍了作战报告的格式和态势图、战时日志的维护，但这些程序的主要参考资料是一本完全不同的手册——《总参战时勤务手册》(H.Dv.92，*Handbuch für den Generalstabsdienst im Kriege*)，它相当于美国陆军的 FM 101-5，"参谋组织和程序"。

　　当然，《作战指挥》和 Das FuG 不是德国陆军仅有的作战手册。它们是我们今天所说的"顶点"学说手册。Das FuG 1921 年出版后不久，德国陆军发布了一系列更加详细的战术手册，面向具体兵种和小股部队的作战行动。这些手册包括《步兵训练条令》(*Ausbildungsvorschrift für die Infantrie*)、《炮兵训练条令》(*Ausbildungsvorschrift für die Artillerie*)、《野战防御工事条令》(*Feldbefestigungsvorschriften*)、《魏玛防卫军中的通信勤务》(*Der Nachrichtendienst im Reichsheer*)，以及《步兵班的训练》(*Ausbildung der Schützengruppe*)。其中许多手册不止一卷，仅《步兵训练条令》就多达五册 [30]。

　　这本手册存在期间和二战结束后很长一段时间里都具有广泛影响力。美国陆军情报部 20 世纪 30 年代末将其译成英文后，《作战指挥》极大地影响了 1940 和 1944 年版 FM 100-5。1940 年版 FM 100-5 以一种非常类似的方式编写，作者甚至引用了《作战指挥》中一些完整的句子 [31]。虽说两本手册中的许多基本概念相同，但 FM 100-5 往往与《作战指挥》的精髓相距甚远。

　　第二次世界大战后的几年里，美国人继续认真关注德国军事思想。20 世纪 50 年代初期，美国陆军驻欧部队（USAREUR）历史处委托前德国陆军总参谋长弗朗茨·哈尔德和一批前德军将领及总参军官分析美国陆军 1949 年版 FM 100-5。哈尔德团队以 155 个打印页对这本战地手册做出详细的逐段分析。这份报告的前三章是对 FM 100-5 的总体评估。虽然哈尔德和他的团队理应探讨美军战地手册，但他们实际上扩展了《作战指挥》，并提供了对该手册所蕴含思想的深入认识。

　　冷战期间，伴随着漫长的核阴影，以及越战时期的低强度、非常规战争，西方国家关于大规模常规军事行动的想法有所衰退。在越南遭受令人震惊的失败后，传统军事思想进入美国军队的复兴期 [32]。德国的许多经典概念，包括《作战指挥》中受到重视或被忽略的那些观点，纷纷出现在 1984 年、1986 年、1993 年版的 FM 100–5 中。其中包括克劳塞维茨关于政治维度和战争战役层级的概念，以及决定性打击点和重心（Schwerpunkt）观点。另外还包括《作战指挥》手册中关于指挥官意图（Absicht）、主动性、独立思考的领导者及任务型命令的概念。美国陆军指挥与参谋学院这段时期的教材甚至使用了 Auftragstaktik 一词。但许多美军指挥官更喜欢谈论 Auftragstaktik，而不是推行这个理念。虽然德国人早在 1935 年 11 月便已解密《作战指挥》第一部分，而美国人直到 1957 年 2 月才解除该手册第一部分英译本的机密级。它被称作第 14507 号报告，以打印版的形式收藏在美国的一些军事历史图书馆。而出于某些莫名其妙的原因，该手册的第二部分直到 2000 年年底仍被列为保密级。

可以说，《作战指挥》为希特勒军队在二战前半期赢得的胜利提供了学说基础。该手册的主要作者是反希特勒密谋集团中最重要的军方人物，可谓历史上最大的讽刺之一。贝克 1938 年辞去陆军总参谋长一职，以此抗议希特勒的侵略战争计划。他作为 1944 年 7 月暗杀希特勒事件的关键领导者，政变失败后旋即被捕。在有可能被送上法庭审判前，贝克自杀身亡。

戴维·T. 泽贝茨基、布鲁斯·康德尔

注释：

1. 以下简称 H. Dv.300。

2.Williamson Murray, "Leading the Troops: A German Manual of 1933," *Marine Corps Gazette*, September 1999, p. 95.

3.Robert Citino, *Path to Blitzkrieg* (Lynne Rienner: 1999), p. 10.

4.Jehuda L. Wallach, *The Dogma of the Battle of Annihilation: The Theories of Clausewitz and Schlieffen and Their Impact on the German Conduct of Two World Wars* (Greenwood Press: 1986), pp. 219 - 234.

5.1936 年至 1938 年，阿尔伯特·C. 魏德迈上尉（后来成为中将）作为美国交流军官在德国战争学院学习。他在报告中指出，为期两年的课程中，他所在的班级学习了 70 多个问题，但关于防御战术的问题不到 10 个，而这 70 多个问题完全不涉及阵地或堑壕战。Albert C. Wedemeyer, Report No. 15,999, German General Staff School, 4 August 1938, p. 140 (National Archives and Records Administration, Record Group 165, Box 1113), 以下简称 Wedemeyer Report。

6.James S. Corum, *The Roots of Blitzkrieg: Hans von Seeckt and German Military Reform* (University Press of Kansas: 1992), p. 199.

7.*Murray*, p. 95.

8.Shimon Naveh, *In Pursuit of Military Excellence: The Evolution of Operational Theory* (Frank Cass: 1997), p. 116.

9.Cited in Citino, p. 57.

10.Herbert Rosinski, *The German Army* (Preager: 1966), pp. 220 - 227.

11.Jürgen Förster, "The Dynamics of Volksgemeinschaft: Effectiveness of the German Military Establishment in the Second World War," in Military Effectiveness, Volume III, *The Second World War*, edited by Allan R. Millet and Williamson Murray (Allen & Unwin: 1988), pp. 207 - 208.

12.F. W. von Mellenthin, *Panzer Battles* (University of Oklahoma Press: 1956), p. 46.

13.Citino, pp. 236 - 239.

14.*Wallach*, p. 212.

15.*Naveh*, p. 117.

16.*von Mellenthin*, p. xvi.

17.Heinz Guderian, *Panzer Leader* (Easton Press: 1990), pp. 32 - 33.

18.*von Mellenthin*, pp. 19 - 20.

19.Citino, p. 231.

20.David T. Zabecki, *Steel Wind: Colonel Georg Bruchmüller and the Birth of Modern Artillery* (Praeger: 1994), p. 106.

21.Zabecki, pp. 108 - 110, 129 - 133.

22.Department of the Army, FM 101 - 5, Staff Organization and Operations (U. S. Government Printing Office: 1997), pp. 5 - 6.

23.Geoffrey P. Megargee, Inside Hitler's High Command (University Press of Kansas:

2000), pp. 108 - 109. Also, *Wedemeyer Report*, p. 78.

24.Harlan N. Hartness, Report No.15,260, Report on German General Staff School, Staff Methods, and Tactical Doctrine, 3 May 1937, p. 7 (National Archives and Records Administration, Record Group 165, Box 1113), hereafter Hartness Report.

25.*Murray*, p. 95.

26.Ludwig Beck, Studien, edited by Hans Speidel (Koehler Verlag: 1955), pp. 60 - 63.

27.*Corum*, p. xv.

28.*Hartness Report*, p. 149.

29.*Wedemeyer Report*, p. 18.

30.Citino, pp. 11-12,23.

31.Martin van Creveld, *Fighting Power: German and U.S. Army Performance, 1939-1945* (Greenwood: 1982), p. 131.

32. 美国陆军对克劳塞维茨的"再发现",很大程度上受到小哈里·G. 萨莫斯上校(已故)和他极具影响力的著作 *On Strategy: The Vietnam War in Context* 的激励。

33.Carl von Clausewitz, *On War*, edited and translated by Michael Howard and Peter Paret (Princeton University Press: 1976), Book VIII, Chapter 4, pp. 595-597.

CONTENTS

目 录

陆军总司令

参照：TANr.3000/33T4 1933 年 10 月 17 日

《作战指挥》（*Truppenführung*）包含指挥、战地勤务和战争中联合作战的基本原则。

这本手册设想的是一支拥有巨大资源的军队中的实力、武器和装备。

就这本手册而言，适用于部队的训练和使用，必须考虑到和平时期的情况、法律和国际条约造成的限制。

对本手册的任何修改和补充必须经我本人批准。

冯·哈默施泰因－埃克沃德男爵

序章

1. 战争是一门艺术，是建立在科学原理基础上的自由、创造性活动。它对人的个性提出了最高的要求。

2. 战争的进行受（技术）持续发展的影响：新武器决定了（战争）不断变化的形式，它们的出现以及影响都必须得到先期预料与正式评定，然后尽快被投入使用。

3. 战事瞬息万变，它们经常并突然发生变化，很少能被人所完全预料，但不可预料的因素往往具有决定性影响。战争是一方的意志与另一方的意志所展开的较量[1]，而摩擦（Reibung）[2]却是每天都在发生的。

4. 我们无法以条令的形式详尽汇编我们在战争中学到的教训。明确阐述的原则必须根据实际情况加以使用。简单的行动，加以合乎逻辑的实施，才有最大可能实现目的。

5. 战争使个人在精神和身体耐力方面受到最严峻的考验。出于这个原因，如坚韧这样的素质在战争中比智力更重要[3]。正是因为如此，许多在和平时期默默无闻的人，在战场上却表现杰出。

6. 指挥一支军队及其下属部队，要求指挥官具有清晰视野、极具远见的判断力，能做出独立和果断的决定，并坚定不移、积极地加以执行。这些指挥官决不能受战争命运发生变化的影响，并充分意识到他们肩负的责任。

7. 从某种意义上说，军官既是领导者又是教师。他不仅要了解部下，富有正义感，还必须以渊博的知识、丰富的经验、高尚的品德、严格的自律和丰沛的勇气赢得赞誉。

8. 军官和其他从事领导工作的军人，其榜样和个人举止对部队起到决定性作用。军官面对敌人时应展现出冷静、果断和勇气，以此率领自己的部队。他还必须了解部下们的感受和想法，并无私地照料他们，以此获得他们的喜爱，赢得他们的信任。相互信任是需要时和危急时刻最可靠的纪律基础。

9. 每一位领导者在各种情况下必须尽己所能，不能逃避责任。愿意承担责任是一名领导者最重要的素质。但它不应基于个人主义而不顾整体，也不能作为未执行命令的理由。总之，精神上的独立性不能变为行动上的任性。相比之下，可接受范围内的行动独立性是取得巨大成功的关键。

10. 尽管存在技术力量和武器装备，但决定性因素是每个士兵所具备的价值。战斗经验越丰富，他的重要性就越大。而一名士兵的训练、身体素质和无私、果断、自信和勇敢等素质使他能克服最困难的情况。

11. 一名领导者和部下的才干决定了一支部队的战斗力，而他们的武器装备的数量和保养使战斗力得到加强。出色的战斗力可以弥补数量上的劣势。卓越的领导和部队出众的战备状况是取得胜利的保证条件。

12. 领导者必须和他们的部下同吃同睡，同生死共患难，分享他们的喜悦和悲伤。只有这样，他们才能切实掌握战斗力的真实状况，了解士兵们的需求。个人是整体的一部分，不仅对自己，也应对他的战友负责。而比其他人更具能力，能取得更多成就者，必须指引并率领缺乏经验的人和弱者。在这种基础上发展真正的战友情谊，指挥官与部下之间的同袍情谊与士兵之间的手足情同样重要。

13. 纪律是一支军队的支柱，维持纪律符合所有人的根本利益。如果部队不是靠长期训练和纪律拧成一股绳，而仅仅是表面上凝聚在一起，则很容易在极度危险的时刻或在意外事件的压力下崩溃。因此，从战争一开始，指挥官必须高度重视创造、维护内部凝聚力，以及部队的纪律和训练。每个军官都有责任立即行动起来，并以所能采取的一切措施（甚至是最严厉的手段）对付纪律松弛和哗变、劫掠、恐慌或其他具有负面影响的行为。

14. 部队的实力和战备状况必须能够满足决定性时刻的最高要求。毫无必要地使自己的部队疲惫不堪的指挥官会危及战局，他应对这种后果负责。投入战斗的部队必须同目标成比例。无法执行的命令会降低部下们对领导者的信心，并给士气造成损害。

15. 从指挥官起，所有人必须在任何时候和任何情况下都全身心投入。只有这样，整支部队才能在决定性行动中发挥作用。所有人必须全力以赴，只有这样才能在危急时刻保持他们的勇气和决心，并和较弱的战友一同实现壮举。战争中的首要标准依然是果断行动。上至最高指挥官，下到最年轻的士兵，每个人必须始终意识到，无所作为和消极疏忽比选择手段时所犯的错误更加严重。[4]

注释 :

1. 克劳塞维茨在《战争论》第一篇第一章指出 :"因此,战争是迫使敌人服从我们意志的一种暴力行为。"

2. 克劳塞维茨在《战争论》第一篇第七章介绍了军事行动中的摩擦概念 :"摩擦大体上可以说是区分实际战争与纸上战争的唯一概念。"

3. 解释战争学院的选拔标准时,哈特尼斯写道,"我在这里要强调,素质的力量和意志是最具价值的因素"(Hartness Report,p.3)。

4. 原文加以强调。

第一章
战斗序列和特遣编队

16. 战斗序列（Kriegsgliederung）[1] 为一支野战军的指挥控制建立起结构。其建立和变更的决定只能由陆军总司令部（Heeresleitung）做出。

17. 野战军由若干集团军、骑兵部队、空军部队和集团军直属部队组成[2]。

18. 一个集团军编有若干步兵师[3]，这些师通常会被编入各军级指挥部。军有军直属部队，而集团军也有集团军直属部队。两个或两个以上集团军可编为集团军群。

19. 陆军层面的骑兵部队通常编为骑兵师[4]。数个骑兵师可编为一个骑兵军，外加军直属部队。骑兵旅和规模较大的骑兵部队通常只配属集团军群或集团军。[5]

20. 空军部队由空中打击力量（侦察机中队、战斗机中队、轰炸机中队）和防空部队组成。

空军部队可编入集团军群和集团军，也可编入集团军辖内军和骑兵军[6]，特殊情况下甚至可以编入步兵师和骑兵师。

21. 陆军直属部队编有：特殊用途人员、自行车与摩托车部队、机枪部队、迫击炮部队、反坦克部队、摩托化侦察营、炮兵（包括观测营和气球部队）、装甲部队、化学部队、工兵部队、通信部队，以及特种部队和后方地域部队。

22. 步兵师和骑兵师，由于其有机构成，是具备独立作战能力的最小部队。他们有独立遂行任务并为自身提供支援的手段。

23. 集团军和军直属部队的编成与陆军直属部队类似。军级补给勤务的规模仅限于补给军直属部队。

24. 特遣编队（Truppeneinteilung）^①根据战役和战术任务制定——前卫（Vorhut）、后卫（Nachhut）、侧卫（Seitendeckung）、行军纵队（Marschkolonnen），以及战斗群（Gefechtsgruppen）⁷。应尽可能保持部队的完整性。

25. 指挥部分为上级指挥部和下级指挥部。上级指挥部包括最低至步兵师和骑兵师的所有部队。下级指挥部负责所有编制更小的部队。⁸

26. "部队指挥官"这个称谓适用于在一支诸兵种合成部队（gemischter Verband）进行永久或临时性独立指挥的所有军官。

---

① 译注：德国人也用Truppeneinteilung一词表述战斗序列，但这个词的另一层含义是"部队分配"，多指部队针对具体作战任务做出的临时性组织编配，"特遣编队"是根据英文版译作Task organization再翻译而来。

注释：

1. 德国陆军按照统一原则（Einheitsprinzip）建立。可行情况下，组成元素是标准化部队，能够根据需要加入或脱离，不会丧失战术完整性，也没有行政和补给问题。（Wedemeyer Report,p.141）

2. 英文中的 army，德国人用两个不同的词以说明。Heer 指的是德国陆军（German Army），而 Armee 则指军级以上的野战指挥机构。野战军（Feldheer）指的是德国陆军从事作战行动的部分，与后备军（Ersatzheer）不同，后者负责在国内（Heimat）提供训练和支援基地。这本译作中，我们用 Army 代表 Heer，而 army 则代表 Armee。

3. 没有推出其他具体原则的情况下，用于步兵师的一切作战原则同样适用于作为步兵投入行动的其他军兵种。

4. 一个骑兵师编有三个两团制骑兵旅，外加一个骑兵侦察团、一个摩托化侦察营、一个反坦克营、一个战斗工兵营、一个通信营和一个炮兵营。

5. 德国早期军事学说对这些部队的配属，仅限于陆军总司令部和集团军群。（Das Fug，第 2 段）

6. 德国军的两种类型是集团军辖内军（armycorps）和骑兵军。大多数情况下，这本译作用"军"来表述 armycorps。

7. 诸兵种合成特遣队（Kampfgruppe）（通常也被称作战斗群）的概念直到第二次世界大战才得以实现。

8. 德国人用两个不同的术语描述部队。Verband 指营级或营级以上部队。Einheit 指的是步兵连、炮兵连和编制更小的部队。师级或师级以上指挥部称为 Kommando Behörde。

第二章
指挥

27. 获得巨大的成功的前提是大胆和勇敢，但最重要的是出色的判断力。

28. 投放在决定性地点的力量永远都不够。试图四处设防或将力量浪费在次要任务上的指挥官，违反了这项基本准则[1]。通过速度、机动性、出色的行军能力，利用夜色、地形、突然性和欺骗，较弱的力量也可以在决定性地点变得更强。

29. 必须正确计算空间和时间。必须迅速认清并果断利用有利情况。每一个对敌优势都将增强己方的行动自由度。

30. 路线和地形条件会促进或妨碍行动的快速性。另外，季节、天气和部队状况也是重要的影响因素。

31. 无法预先估计战役和战术交战的持续时间。就连成功的战斗通常也发展缓慢。当日战斗的胜利往往只能在次日加以确定。

32. 出敌不意是成功的决定性因素。基于出敌不意的行动，只有在敌人来不及采取应对措施的情况下才能赢得胜利。[2]敌人也会设法达成突然性，这一点必须考虑到。

33. 了解敌人的领导和战斗方式，会助力指挥官在决策上的准确性，并给任务的执行提供支持，但不应产生先入为主的偏见。

34. 指挥官必须考虑到在本国领土进行战争较为有利，但在敌国领土上更加困难的条件。

35. 艰巨的战斗中，大量需求会迅速耗尽部队的人力与物资。指挥官必须及时为他们提供补充官兵、马匹、武器和一切必要装备。

36. 任务和态势确定了行动方案，而任务决定目标。尽责的指挥官决不能忽视这一点。由多个子任务组成的任务很容易将指挥官的注意力从主要目标分散开。不确定性始终存在。很少能获得关于敌情的可靠信息。弄清敌人的情况显然是必要的，但在紧张的态势下等待相关信息不是强有力领导的标志，相反，这往往意味着指挥不力。[3]

37. 任务（Auftrag）和态势（Lage）促成行动方案的决定（Entschluss）。倘若分配的任务不再足以作为行动的基础，或已被其他事件取代，那么，行动方案必须考虑到这些情况。一名军官更改或不执行任务，必须立即向上级汇报自己采取的行动，并为后果承担相应责任。行动方案必须指明一个明确的目标，并下定决心予以完成。指挥官必须以全部意志加以执行。意志更强大者往往能赢得胜利。一旦行动方案投入实施，没有重大理由就不能放弃。但在不断变化的战斗情况下，一成不变地贯彻行动方案可能会导致失败。领导艺术包括及时确认态势和需要做出新决定的时刻。[4] 指挥官必须允许下属自由行动，只要这种行动不会对他的整体意图（Absicht）产生不利影响。

38. 交战（Gefecht），涉及更大规模的部队时称之为会战（Schlacht），指同敌人遭遇而发生的激烈武装斗争。

39. 对敌人展开进攻是为击败对方。进攻方拥有主动权。领导者及其部队的战斗素质在一场进攻中起到了决定性因素。数量优势并不总是能确保胜利。特殊情况下，一场进攻的目标可能是有限的。一场进攻也许会失败，但这种可能性不应成为限制相应领导者努力的理由。[5]

40. 追击（Verfolgung）确保了胜利的顶点[6]。追击的目的是在先前交战之后扩大战果，进一步歼灭敌人的有生力量[7]。

只有通过一场猛烈追击，才能使敌人无法获得重组的机会，并在后续行动中减少己方部队的伤亡。

41. 防御是等待敌人的到来，其目标是规定战斗的地形。交战一方由于处于劣势而别无选择，或出于其他看似较为有利原因，便会采用防御的方式。防御的目的是粉碎敌人的进攻。这种情况下，进攻会因防御方选定的地形而产生一定程度的劣势，而后者将在这里坚守到最后。指挥官可以设定防御的时间期限。阻滞行动的目的是给敌人造成尽可能高的损失，同时避免决定性交战。要做到这一点，必须在适当时机同敌人脱离接触，并以空间换取时间。

42. 中断交战的目的是为结束一场会战，或退守某处阵地，以便在更有利的位置继续从事交战。后一种情况下，通常会采用阻滞行动。

43. 后撤的目的是避免进一步作战。战斗必须中止，指挥官必须为后撤部队提供安全保障。

44. 不断变化的战斗态势往往要求从一种作战样式过渡到另一种。据守一片既占阵地，或在遭受敌人压力的必要情况下，可从进攻转为防御。而从防御转入进攻时，指挥官必须把强大的力量及时集中在决定性地点。

45. 阻滞行动可以避免过早做出不成熟的决策。其目标是争取时间，牵制敌人，并迷惑对方。欺骗可通过佯攻（Scheingefechte）来实现。

46. 作战地幅宽度取决于作战意图、友邻援兵的部署和地形。此外，它还受到敌军部署宽度和举动，以及是否存在一个或两个敞开侧翼的影响。地幅和地带的宽度不同。有利地形允许更大的宽度，特别是在该地形得到强化的情况下。指挥官也可投入战斗群对此加以使用。大宽度可在初期阶段充分发挥武器的效力，但也可能导致己方部队过早陷入停顿。宽度太大会面临遭突破的危险。而宽度过小，特别是在没有足够纵深的情况下，会存在遭迂回或被包围的危险。大多数情况下，在宽度上优于敌人的进攻，往往能取得巨大的成功。而一场战斗的后续行动通常需要在决定性地点形成纵深部署。故指挥官必须在同敌人发生接触前部署他的部队，并在战斗中根据情况要求的宽度和深度配置力量。

47. 战斗过程中，指挥官对作战行动最直接的影响是加强、集中火力，并按情况需要投入预备队。保持弹药补给的流动可使他在决定性地点和决定性时刻将他的火力加强到最大，并继续对战斗进程施加影响，即便在预备队已然投入的情况下亦是如此。评估预备队的实力、组建预备队、投入预备队都需要深思熟虑。如果让已从事战斗的部队遭到削弱，同时迟迟不投入预备队，通常会导致战事失败。某些情况下最好不要保留预备队。诸兵种合成部队担任预备队特别有效，因为他们具备独立行动的能力。指挥官应避免分散这种部队，或以零零碎碎的方式投入预备力量。预备队的位置取决于其预期用途和地形。预备队必须及时投入。通常把预备队部署在一个侧翼的后方，与侧翼的距离和间隔随预备队实力的加强而加大。预备队靠后部署能使它得到掩护，更易于投入不同方向。而预备队靠前部署能加快其投入速度。指挥官确定预备队必将投入，而且这种投入变得愈加迫切时，就应前调预备队。不需要投入的情况下，一支战役预备队必须留在后方。通过投入预备队，指挥官打出手中所掌握突击力量的最后一张牌，因此，他绝不能过早采取此举。另一方面，若投入预备队意味着实现一个决定，或在战场态势要求使用预备队时，他必须毫不犹豫地将其投入。

通信、发送、报告、态势图

48. 关于敌情的通信和报告，为估计态势、指挥官的决策及其执行提供了最重要的基础。关乎敌情的初步情报，通常是从敌人所用方式的常识，或通过特殊信息来源获得。了解敌情更可靠的方式是通过空中和地面侦察，通过与敌人建立联系并始终监视对方，以及通过特殊手段获取信息。除了准确的信息和报告，指挥官还必须考虑不完整、不准确的信息。借助不同来源的所有信息，指挥官能够得出相关结论。此外，任何一份报告，哪怕是最好的信息，如果送抵指挥部的时机过晚，也许就毫无价值可言。

49. 每个指挥官在自己的作战地域都有责任不断向上级汇报敌人的情况，并针对相关区域实施侦察。同时，各级所有指挥官有责任迅速、全面地向上级汇报情况，并传递一切重要信息。

50. 高级指挥部门，必要情况下也包括下级指挥部门，必须有一名军官负责分析侦察结果和其他信息要素。信息和报告必须实事求是地加以评估，不能凭主观愿望将其曲解为对己方有利或有益的信息。

51. 个人报告必须清晰、真实地表述自己的意见。报告者必须区分自己亲眼所见的东西，其他人看见或所说的内容，以及推测的情况，同时必须指出信息来源，以及相关推测必须合理。

52. 准确的数字、确切的时间和地点非常重要。知道尚未遭遇的敌人在何处这种消息通常也很有用。确认先前的报告，或注意到一段时期内情况未发生变化，同样具有价值。关于敌情的一切报告，必须包括收录地形条件的重要细节。

53. 报告的内容和可靠性远比报告的数量更加重要。报告必须以实事求是的方式呈现事件。夸大其词的报告是有害的，某些情况下甚至可能具有致命性。添油加醋的报告则会给信任造成破坏，并导致指挥官难以确定情况。同敌人的首次接触必须向上级汇报，除非接到相反的命令。另外，是否立即汇报敌方行动，或是否需要向上级报告，指挥官必须在每个场合做出决定。不必要的报告会削弱报告在总体上的有效性，使通信通道超负荷，并导致指挥官的行动复杂化。关于敌人的重要报告可能需要加以核实。

54. 战斗本身为评估敌人提供了最可靠的参照点。战场报告对战斗的实施至关重要——战斗期间必须不断汇报敌情、己方状况、地形和弹药补给情况。关于观感、利用有利机会的建议和地形状况的通信有利于决策制定过程。相关经验表明，战斗间歇的及时报告和夜间报告对上级指挥部门极具价值。战斗结束后，各级指挥官应立即提交报告，详细说明敌军实力、敌人的行动、敌部队的状况、己方情况、弹药水平和其他关键信息。

55. 紧急情况下，各级指挥官必须直接向高级指挥部门和上一级指挥部门汇报。部队一遭受敌人的威胁，必须立即汇报，不必顾及其他必要报告。如果一份报告同时提交给不同指挥部，那么在各份电文中必须注明这一点。

56. 相邻部队必须就他们对敌人的重要观察和己方情况的变化进行交流。

57. 报告时通常应同时提供简短信息的完整版本。交战后立即发出的简短信息不能替代作战报告。行动结束后，指挥官必须尽快提交完整报告。报告中的内容应按时间顺序排列。因此，各级指挥官应在战斗期间频频记录时间。描述行动期间发出的命令和电报，应逐字复制在报告中，或以附件形式添加其中。

58. 每个指挥所必须绘制态势图并不断予以更新。这些态势图应标明敌人的位置、我方位置和友邻部队所在地。这些信息有利于助力指挥官的任务和他的决策。下级指挥官也应照此行事。

态势评估和决策

59. 指挥官做出每项决定前都应对态势加以评估。这个过程需要快速的脑力劳动，简单而又合理的考虑，而且只明确侧重于要点。

60. 上级指挥部门下达的命令是基础和起点。指挥官必须对其加以分析，从而确定任务和执行任务的最佳方式。指挥官对地形的认知和正确评估，会极大地影响战术考量和行动方案。

61. 指挥官对己方态势的评估，必须确定各部队的位置（可立即或晚些时候投入战斗），额外力量的可用性，友邻部队的支援，以及这些部队是否需要加强。此外，先前的行动、部队的状况、武器装备的状态和弹药补给，这些情况必须加以考虑。

62. 评估敌情遵循同样的程序。指挥官必须利用一切可用信息，对敌人阻止己方意图的能力做出评估。这个过程的关键是对"如果我们处在敌人的位置上会采取何种行动"加以评估。这种评估决不能有先入为主的观点。指挥官必须对敌人有可能激烈抗击己方行动的举措加以全面评估。这种假设没有特别的理由得出敌人会采取不同行动的结论。通常说来，指挥官应对敌人可能到达的区域或战线、实力和部署迹象、他们的推进方向做出详细评估。规模较大的指挥部门必须考虑到更多的信息，如敌人的公路和铁路网，以及敌空军、防空部队和通信部队的行动等。此外，敌指挥官及其部队的特点也可作为评估敌军行动的参考。

63. 一个正确的决策必然是经过评估的合理结果。指挥官做出的决策也许并不总是符合战场上呈现的实际情况。这种情况下，最快、最熟练地利用态势的一切后续发展，不让自己从最初决定分心（除非有令人信服的理由）的指挥官往往最有可能赢得胜利。

命令

64. 命令（Befehl）将决策转化为行动。

65. 明确的命令是所有指挥官顺利协同的重要条件。口头承诺并不可靠。

66. 书面命令是高级指挥官掌控其部队的基本手段。它以印刷、副本、打印稿或手写的方式传递给下属部队，或以电子通信手段进行传输。在各种情况下，指挥官应使用最合适、最安全的方法。如果下达的是简单或简短的命令，指挥官可以用口授的方式传达，但事后必须将之形成书面文字。

67. 下级指挥官通常下达口头命令。由于技术原因、设备不足或有可能被窃听而无法以口述或电话传达命令时，他们亦可以下达书面命令。

68. 态势越是紧急，命令就必须越简短。情况允许时，口头命令的下达必须基于实际地形，而不能建立在仅仅查看地图的基础上。身处前线的下级指挥官需要特别注意这一点。

69. 以电子通信手段传送的命令必须加以核实或确认。接收方应向发送方重复这道命令。若涉及重要命令，最好使用两种或更多种传送方式。

70. 命令到达所需要的时间经常被低估。故在某些情况下，下达命令的指挥官可能需要核实命令的收悉及执行情况。

71. 下达太多命令，特别是在战斗期间，有可能致使信息遗失，造成下属指挥官丧失独立性的严重风险。

72. 按照特别程序（参见第十七章）的规定，密令必须加密，但与各兵种直接协同相关的命令除外。存在敌人侦听的危险时，指挥官必须以有线方式传送命令。特殊情况下，书面命令也应部分或全部加密。

73. 一道命令应包含下属需要知道的所有内容，以便他能够精准执行自己的任务，但仅限于此。因此，命令应当简短、明确、具体、完整。它必须让受令方理解，并符合后者的实际情况。下达命令的指挥官必须始终设身处地为受令方着想。

74. 命令中使用的语言必须简单易懂。消除一切疑问的明确性远比正确的格式更重要。命令的简洁性不能以牺牲明确性为代价。无意义的表述和修辞手法会导致偏差，应务必加以避免。夸张的措辞会使命令读起来很枯燥。

75. 命令也许只有在它们同态势和条件相关的情况下有效。尽管如此，指挥官经常需要在态势模糊或不确定时下达命令。

76. 如果在一道命令得以执行前预料到态势的变化，指挥官就不应详细阐述命令。规模较大的行动往往需要提前几天下达命令，这一点就显得尤为重要。命令中必须指出总体意图，并特别强调所要实现的目标。指挥官必须阐明总体意图，以便辖内部队在即将到来的行动中加以贯彻，但执行方式留给下属指挥官决定。否则，命令会变为一道指令。

77. 为保密起见，指挥官必须认真考虑作战意图的传达范围和接受人员。特殊行动中，指挥官偶尔会接到特别书面指示，或指挥部特派联络官的当面通知。在规模较大的行动中，指挥官应毫不犹豫地为战斗下达直观的意图分析和详细的任务命令，以确保协调共同目标。战斗开始后，所有指挥官对上级的意图都不应存有疑问。只要情况允许，指挥官应向下属指挥官们口头解释他的意图。

78. 调派不同部队完成共同目标的书面命令应分成编号的段落。最重要的信息必须放在首位。与各部队或编成力量有关的事项置于不同编号的单独段落内。

79. 作战命令协调各参战部队的行动，并给予战斗和勤务队列必要的说明。各道命令根据签发命令的指挥部门的名称命名（例如集团军命令、军命令、师命令、团命令等），更加实际的话，也可用特遣编队的名称命名（例如前卫令、前哨令），或者以各兵种命名（例如炮兵令）。

80. 以下顺序应当用于作战命令（Operationsbefehle）：

关于敌人和友邻部队的信息——只要这些信息对受令方重要。

指挥官的意图——这种信息此时对完成任务至关重要。

整个指挥机构辖内各部队的任务。

下达给轻型摩托化纵队、辎重队、行包队、战斗梯队和其他后方部队的命令——只要这种命令对这些部队重要。

指挥所的位置，以及指挥官往来通信的程序。

作战命令中包含的确切元素取决于具体情况。关于敌人的信息还应包括指挥官对敌军意图的估计。命令中也必须标明"估计"和"预计"的两种内容。明确要求采取的措施，其背后的推论只有在特殊情况下才包含在命令中。详细说明涵盖所有可能的情况，特别是那些标准训练事宜，不属于命令。

81. 主要命令下达前，指挥官通常会签发一道预先号令（Vorbefehl）。预先号令应包含相关态势的最新信息。这使下属指挥官们得以采取最直接的准备措施。预先号令也可用于提前将部队置于休息状态，或延长他们的休息期。指挥官通过电话或电台口头通知部队时，预先号令尤为有效。

82. 通常说来，情况的紧迫性要求指挥官下达简短的命令摘要。这些个别命令（Einzelbefehl）是主要命令的提取物，必须包含受令方执行任务需要知道的一切内容。通常，并非所有部队都必须了解整体情况。较大的行动中，指挥官通常随后会下达完整作战令。其他情况下，指挥官应尽快将整体情况中最重要的内容告知个别下属指挥官。

83. 特遣编队的组织应同作战命令正文分开，并按分支以如下顺序列出：步兵、骑兵、骑兵和摩托化侦察营、炮兵、装甲兵、化学部队、工兵、通信兵、马匹拖曳或摩托化运输部队、医疗和兽医部队、其他部队（空军和防空部队）。如果命令中已确定行军序列，各部队也应如此组织特遣编队。相应的部队组织（主力、前卫、后卫等）应添加"根据行军序列"这个注释。反向调动同样如此，行军序列中必须详细说明各部队。

84. 一道命令的终止应注明签发机构和分发方式。必须注明命令完成时间或传递时刻。只有在情况需要时，指挥官才能召集下属指挥官及其主要参谋人员进行命令简报。

85. 大多数情况下，上级指挥部门的作战命令及其附件并未以完整形式传递给下属部队。下属指挥官根据上级指挥部门的命令下达自己的命令，包括所有必要的信息和指示。师作战命令通常构成下达给下属部队的命令之基础。

86. 指挥官应以安全的方式传递后撤或退却令，而且只能下达给下一级指挥官。

87. 作战命令必须避免一切形式的墨守成规。某些情况下组织特遣部队也许是必要的，但在战斗中，指挥官应尽可能按照标准编制表部署他的部队。作战命令是以完整命令还是个别命令的方式下达，指挥官应视情况而定。命令的形式必须确保所有部队的协同。

88. 特别指示（besondere Anordnungen）对作战命令加以补充，其中包含的信息不一定是整个指挥机构需要的。它们详细说明各个兵种、弹药再补给、汽车运输维护和补给、医疗和兽医勤务、食物供应、武器装备补充的使命和任务，有时候也包括战地补给和辎重车的行动。为确保命令流程的速度和简洁性，主要作战命令中也可能包含这些内容。所有其他情况下，指挥官下达给补给勤务的一切必要命令将作为特别命令签发。特别指示仅适用于相关部队。如果这些部队不接收基本作战命令，那么，同他们相关的信息必须收录在特别命令中[8]。

89. 军级和师级当日命令（Tagesbefehle）关乎内部职能、人事调动、晋升、授勋等。参谋命令（Stabsbefehie）规范参谋人员的内部职能。

命令和报告的传送：指挥官与部队间的通信

90. 命令和报告可通过技术通信手段、个人、通信员（骑马或骑摩托车、自行车）、信鸽、通信犬传送，方式的选择视距离和情况而定。在不影响保密性而又能实现快速传送的情况下，应使用通信技术手段。这种传送也可能需要采用其他手段。如指挥官之间可以用电话更快速、更安全地传送长命令和长电文。

91. 高级指挥官，偶尔也包括下属指挥官，可以在通信最繁忙的地区部署前进信息中心。这些信息中心能节约人力，并促进命令和报告的传送。前进信息中心必须设在交通便利处，不受敌人行动的影响，并同指挥官保持紧密联系。所有下属部队必须知道其位置所在。在规模较大的指挥机构中，正确设立信息中心可以节省人力和时间。这些信息中心必须配备必要的通信手段，必须足够强大，能够抵御小股敌军。每个信息中心由一名特别挑选的军官指挥，他负责评估传来的信息，并根据信息重要性决定传送时刻和类型。某些情况下，多条信息可以有效地汇集在一份发出的报告中。为侦察行动设立的信息中心参见第161段、第168段。

92. 飞机与地面部队之间的通信，通过烟火和信号设施、投掷信息袋、联络站和无线电完成（参见第138段、第139段）。

93. 高级指挥官身边的工作人员可用于传送命令。传达命令的联络官也可暂时或永久性地成为合成部队的指挥部工作人员。

94. 基于前线力量的考虑，需要对联络员的数量加以限制。故编入指挥部工作人员的联络官，完成自己的职责后必须立即返回原部队。

95. 具备适当而又安全的路线时，传递命令和报告时可以使用汽车、摩托车和自行车。骑手和徒步传令兵可用于开阔道路、崎岖地形，特别是在战场上。在规模较大的指挥机构中，远距离传送命令和报告可以使用飞机。

96. 仅在开赴战场期间，指挥官应把下属指挥官召至指挥部接受命令简报。实际战斗期间不应采用这种措施。

97. 口头传达命令或报告时，信使必须向签发报告者重述措辞。情况允许时，携带书面报告的信使应了解报告中的关键内容。一般说来，执行命令的军官应了解战术态势。

98. 可能的情况下，重要的命令和报告必须由军官送出。特别重要的信息，或在传送路线不安全的情况下，应以不同路线发送多份副本。这种情况下，或者说如果路途较远，传递信息的军官应由卫兵、骑兵或装甲车辆护送。

99. 传送方必须考虑他的信息可在何处送交接收方，并指示信使将命令或信息交给何人，以及他应遵循的路线。必要时为他提供一份路线草图，图中应标出路线上特别危险的地段。必要时，传送方应规定信使送达信息的最晚时间，还应指示信使任务完成后该做些什么。

100. 遇到上级时，骑马的信使应保持其速度。他们向高级军官报告信息的目的地。骑马经过一支行军纵队时，他们向指挥官和前卫（或后卫）负责人报告。穿过警戒部队时，他们向最近的指挥官汇报。危险迫在眉睫时，信使应把信息内容告知指挥官和部队。他们都受过训练，会毫无顾忌地询问接收这些信息或命令的指挥官位于何处。骑自行车的信使，行动方式同骑马信使类似。而骑摩托车的信使行驶时，并不总是能从他们那里得到报告。高级指挥官和侦察营营长有权阅读信使传送的信息，但他们不得延误信息的传递。他们必须在这份信息报告上注明，他们已阅读其内容。每个指挥官都有义务为信使指明道路，所有士兵必须给他们让路。各部队必须协助信息和命令的传送，必要时甚至提供交通设施。

101. 信息或其容器上标注的 X 数量，表明骑马信使需要保持的速度——如 X 为"7～8分钟行进1千米"，XX 为"5～6分钟行进1千米"。

102. 必要时，自行车和摩托车信使的速度将以每小时公里数标出。[9]

103. 通信技术手段无法确保安全传送的情况下，可能有必要设立信使接力站，以克服远程距离，迅速传递命令和信息。接力信使可以是徒步传令兵、骑兵、自行车或摩托车手。这项工作很累人。只有在缺乏自行车和摩托车手，或因地形问题无法使用的情况下安排徒步传令兵和骑马信使。

104. 各信使接力站之间的距离取决于信使接力路线的用意、其总距离、道路和地形条件。各接力站的能力取决于该接力站需要持续的时间、信息流量和当地的安全需求。

105. 无法采用其他方式时，最靠前的部队可使用信鸽和通信犬进行通信联系。

106. 上级指挥部门负责同下级指挥部门建立通信，并承担通信线路的施工和维护。毗邻部队之间的通信，原则上应按所处位置从左至右建立并维护。但如果出于某些原因，左侧部队没有建立起通信联系，那么右侧部队应承担起建立通信的任务。

107. 较大的指挥机构，总部可向下属或友邻部队派遣联络官，派驻时间可以是一段时期，也可以是永久性的。这些联络官上报最新态势，并把上级指挥部门的意图告知他们派驻的部队。联络官需要有清晰的洞察力、独立判断力和出色的军事鉴别力。在不造成摩擦的情况下，他们必须弄清派驻部队指挥官的意图和命令。呈交报告前，他们必须核实自己对下属指挥官情况的理解。他们必须将一切意见分歧向他阐明，随后把他们的评估汇报给自己的总部。只有在任务完成后，或需要亲自汇报时，他们才能返回自己的总部。

108. 各兵种之间的通信参见第六章。

指挥官及其参谋人员的位置

109. 指挥官对其部队的个人影响力至关重要。他必须让自己靠近作战部队。

110. 军长对指挥所的选择，基于同麾下各个师和后方保持通信的要求。军长不能仅仅依靠技术联络。尽管如今的通信技术手段愈发完善，但遥远的距离拉长了指挥和报告链，加大了联络的脆弱性，并可能导致信息和命令延迟到达或丢失。另外，距离越远，指挥官掌控战斗、了解地形特点就越困难。往来于各个师和其他下属指挥机构的大量通信流量要求军指挥所在持续的作战中留在原地，即便需要变更地点也必须迅速完成。新地点的指挥所迁移完成之前，就必须完成技术通信的连接。比如对于骑兵军军长来说，同麾下各个师的个人通信尤为重要。

111. 师长应时刻同他的部队待在一起。

112. 推进期间，师长和他身边的参谋人员应妥善安排自己的位置，以便顺利向前开进。率领数支纵队向前开进时，步兵师师长除非是在纵队间行进，通常情况下应与沿通信主干线布设路线行进的纵队一同前进。骑兵师师长随主力行军纵队，或在各行军纵队之间前进，视情况而定。师长分阶段向前行进。马匹和机动车辆必须始终掌握在他手中。其他参谋人员在行军纵队（参见第288段）内紧随其后，直到他们奉命前调。各种报告必须迅速、随时传递给师长。

113. 如果即将同敌人发生接触，师长应与行军纵队的前卫待在一起，他在那里可以迅速发挥自己的影响力。亲自观察最好在与敌人接触时进行。因此，师长必须在关键时刻尽早置身战场。他所在的位置必须让下属们容易找到并易于到达。

114. 进攻开始时，师指挥所应设在相当靠前处，但也应采用这样一种方式选择地点：横移和后撤的交通能有效避开敌人的火力。直接从指挥所，或从紧邻指挥所的位置观察战场，这些都是重要的考虑因素。如防御时的战线宽度较大，通常要求师指挥所设在后方较远处。在条件允许的情况下，师长应考虑通信官的建议：关于指挥所的位置和设立指挥所需要的时间。必须避免频繁搬迁指挥所。指挥所变更位置只能在新指挥所设立完毕，通信联系建立后进行。变更指挥所位置的通知必须给予通信官充裕的时间。在指挥所迁移后，师长必须对命令和信息的发送做出规定，否则这些命令和信息可能会送抵原先的指挥所。

115. 追击行动期间，指挥官必须与前卫部队一同前进，他亲临前线将激励他的部队。

116. 如果战斗结束时仍在后方地区，师长应赶至新抵抗地带，首先确保麾下部队正在执行他的后续作战命令。下属指挥官应始终同自己的部队待在一起。

117. 高级指挥官的指挥所和前往该指挥所的路线必须在白天和夜晚都能识别。指挥所的标志有助于提高识别度，但该标志亦应遵从隐蔽不暴露的原则。指挥所的建设必须考虑到对空和对地的防御机制，以及防范敌人从任何方向而来的突然袭击。安全性考虑可能需要作战部队为前进指挥所提供保护。

118. 工作人员的正确编配和任务的妥善分配是非常重要的策划因素。高级参谋人员应以获得充分授权的优势展开工作。工作人员的勤勉尽责确保了指挥所领导力的能效体现。他们必须尽力缓解无足轻重的细枝末节给指挥官造成的负担。

119. 指挥官暂时离开指挥所时，参谋长应作为他的副手暂代其职责。

注释：

1. 克劳塞维茨在《战争论》第三篇第十一章指出："最好的战略，首先是在总兵力方面，然后在决定性地点保持十分强大的力量。因此，除了努力扩充兵员（这往往不是统帅所能决定的）外，最重要、最简单的战略准则莫过于集中兵力。除非为实现明确而又迫切的任务，否则不应从主力部队中抽调任何力量。"

2. 克劳塞维茨在《战争论》第三篇第九章指出："保密和速度是实现出敌不意的两个因素。"

3. 魏德迈指出："充满勇气、大胆、果断性的不完善计划或决策，强过陷入不确定性的完美计划。"（Wedemeyer Report,p.18）

4. 第一次世界大战前，德国陆军的标准做法是，上级指挥官仅仅为发展态势分配任务，然后在行动过程中相应地更改下达的任务。基于第一次世界大战的经验，更改指定任务成为例外。（Hartness Report,p.27）

5. "德国人认为战术问题的解决之道在进攻中，因为通过进攻，未澄清的情况会暴露无遗，指挥官可据此对后续行动做出最佳估计。可以说，这几乎没有矛盾的危险，而这种矛盾存在于普通德军指挥官都会发起进攻的模糊态势下。"（Hartness Report,p.27）

6. 克劳塞维茨在《战争论》第七篇第二十二章探讨了胜利的顶点。

7. 二战后的许多军事历史学家批评德国的军事学说过于注重试图仅以一场决定性会战歼灭敌人。虽说这种方式通常在战术层面奏效，但它与顺序作战相对立，而后者才是战争战役级的核心。

8. 基本作战命令和补给特别命令包含后勤信息的不同要素。前者告诉作战部队需要知道的东西，以便同支援部队相配合；后者给支援部队下达指示，从而补给、维持作战部队。（Hartness Report,p.22）

9. 自行车信使的标准速度是每小时 15 ～ 20 千米，摩托车信使则为每小时 30 ～ 40 千米。（Wedemeyer Report,p.62）

第三章
侦察

120. 侦察（Aufklärung）应尽可能快速、完整、可靠地提供敌态势情况。侦察结果是指挥官做出决策、部队实施部署最重要的基础。

121. 空中和地面侦察可以是战术性的，也可以是战役性的。这些侦察可通过特殊手段加以扩展（参见第 184 段、第 189 段）。

122. 战役侦察（operative Aufklärung）可以为战役中的决策提供基础。而战术侦察（taktische Aufklärung）为部队指挥和部署提供基础。与敌人初步接触后开始的战斗侦察(Gefechtsaufklärung)，则是为战斗控制提供相关信息。各兵种参与其中。

123. 为侦察任务投入的力量不应超过任务的要求。必须在足够的时间内将侦察力量部署至主要方向，特别是在预料到敌人投入更强大侦察力量的情况下。小股侦察力量只能投入次要方向。侦察目标应该是短期任务。根据情况，可能有必要保留侦察力量，从而扩大其任务内容，或把他们投入一个新方向。

124. 侦察优势有利于己方任务，并给敌人遂行任务造成限制。对敌人的侦察展开积极行动,有助于建立地面侦察优势。因此,所有侦察力量(最低至巡逻队级)必须在其任务和态势范围内行动。若己方侦察部队为完成任务不得不突破敌人的侦察力量，他们必须迅速集中，从而出敌不意地取得突破。若敌军占有优势，我方侦察部队应采用巧妙的规避措施实现突破。陆军骑兵部队在收集信息方面相当有效，即便面对强大敌军时依然如此。致力于这种任务的独立摩托化侦察营，必须及时获得额外摩托化力量的加强。某些情况下，迅速而又出敌不意地占领关键地带可为侦察区域的优势创建必要条件。由于其速度优势，摩托化部队特别适合这种行动。

125. 出色的地面侦察也有助于提高安全性。特殊情况下，可能需要一支侦察部队同时执行侦察和警戒任务。上级下达命令给他们时，必须指定任务优先级。若侦察部队拥有足够的实力，可以为各项任务分配力量。

126. 侦察同时涉及许多任务。其中包括侦察地形及其可通行性，公路、铁路和桥梁的状况，是否存在障碍物，观察点和隐蔽处，以及通信设施的位置。即便没有具体命令，只要情况允许，所有侦察部队必须将他们对敌人的观察与他们对地形的侦察相结合。空中航拍侦察（参见第130段）为地面侦察提供支持和扩展。

侦察方法和协同

127. 调派给侦察中队的飞机可实施空中侦察。展开战斗侦察前，地面战术侦察的主要手段是摩托化和骑兵侦察部队的巡逻。

128. 空中侦察的优势来自飞机的速度；飞越敌警戒部队、障碍物和阵地的能力；以及由此获取敌军态势整体情况的能力。各种地形都不会对飞机造成影响。有利条件下，侦察机飞行员可以迅速获得并汇报敌人的情况。但是，空中侦察只能提供当前态势的简要情况，通常无法持续观察同一片地域。天气、地形掩护和敌人的行动会给空中侦察造成进一步限制。

129. 空中侦察最简单的方法是俯瞰。其结果取决于飞行高度（这由任务和敌人的防御决定），也取决于整体观察条件和敌人的伪装。[1] 昼间实施空中侦察最为常见。但这种飞行的时间安排应该是不规则的。随着敌人采取警戒措施和夜间调动，企图以此规避昼间空中侦察，夜间空中侦察变得越来越有必要。夜间空中侦察的视野与能见度较差，通常需要辅以各种照明手段。由于夜间飞行需要诸如公路、铁路和河流这些醒目的地标，因而无法完全替代昼间侦察。这给夜间飞行执行预定计划的任务造成限制。凌晨和深夜实施的空中侦察可以发现敌人夜间调动的蛛丝马迹。

130. 航拍侦察为视觉侦察提供补充和确认。飞机飞得越高，就越有必要实施航拍。航拍照片可提供关于敌人、己方火力影响、己方伪装有效性的信息。航拍侦察在战斗中获取临时目标的价值非常有限。航拍侦察也可用于地形侦察和炮兵测地。航拍照片可以是一系列拼接图像，也可以是单张照片。好的航拍照需要明亮的光线条件，这些照片的冲洗需要时间。战斗空中侦察提供的照片数量有限，其结果可在 1 ~ 2 小时内上报。战术空中侦察拍摄到的照片更多，对这些照片做出评估需要 2 ~ 5 个小时。而战役空中侦察会拍摄到大量照片，分析工作可能需要 10 个小时或更多时间。机场的照片分析部门负责评估航拍照片。也可以将移动照片冲印车调至前进机场或部署在指挥所附近。

131. 地面侦察通常无法观察到敌军的纵深情况。空中侦察往往能为地面侦察确定最有利可图的方向。另一方面，只有地面侦察能明确确定某地带是否已被敌人占领。地面侦察力量可通过审问俘虏、检查敌军阵亡者和其他方法，提供关于敌军部署的信息。只有地面部队能同敌人保持续接触：汇报对方的活动、实力、编成和战斗力，并确定相关地带是否遭到化学武器的污染。

132. 摩托化侦察部队可以在距离很远处实现侦察，且迅速得到侦察的大致结果。他们的行动通常仅限于昼间，但可以在夜间实施接敌行军的侦察。他们必须保持独立，同行进速度较慢的侦察力量分开。摩托化侦察部队的有效性取决于车辆的性能、续航能力、路线和道路状况、地形和天气、昼间时间，特别是他们配备的通信设备的性能。

133. 骑兵侦察部队的优势是机动性较强，能克服各种地形，以及通过分阶段行动克服远程距离的能力。同摩托化侦察部队相比，他们受天气、地形和补给的限制较小。他们的速度和行进持续时间较为有限。他们具备从隐蔽位置观察敌人、形成一张精密监视网的能力。

134. 地面侦察部队指挥官（下至巡逻队级）必须具备想象力、灵活性、对任务的理解、决心等素质，以及在各种地形上出色的驾驶或骑行技巧、利用地形的能力（特别是在夜间）、冷静、迅速而又独立的行动等必不可少的能力。

135. 不同侦察方式相互补充。一种方式的缺点可通过其他方式的优点加以弥补。

136. 侦察力量的使用取决于态势，指挥官的意图，可用的侦察部队，敌人基于地形、路线和道路网的反措施。其他因素还包括时节和天气。这些变量会产生诸多可能性，所有侦察部队必须统一部署，只有这样，他们才能有效配合，并尽可能呈现出敌人的准确且完整的情况。侦察部队的规模并不能保证侦察结果的质量。至关重要的是，每支侦察部队必须知道将报告发往何处，指挥官的意图和他对优先情报的要求，及先前派出的侦察部队的任务。

137. 下达给侦察部队指挥官的任务必须清晰明确，并按优先级进行排列。

138. 空中和地面侦察部队之间的通信联系由两支部队的高级指挥官负责。两位指挥官还负责设立一切特殊标记或信号，通信工作也通过他们来协调。但因为很难提前确定位置和通信手段，故侦察机飞行员与地面侦察部队之间的直接通信不在此列。大多数情况下，直接通信的必要协调只能在新任务开始前进行。

空中侦察部队的指挥官必须掌握地面侦察力量的计划路线，主力部队行军路线，以及前进机场的预定位置。他应及时且完整地将这些信息告知飞行员。己方空中和地面部队之间也必须建立识别手段。

139. 侦察机飞行员与地面侦察部队通过灯光和信号设备、投掷信息袋及联络站建立联系。如果有合适且兼容的电台设备，他们也可使用无线电进行联络。

140. 高级指挥官负责协调摩托化侦察力量与骑兵侦察部队之间的通信。他们还应抓住每个机会独立建立通信。对最靠前的部队来说，无线电是首选手段。会合后，各侦察部队应交流所有重要信息。

141. 必须实施严格控制，从而保障侦察结果能被迅速而又安全地传送给高级指挥官。在缺乏现成通信线的情况下，侦察部队的报告应通过无线电或摩托化传令兵提交。骑兵侦察部队在紧急情况下使用骑马信使。骑兵巡逻队通常派骑马信使传递报告，尽管他们也许配有自行车和摩托车手。现有通信设施应尽可能加以使用。高优先级骑兵巡逻队可通过电台或信号灯获得加强。战斗侦察报告通常只在信息可尽快转化为行动时才具有价值。

142. 侦察区域内的长时间无线电传输必须由高级指挥部门紧密控制，以降低遭截获的风险。部队实施无线电静默时，必须建立替代通信手段。

侦察的实施

143. 战役侦察包含对敌军集结的监视。这种集结包括对方的铁路调动、前进或后撤、集团军级部队的装载或卸载、野战或永备防御工事的修建，以及敌空军部队的集中。尽早发现敌人的大股摩托化部队至关重要。

144. 战役空中侦察由特种空军部队实施。战役空中侦察一般在 5000 ~ 8000 米海拔采用航拍手段。若指挥员预计不会同敌人直接接触，集团军属战术空中侦察中队可以和特种中队共同执行战役侦察任务。与特种侦察中队相比，配属集团军实施战术侦察任务的空军中队，飞机的航程、速度和爬升率都较低。

145. 独立摩托化侦察营和骑兵部队用于战役地面侦察。在敞开的侧翼和后续作战行动方向上，通常以骑兵实施战役侦察。

146. 战役侦察的原则同战术侦察基本相同。由于派给战役空中侦察的任务通常仅限于观察重要的路线和铁路，因而基本上不必为这些部队分配侦察区域。大多数情况下，指挥官只给独立摩托化侦察营和骑兵部队分配一个方向和一个目标。如有必要，指挥官也可以在一个或两个侧翼为他们分配界线。

147. 战术侦察涉及详细识别敌人的集结区，部队的开抵时间，其战斗编成，其部署的宽度、深度和方向，其补给部队，其预备队，敌人的空军实力（特别是新机场），以及对方的防空力量。及时汇报敌摩托化力量的情况非常重要。战术侦察的深度取决于态势和侦察部队的能力。战术侦察部队的使用，特别是确定其主要努力方向，应基于战役侦察的结果——只要不会造成不必要的延误。若没有可用的战役侦察结果，战术侦察部队应进一步朝敌人的方向部署。离敌人越近，侦察工作就必须越细致。

148. 配属指挥部的空军侦察中队实施战术空中侦察。集团军和骑兵、步兵师属摩托化及骑兵侦察营实施地面战术侦察。

149. 集团军司令和步兵军、骑兵军军长应立即将侦察营置于自己的指挥下，并确保他们与辖内部队的侦察力量协同。骑兵师师长可以把他掌握的摩托化和骑兵侦察营部署在纵队中，也可以将骑兵侦察营调至前方，并以摩托化侦察营在一翼（Flügel）对敌军侧翼（Flanke）展开侦察[2]。他应充分利用摩托化骑兵侦察力量，以便骑兵部队为战斗保持凝聚力。

150. 战术空中侦察通常在海拔 2000 米至 5000 米之间进行。大多数情况下，指挥官会给空中侦察部队分配侦察区。命名区域和利益线包括在友邻部队的分界线内。指挥官也会对重叠区域加以分配。空中分界线与分配给地面部队的分界线没有直接关系。部署在己方翼上的部队，对敌侧翼实施侦察。

151. 除了主要任务，指挥官给空中侦察部队负责人下达的命令可能还包括另一些指示，例如关于通信（向高级指挥官和侦察部队传递信息），特殊信息传递，主力和侦察部队的路线，包括他们的到达和出发时间，前进机场的详细信息。飞行梯队指挥官将这些命令分发给各机组，并做简要说明。他负责为侦察行动挑选机组成员和飞机，并指定执行任务的时间。而具体飞行计划则由机组人员负责。

152. 侦察机飞行员通常独自行动，并在预计能取得最佳成果时投入飞行。他们不同敌机交战。侦察机和战斗机可以同时投入使用。

153. 空中侦察任务漫长而又耗费侦察员的精力。机组人员通常每天只飞一个架次。根据机组人员的可用数量和休息情况，每架飞机每天可执行几次短途任务。有限的可用性将飞机限制于高优先级任务。这种情况下，指挥官应以其他侦察手段解决低优先级任务。

154. 对于战术地面侦察，指挥官通常会为部队划分一块责任区。他给部队下达的命令中，一般只给他们分配一个侦察目标，以确保部队的独立性，或便于他们对行动方向做出必要的调整。这种情况下，毗邻的侦察部队之间可设立分界线。侦察区的宽度取决于相关态势、侦察部队的类型和实力、道路网和地形。如果对一片宽大地域实施侦察，毗邻部队之间经常会出现缺口。道路不应充当侦察区的分界线或横向界限。主要路线应位于侦察区中间。

155. 侦察部队应避免同敌人展开一切不必要的战斗，除非需要驱逐敌人或强行突破对方的侦察力量（参见第 124 段）。如果侦察部队在特殊情况下执行警戒任务，指挥官必须为他们提供必要的安全保障。所有指挥官都有责任确保这种任务不会影响侦察效力。

156. 下达给侦察部队的命令规定了他们的确切任务。命令中还包括出发时间，毗邻侦察部队的信息，地段或方向，侦察目标，巡逻队每日到达的调整线，关于传递报告的指示，以及中间目标的位置，到达该目标时必须向上级汇报。其他信息要素还包括规定的报告时间，关于同空中侦察部队通信的指示，以及主力部队出发时间、行军路线和目标。此外，命令中可能有必要包括关于同敌人和当地平民进行接触的指示。

157. 即将同敌人发生接触时，摩托化部队应分阶段前进。遮蔽、地形形式和道路网都会对各阶段的侦察进度产生影响。逐渐接近敌人时，阶段距离随之缩短。分阶段前进的安全措施取决于相关态势。

摩托化侦察部队辖内所有分队应尽量使用现有道路。他们在敌方作战地域应使用其他返回路线。各条道路上的城镇和居民点对侦察的机动自由至关重要，必须将其占领。

为确保夜间休息地点，摩托化部队可以同敌人脱离接触，但必须派出巡逻队担任警戒力量。主要路线上的城镇不适合宿营。

158. 分配给摩托化侦察营的侦察区，宽度一般不超过 50 千米。摩托化侦察营的部署纵深必须包括一个安全加油点的相关规定。指挥官策划侦察行动时，应为意外突发事件提供燃料储备。在不加油的情况下，装甲车的行动范围是 200 千米 ~ 250 千米。

159. 侦察巡逻队可以由装甲车、配备机枪的汽车和武装摩托车手组成。具体编成取决于任务、敌人的活动、当地居民、道路距离、发回报告可能采用的方法。最重要的路线和最重要的地区需要投入更强大的巡逻队。摩托化侦察营营长通常会派出巡逻队。

160. 巡逻令包括行进路线和目标。巡逻队通常不能用于为侦察营或侦察营所属部队提供额外的近距离警戒。巡逻队分阶段前进，从一个观察点到下一个观察点。一支巡逻队的前出距离取决于态势、地形和可用通信手段的范围。通常说来，巡逻队的前出不应超出一小时行程。

161. 摩托化侦察营除了为巡逻和报告收集点担任侦察预备队，还为侦察部队提供全般支援。巡逻队在侦察营前方很远处行动时，该营应投入中间部队，确保后向交通。一旦同敌人发生接触，侦察营必须保持这种接触。如有必要，侦察营可投入更多侦察车辆来实现这一点。武装摩托车手可用于强化侦察网。

162. 随着敌人的逼近，倘若摩托化侦察营无法继续行动，指挥官应将其撤回，随后将近距离侦察任务交给骑兵侦察营,从而使侦察行动不致中断。有限时间内,摩托化侦察营辖内部队可配属给骑兵侦察营,为其提供支援。摩托化侦察营从前方撤回时,应对敌人的侧翼和后方实施侦察,或掩护各部队之间的缺口。他们还可以在前线后方担任预备队。

163.骑兵侦察营必须尽早投入,从而在主力前方建立起必要的距离,并有足够的时间遂行他们的任务。他们为侦察巡逻队组建一支预备力量,并为相关报告设立收集点。他们实施分阶段推进,通常会避开主要路线,但始终将这些路线置于监视下。他们在缺乏反坦克武器的情况下尤为如此。地形越困难,离敌人越近,他们推进的阶段距离就越短。

164.骑兵侦察力量的构成根据态势和地形而定。其实力介于一个排与两个连之间[3]。特殊情况下,指挥官可以派一个骑兵团[4]执行侦察任务,还可以为自行车部队提供无线电通信。重机枪、摩托车和反坦克武器可根据情况要求配备。某些情况下,指挥官甚至可以为他们配备火炮。但大多数情况下,为骑兵侦察部队配备缺乏机动性的力量会降低前者的机动性。出于类似原因,辎重车辆可暂时留在后方。这种情况下,可能有必要使用从当地征用的车辆,且在必要情况下,可毁弃这些征用的车辆。

165.分配给一个骑兵师实施侦察的正面宽度通常不超过50千米。这是这样一支部队实现无间隙覆盖的实际极限。骑兵侦察支队的数量取决于师作战地域宽度。若超过50千米,骑兵师必须设法在最重要的方向上保持一场无间隙侦察。

166.分配给骑兵侦察营的侦察区与道路网相对应。分配给骑兵连的区域通常不超过10千米。用于次要方向的骑兵连,以及部署于各自地段的骑兵排和独立军官巡逻队,指挥官通常只给他们分配一个方向和一个侦察目标。实施这种横向侦察而不产生间隙的可能性很小。

167.骑兵师师长必须牢牢掌握他的骑兵侦察营。该营在师主力前方的距离取决于他的意图和相关态势,但很少超过30 ~ 40千米。至于骑兵排和独立军官巡逻队,无线电设备的最大范围是个关键的策划因素。骑兵侦察营通常会接到每日任务令。当数日的任务一次性下达时,倘若侦察营在一定期限内没有收到其他命令,就应继续完成其余任务。骑兵侦察部队夜间离开主要路线休息,他们对这些路线的监视和封锁视情况需要而定。

168. 如果指挥官手中掌握多支骑兵侦察部队，可以在前沿地区建立一个信息收集中心。若骑兵师变更前进方向，此举必不可少。

169. 师属侦察营[5]的部署取决于指挥官的意图、态势、侦察区域的宽度和深度。师长根据军作战命令分配侦察任务和方向。他决定师属侦察营在师主力前方的距离，这个距离通常小于骑兵师的骑兵侦察营。师长还负责下达一切特别任务。特殊情况下，师属侦察营排成单路纵队前进，可以配属给前卫。这种情况下，前卫部队指挥官应分配任务，并规定师属侦察营位于前卫部队前方的距离。这些任务总是基于师长的意图。原则上，师长应避免分拆使用师属侦察营，也不能将该营分配给某支行军纵队。如果没有其他侦察部队在师属侦察营前方活动，师长可以将该营的目标设定得更远，但必须确保师属侦察营与师部的通信，以及信息和命令的传递。沿一条宽大战线推进时，指挥官必须做出安排，确保各纵队指挥官及时收到信息。

170. 师属侦察营营长执行侦察任务并派遣巡逻队。如果师长亲自下令派出巡逻队，他必须将这些巡逻队的情况和任务告知侦察营营长。倘若师属侦察营营长没有接到新命令，或意外遭遇到态势的变化，他必须以他认为最符合师长意图的方式重新组织并实施侦察。

171. 骑兵侦察营营长必须保持对辖内巡逻队的紧密控制。巡逻队取得成功的先决条件包括近距离目标（10～15千米），定义明确的任务，从一个地段到另一个地段快速、精心策划的推进。为保持巡逻队的实力，在他们投入行动前，最好用卡车运送这些巡逻队和营主力。

172. 巡逻队的编成力量取决于他们的任务、敌人的活动和当地民众的态度。所需报告的数量也是个计划因素。但是，策划者必须记住，一支大股巡逻队展开行动而不被敌人发现的难度非常大。巡逻队可用于为侦察营提供安全保障。他们应尽量使用可用道路，从一个观察点到下一个观察点，实施分阶段推进。

173. 在骑兵侦察营掩护下，诸如侦察部队这样一些单位向前调动，可能随后会要求他们及时投入部署。指挥官必须将这些侦察部队的情况告知侦察营营长。根据情况的要求，他们也许会暂时编入侦察营。

174. 战斗侦察通常在部队开始部署后才实施。[6]随着与敌人接近，存在一种将安全要求置于侦察活动之上的自然倾向。因此，每个指挥官必须确保不会因为安全而忽视侦察。

175. 战斗侦察开始后，位于前方的骑兵侦察部队应受领以下任务中的一项：离开前线，对敌侧翼实施侦察，继续在相关区域遂行原先的任务，占领关键地点并同主力会合，或撤回主力部队中。

如果没有接到额外的命令，侦察营应留在前方继续执行他们的任务，掩护前进中的主力，只有在遭受敌军压力的情况下方可后撤并返回原建制。各师师属侦察营完成任务后撤至战线后方。倘若骑兵侦察营投入一个敞开的侧翼，应尽可能以梯次配置向前推进。这种方法同样适用于在敌侧翼和后方实施的侦察支援，以及对己方侧翼的掩护。

176. 战斗空中侦察负责收集敌军部署的信息，特别是对方的炮兵、宿营地点、预备队的位置和动向、装甲战车以及敌军战线后方的一切异动。战斗空中侦察监视战斗过程。战斗空中侦察的飞行高度通常低于海拔2000米。他们必须确定详情，监视己方或敌步兵推进情况时，有必要实施低空侦察。发生遭遇时，己方部队必须以信号弹、地面信号板、手势信号或类似手段向侦察机表明自己的身份。

战斗空中侦察也产生炮兵开进（Anmarsch）期间所需要的目标信息。这种信息对及时拟定反炮兵计划至关重要。战斗空中侦察的实施在很大程度上取决于整体空中态势。敌人的防空力量和战斗机可能会降低战斗空中侦察的效力。通常情况下，己方高射炮和战斗机必须为战斗空中侦察提供支援。

177. 系留气球的观察为战斗空中侦察提供补充。敌人的空中活动和炮兵的射程可能会给系留气球的使用造成限制。天气晴朗时，使用一具系留气球可观察到战场的大部分地区。通过使用放大的照片，指挥官可以掌握战场上的明确情况。系留气球是监视敌军战线、敌炮兵活动和实力、己方前沿阵地一种极为有效的工具。系留气球最有效的应用是为己方炮兵提供观测。[7]

178. 高级指挥官为辖内部队的地面侦察指定分界线与侦察目标。未接到特别命令的情况下，各部队自行负责在指定前进、部署和战斗地域内实施战斗侦察。具有敞开侧翼的部队还应实施侧翼侦察。战斗侦察部队遭遇抵抗而又无法将其粉碎或包围时，指挥官必须把他们加强到足以克服这种抵抗的程度，或以主力从事侦察行动。战斗侦察通常要求集中力量，对最重要地区的有限目标展开协同一致的努力。

小股骑兵或步兵巡逻队有时候能快速收集到关于敌人的重要信息，这些巡逻队的指挥官应准备就绪。若在夜间实施战斗侦察，指挥官必须提前通知巡逻队，以便他们在白天调查地形并加以准备。

179. 战斗侦察耗费时间。因此，深谋远虑对实现初期执行和结果的优势至关重要。指挥官必须充分考虑到战斗侦察中需要的时间。

180. 个别部队实施的战斗侦察侧重于任务的具体要求。这种战斗侦察往往可以和战术侦察一同实施。同时，各部队应迅速利用侦察结果，这一点取决于信息快速交换和各部队与友邻部队之间的识别。侦察部队亦应及时将重要信息呈报高级指挥官，而后者必须确保及时评估、传达这些信息。

181. 战斗侦察通常必须侦察地形（前进道路、敌人观察和火力覆盖地域、观察点和发射阵地），同时担任近距离警戒。可能的情况下，指挥官应派其他部队执行近距离警戒任务。

战斗侦察也可用于识别友军战线的踪迹。

182. 各级指挥官和特别委派的军官对战场实施观察是战斗侦察的基本要素。

183. 炮兵观测营[8]在监视战场方面是一项特别宝贵的资产。他们部署的观测员通常能为指挥官提供早期而又重要的信息。战斗期间，光测连将获得关键信息。

通过特殊手段获得情报

184. 对空预警勤务监视敌人的空中活动，并获取空中情况判断的关键信息。他们能提供关于敌人意图的宝贵信息，甚至是在地面战斗开始前。

185. 无论是在空中还是在地面上，指挥官应监测敌人的通信传递，从而收集通信情报。技术手段包括监听哨、信号灯拦截站和电话窃听器。实现这些功能需要拥有保密性的、受统一领导的、受过专业训练的操作员。

186. 在本土（Heimat），重要信息可通过面朝敌人方向的电话局收集。这可能有助于减少其他侦察部队的工作量。预先安排的视听信号可用于本土收集信息。

在外国领土上，监听公用电话系统是收集信息的有效方法。

187. 敌人的新闻必须加以监视。高级指挥部门将对此职能下达特别指示。

188. 标准程序对审问俘虏和评估缴获的文件（命令、地图、军饷本、通知书、信件、报纸、照片和电影等）至关重要。这些文件也许能在俘虏、伤员、信鸽和通信犬身上，在村庄，在炮位上，或在缴获的车辆、飞机和气球里找到。任何情况下都必须确保缴获的文件免遭破坏。始终应以受过特殊训练的军官审问俘虏。经过短暂审讯（应限于当前战术态势）并粗略审查他们的证件后，俘虏必须经最直接的路线送往指挥部。

对俘虏迅速而又巧妙的审讯至关重要。审讯人员应询问他们所属的部队、友邻部队、上级单位、指挥官的姓名、最后的宿营地点、调动和运输工具、部队的状况和士气，以及所有特殊武器的使用。《国际法》不允许在审讯中使用强制手段。审查后，没有军事意义的文件必须返还俘虏。

189. 当地居民的说辞也能提供重要信息。搜索火车站、邮局和类似设施可获得带有军事内容的电报、密码、通信呼号等。重要信息也可从官方通信中收集，追击行动期间，这类信息经常出现。

反谍报

190. 敌人会试图通过与我们类似的方法收集情报。无论是在国内还是在战场上，只有最严格地执行安保程序才能反击他们为此付出的努力。敌人为宣传而采用的各种广播手段可能会给敌方领土上的部队和居民造成影响，必须仔细监测。高级指挥部必须制定一项系统性反谍报的计划。为此，指挥官应掌握一支秘密的战地警察力量。所有部队必须为作战安全做出贡献，特别是在兵营或宿营地。这一点可通过留意所有可疑人物、谈话和电话交流中谨慎行事、严密保护办公室里的所有命令和文件来实现。发现一切可疑活动必须向秘密战地警察报告，不得迟延。一切涉嫌从事间谍活动的人应予以逮捕，并移交给宪兵。

191. 对指挥官和士兵们来说，谨慎至关重要。从指挥部发来的所有通信必须严格管理。

192. 信件、日记中的个人记述和类似记录应得到谨慎对待。某些情况下，私人信件会受到审查。信件中不能包含关于态势、部队部署或其他有用信息，因为这些信息有可能被敌人获取。管理战地邮政勤务的条令适用于信件往来。

193.兵营不应张贴地址和部队番号。如果已使用，应在部队开拔前将其去除。张贴在汽车和火车上的部队番号也可能造成泄密，应视情况将其覆盖。没有用的文件应烧掉。兵营疏散时，应带走包括最小文件在内的所有文档资料。这些措施需要严格监督。

194.侦察部队、警戒支队和所有参战部队不得将任何有可能对敌人有用的命令、文件或条令带至前线。侦察部队必须携带并持有书面命令、地图、示意图的情况下，面临被敌人缴获的危险时，应于第一时间销毁这些文件。

注释：

1. 在平均能见度和敌人不采取伪装的情况下，空中侦察可从不同高度观察到以下各种目标：诸兵种合成部队的行军纵队，3000～4000米；步兵班，1200～1500米；个体和特殊武器，600米；炮兵发射炮位，600米；蒸汽机产生烟雾的火车，7000米；使用电力引擎的火车，4500米。

2. 翼和侧翼的区别已不再作为一种现代军事概念使用。翼指的是投入部署的一股军事力量，其前线的最左侧或最右侧。而侧翼指的是这支军队的左边或右边。一支部队的翼不一定具备深度，但其侧翼通常有纵深。由于侧翼很容易遭受攻击，因而部队会尽力将其与另一支部队的侧翼相连接，或将其依托于某种地形，例如河流。随着战术变得不再那么线式并更具机动性，翼与侧翼的区别逐渐消失。

3. 德军的骑兵中队（Schwadron）相当于美军的骑兵连（troop）。

4. 一个标准骑兵团辖四个骑兵连（中队）、一个机枪连（迫击炮连）和一个反坦克连。骑兵师侦察团编有六个连。

5. 师属侦察营编有一个骑兵连、一个自行车连、一个反坦克排、一个重机枪排和一个通信分排。骑兵连和自行车连各配备9挺轻机枪。重机枪连（译注：原文如此）配有3挺马匹拖曳的重机枪。反坦克排配有3门37毫米反坦克炮。

6. 初步部署（Entfaltung），随后是全面部署（Entwicklune）。

7. 系留气球通常用于引导远程、低伸弹道火炮的火力。天气好的时候，系留气球上的观测员，目力可达30千米。

8. 师属观测营编有一个声测连，一个光测连和一个调查连。光测连从能够直接观察敌方区域的位置展开工作。声测连则将他们的麦克风基地部署在己方炮兵线后方。声光测距技术都在第一次世界大战中得到完善。这些技术时至今日仍在使用，当然，它们都已实现电脑化。用现代的说法，观测营被称为目标获取营。

第四章
警戒

195. 指挥官必须采取警戒措施，以防敌人突然袭击，并限制对方从空中或地面实施的监视。在采取警戒措施主要用于对付敌人监视的地方，这些措施也应提供掩护。

部队移动和途中休息期间，以及战斗激烈度较低时，警戒非常必要。接近敌人时，警戒通常针对地面上的敌军。战斗中，警戒的类型和程度取决于态势。警戒措施在任何时候都不应妨碍任务的执行。

196. 持续侦察是警戒的基本要素。第 125 段谈及侦察与警戒之间的关系。

197. 对敌空中活动的警戒由防空部队和战斗机执行；通过上级指挥部制定的措施实施伪装和部队分散；利用夜色隐蔽部队的移动；所有部队都应采取防空措施。

198. 于地面上实施的对敌警戒，通常是把警戒度较高的小股部队部署在主力前方。某些情况下，主力部队自身亦应采取较高的警戒状态。警戒部队的力量、编成和组织取决于态势、指挥官的意图、总体实力、与敌人的距离、地形特点和能见度。警戒力量应尽可能保持部队的完整性。

休息期间，前哨和战斗前哨提供的局部警戒不足时，大股部队应自行设立警戒。前进期间的警戒由前卫提供，后撤期间则由后卫负责。必要时，侧翼警戒由侧卫设立。

199. 警戒职责加大了对部队的要求。因此，除非是在绝对必要时，否则不应投入更多力量执行这项任务。

宿营时的警戒

200. 部队宿营时设立前哨或战斗前哨，视受威胁程度而定。前哨击退敌人的小规模进攻，保护主力不受破坏，并为宿营部队争取时间，以便他们准备战斗或开拔。前哨还使敌人无法监视主力部队。部队宿营，并预计到局部或全面战斗警报状况时应设立战斗前哨。战斗前哨为准备战斗的部队确保一条直接途径。除此之外，战斗前哨的功能与常规前哨相同。前哨和战斗前哨侦察只在必须为宿营部队提供警戒时实施。更广泛的侦察是其他部队的任务，按照指挥官的命令行事。

201. 由于不可能为所有情况制定程序，这里只给出一般性原则。在各种情况下，前哨和战斗前哨应根据态势设立。敌情越不明朗，对警戒的要求就越高。

202. 获得掩护的地段，实施警戒较为容易，而且可以通过较弱的力量加以实现。辎重队和勤务部队应尽可能在获得自然地物遮蔽的地带后方宿营。未获得掩护或敞开的侧翼必须加以保护。根据情况，翼可以向后弯曲，可以梯次配置在后方，也可派专门指定的部队实施掩护。后方地域警戒也可能是必要的。障碍物和野战防御工事为警戒提供加强。部队必须特别留意防范敌人的装甲车辆。

203. 除了在战斗中，部队通常行进于道路上。因此，部队占领并封锁从敌人方向或从敞开侧翼而来的道路非常重要，而通过出色的观察，通常足以占据拥有良好射界的制高点。能获得类似对敌优势的这种阵地都应占领。在能见度受限处、天气恶劣时和黑暗中，有必要派出更强大的警戒力量。可能需要警戒梯队以较小的纵深配置，而且更加靠近主力部队。

204. 所有警戒部队必须采取隐蔽措施，以防敌人于空中或地面上的观察。

205. 当地和毗邻警戒部队与宿营部队之间应建立快速而又可靠的通信。

206. 每支警戒部队应派出哨兵，为自身提供警戒，哨兵的派出数量视情况而定。

207. 哨兵、前哨哨兵、哨兵队和各种类型的巡逻队实施警戒时不得敬礼。他们向上级报告情况时亦不得中断监视活动。

208. 警戒部队的换防必须谨慎进行。所有重要信息必须告知新到来的指挥官，还必须让后者适应地形。换防期间必须保持警戒。

209. 遭遇袭击时，所有警戒力量应全面戒严。他们必须做好不惜一切代价完成掩护宿营部队任务的准备。

210. 承担警戒职责的部队可以纳入防空计划。但他们自身也应采取防空措施，最重要的是伪装。关于宿营部队的防空，参见第 662 段和第 696 段。

前哨

211. 前哨（Vorposten）的位置主要取决于指挥官为麾下部队指定的宿营地域。其他因素还包括前哨位置和指挥官意图可能持续的时间。前哨力量及编成取决于敌人的威胁，警戒任务需要的部队实力、编成和类型、地形、昼间时间，以及一切特殊条件。倘若前哨线与敌人之间有己方部队存在，前哨力量可以相应减弱。

212. 敌人相距很远时（150 ~ 200 千米），最简单的警戒措施已足够。这通常包括宿营地域的直接警戒，可根据需要来部署小股力量。以外围警戒哨确保宿营地域的安全，参见第 677 段。若这种警戒程度不够，高级指挥官或宿营部队指挥官应指挥最靠近敌人的己方部队为宿营主力进而设立警戒。指挥官必须为这些警戒部队指定一名负责人。若存在多个警戒地带，指挥官应为每个地带指定负责人。地区或宿营地域指挥官也有责任设立这种警戒。他们在遭遇袭击时指挥相关行动，并负责宿营主力的戒备状态和警戒部队的部署。在宿营地域派驻部队可提高整体安全性。骑兵和摩托化部队通过远程侦察和宿营地域更深邃的部署确保自身安全。

213. 警戒级别的提高可通过在宿营部队以外地带设立一个前哨体系实现。设立这种前哨通常不能替代宿营部队的宿营地域警戒。

214. 步兵部队最适合前哨职责。必要时，其他兵种可为步兵提供加强力量。指挥官在使用骑兵部队时应当谨慎，在必要时，应抽调步兵团的骑兵力量。夜间和道路状况良好时，自行车车手履行前哨职责较为有效。装甲战车实施的防御，可由师属反坦克营辖内力量提供加强。[1] 工兵可用于设置障碍和路障。通信部队的主要任务是建立通信网。

215. 行军部队宿营时，前卫或后卫通常受领掩护主力的任务。前卫（或后卫）的全部或部分力量可用于执行这项任务。前哨线本身必须在获得掩护的情况下建立。若师属侦察营可用，他们可在特殊情况下为前哨线提供警戒。师属侦察营的一切部署必须告知前哨线。夜间，可能有必要把师属侦察营撤至前哨线后方。但他们的巡逻队应同敌人保持接触。

216. 部队设立一片宿营区时，全面负责此事的指挥官应为需要获得安全性的部队指定宿营地域。若指挥官没有将这种决定委托给各行军纵队指挥官，他应指定履行前哨职责的部队，前哨地段，地段指挥官和地段分界线，最前沿警戒线，前哨侦察的范围和目标，遭遇敌人袭击时前哨的行动，以及毗邻前哨的通信。

防御类型（防御或阻滞防御）取决于主力部队是否会加强前哨，或前哨线是否会撤向主力部队。彼此相连的部队建立一条连贯的前哨线取决于态势、获掩护部队的宽度、地形。前哨地段应把关键的道路、铁路线和地形点纳入。一旦出现缺口处，他们必须明确建立起观察监视。

217. 前哨地段部署的力量通常为一个营，必要时由其他兵种提供加强。前哨地段指挥官为设立警戒下达初步命令。这些命令包括占领关键地形，在最重要的路线和接近通道上布设障碍，侦察和地形信息，以及前哨主力的防御准备。

亲自实施侦察后，前哨指挥官指定防御阵地或抵抗线的位置。具体细节包括面对敌人袭击时应采取的行动，关于同其他部队联系的说明，野战工事和通信，以及防空防毒气措施。指挥官还应决定是否可以搭设帐篷和点燃明火，还要指定白天的军装。除非另有命令，否则士兵们执行前哨职责时不携带野战背囊。此外，前哨地段指挥官还应确定预备队的位置、宿营类型、戒备状态、当地警戒措施和自己指挥所的位置。从前哨线上的所有部队到地段指挥官，必须建立快速而又可靠的通信。他的观察所必须与高级指挥官的观察所建立联系。他通常可以使用师属通信干线，特别是在这条干线已沿前进路线直至最前沿警戒部队建立起来的情况下。

218. 部署在前哨地段的步兵连构成警戒力量的主体。特殊情况下可用独立排替代步兵连。必要时，这些步兵连可获得步兵重武器、骑兵或自行车手来强化警戒力量。步兵连据守各自负责地段的阵地或一条防线，视具体命令而定。根据前哨地段指挥官下达的命令，步兵连连长决定他的哪些班据守阵地或抵抗线，哪些班部署在后方。白天和视野良好时，哨兵队（Feldwachen）和哨所（Feldposten）通常足以守卫阵地或抵抗线。连长应派出巡逻队侦察敌人，设立警戒，并同友邻地段保持联系。某些情况下，他可以建立静止侦察队（Stehende Spähtrupps），他们在哨所线前方占据适当的地带。

219. 步兵连可以将哨兵队和哨所向前推进到有利地点。人数、实力和重武器的配备取决于任务内容、最前沿警戒线的位置、前出地点的重要性、敌人的接近程度。为防止不必要地降低连队的实力，前进哨所应谨慎部署，而且只能设在最需要的地方。连长通常会规定哨兵队和哨所遭遇敌人袭击时应当采取的行动。

220. 哨兵队的实力从一个班到一个排不等。哨兵队以哨所、巡逻队和静止侦察队为自身提供警戒。

221. 一个哨所通常由三名士兵组成，其中一人被指定为负责人。哨所通常设在支援部队前方不超过 500 米处。哨所必须能提供良好的视野，而且能避开敌人的观察。为了有效观察和监听，哨所应建造于高地且配备望远镜和信号装置。哨所内的两名士兵同时进行实时观察。他们必须和谐相处。

哨所通常需要挖掘阵地。相关命令会规定他们能否坐下、躺倒、吸烟或卸除背囊。哨所朝向敌人的方向。只要观察到敌人活动的任何迹象，他们都应向上级汇报。在即将遭受威胁或攻击的情况下，哨所应开枪示警，在这之后，他们应把掌握的最新情况告知路过的巡逻队。

哨所允许已知人员进出，其他人必须出示他们的证件或证明他们的身份的相关资料。哨所应将无法出示证件或证明自己身份者交由上级处理。路障被设立时，己方车辆进出应携带相关命令以及证明材料。此时如使用口令，可加强警戒性。所有接近人员必须停下，接受哨所的盘问，而哨所可枪击无视命令的人。如黑暗中检查靠近的人员时，哨所内人员应准备好他们的武器，并以"站住！什么人？"这句话盘问来者，如询问三次得不到回复，可开火射击。

敌人的逃兵，以及小股卫队陪同下的个别敌军官，打着休战旗并表明自己是前来联络的军使或谈判者，不应被视为敌人。哨所内人员可要求他们解除武装，蒙住双眼，在不允许他们说话的情况下将其送往指定地点。

除了这些一般性说明，所有哨所还将收到包括以下信息的特别命令：

· 敌人及其位置。

· 前沿和友邻部队的位置及任务。

· 与连队有关的哨所的位置，以及通往该哨所最直接的路线。

·特别需要观察的地段，包括目力所及处，敌人接近时必须使用的路段、隘路和桥梁。

·遭遇敌人进攻时应采取的行动。

·与其他哨所通信和传递信息的手段。

·其他必要信息，包括关于哨所的具体指示。

理论上，只要有可能，哨所都将得到一份前方地形草图，上面标有当地的一些阵地。

222. 哨兵队内部的换防工作由哨兵队指挥官或连长负责。负责换防的指挥官必须确保各哨所了解他们接到的指示，也就是说获得换防的哨所应将所有特别指示告知前来换防的哨所，而后者需要完全理解这些指示。

223. 前哨所有部队（下至哨兵队）的指挥官，应尽快向上级汇报他们为侦察、警戒、同友邻部队的通信而采取的措施。报告中应附有地形草图。

224. 掩护后方地域，警戒度较低的任务，使用骑兵部队最有效。这也会带来一场短暂后撤的好处，除非情况要求坚守相关地带。向安全地带的后撤必须获得警戒部队的掩护。夜间，骑兵部队以自行车手或配属的摩托化步兵力量执行前哨职责。

适用于步兵前哨的说明同样适用于骑兵，但骑兵部队以战备状态投入部署往往需要更多时间。执行前哨职责的连级或更大编制的骑兵部队会通常携带他们的马匹。较小的前哨支队一般不携带马匹，除非另有命令。若骑兵部队携带马匹投入部署，哨兵队至少编有一个小队，一个哨所通常以半个小队组成。骑兵哨兵队和骑兵哨所在驻地时不用卸鞍。倘若地形有利于敌人突然袭击，处于哨所的骑兵应骑马执勤。

225. 如果相关态势不需要摩托化部队留在最前沿阵地，其机动性使他们可以在离敌人一段距离处宿营，或撤至其他部队后方寻求掩护。

倘若单独的摩托化部队设立前哨，可能包括武装摩托车手、附属摩托化步兵和装甲战车，可以在隘路和障碍物后方行动。所有宿营部队的车辆必须做好维修工作，并在夜晚到来前准备出发。他们的位置应便于迅速开拔。受到太多限制的集结区（Bereitstellung）会妨碍机动性和部队的快速投入。

战斗前哨

226. 除第 198 段的特别说明外，战斗前哨（Gefechts Vorposten）的实力、编成和组织取决于主力的警戒状态、针对敌人突然袭击的行动计划和其他一切特殊因素。不得采用折中办法设立战斗前哨。得到强有力据守的地段、障碍物和屏障能够加强一个实力虚弱的战斗前哨。

227. 一般说来，高级指挥官决定战斗前哨的任务。他可以指导前哨部队占领相关地段、其前沿抵抗线、各前哨间的连通性，以及遭遇敌人攻击时需要采取的行动。遭到敌人进攻时，前哨要么就地防御，要么实施阻滞行动，并朝预先决定的方向后撤。根据情况，指挥官可能有必要在前哨线后方构筑一道阵地，并从主力抽调部队加以据守。这片阵地可作为后撤中的前哨部队的集合点或集结区。

228. 一般而言，最接近敌人的步兵部队设立战斗前哨。前哨力量通常仍隶属其建制部队。与宿营主力相距较远的前哨，若其编成来自多支部队，可以将他们置于统一指挥下。特殊情况下，为加强警戒力量，前哨甚至可以配备炮兵。以师属反坦克营辖内力量加强前哨也是一种选择。战斗前哨部队应建立自己的通信网。暂时不会同敌人发生接触时，战斗前哨的组织和指挥，遵循的原则与普通前哨相同。

229. 战斗前哨一旦设立，就提供了紧密的警戒，并保持同敌人的接触。他们根据接到的命令实施战斗侦察。若前哨线前方有己方部队存在，下达给他们的命令必须说明是否会把他们配属给前哨，以及他们的行动范围与前哨的关系。

230. 若战斗前哨在夜间设立，应建议该前哨先占领最容易到达的地点，然后在白天扩大并充分发展前哨体系。

231. 若在战斗中发生断裂，最靠近敌人的部队应通过设立战斗前哨确保他们的阵地。这些前哨主要包括哨所、巡逻队和静止侦察队，他们的部署位置尽可能靠近敌人，或与敌人直接接触。

232. 第 457 段和第 488 段谈及战斗前哨在防御和阻滞行动期间的特别说明。

移动和行军期间的警戒

233. 在白天行进的大股行军纵队必须保持警戒状态,防范敌人的侦察和空袭。只要有可能,指挥官应以防空部队和战斗机为这些纵队提供掩护,其中,必须首先考虑的是对行军编队的保护、这场行军的起点和终点、河流横渡、隘路穿越、休息区。

道路网许可时,指挥官应为高射炮部队分配其他部队未使用的路线。高射炮连通常可以从一个发射阵地掩护两条行军路线。指挥官可把摩托化高射炮连和高射机枪连派往容易遭受低空空袭的隐蔽点前方。若防空部队未获得专用行军路线,其调动必须与共用行军路线协调。通常说来,防空部队在交叉路口和隘路拥有优先通过权。防空部队为指挥部的巡逻和警戒力量提供支援。高射炮连以他们的火力和射击时产生空中爆炸的位置发出警报。

234. 若空中威胁较大,但同敌人的接触并非迫在眉睫时,防空部队应沿所有可用路线分散。时间不是关键因素时,行军可以延长一段时间,各部队分成小股前进,彼此间隔一段指定时间。

235. 倘若部队必须作为一支完整的行进力量完成一场昼间行军,可以延长纵队长度,从而减轻敌人空袭的影响,但此举的前提是其他因素不影响这种分散。这种深防空队形(Fliegermarsch Tiefe)要求每支部队将其正常道路空间翻倍——只有接到特定命令才能降低队形的标准纵深。

各部队按照其指挥官的命令部署为深防空队形,并汇报这场调动的开始和结束。若在昼间行军,依靠马匹拖曳的辎重队和后勤部队以类似方式部署。高级指挥官下令实施或结束深防空队形。同时,他决定警戒力量(前卫、后卫和侧卫)是否需要保持、减少或消除他们的距离。深防空队形通常应在行军开始时实施。但如果行军纵队较小,也可在行军途中进行。若战术态势需要,这种队形可以放弃。指挥官可对停顿和休息加以利用,从而促进部队的分散和分离。

236. 宽防空队形(Fliegermarsch Breite)是昼间行军期间部队防范空袭的另一种方式。执行宽防空队形需要足够的、与主路线相平行的毗邻路线,或适当的野外地形。排成宽防空队形时,各部队部署在主要行军路线两侧或一侧的毗邻路线上。指挥官应为骑兵部队分配较长的路线,为摩托化部队分配特定路线。机动车辆也可使用主要行军路线，但这样一来，其他部队就将沿备用路线行进。如有必要，指挥官应给各部队划定分界线，以免发生混乱。行军序列与实施单路纵队行军时一样。若发生拥堵，应立即通知后续部队。

行军纵队指挥官下令实施或结束宽防空队形。他也可以授权下属部队指挥官主动采取这种队形。若时间紧迫，每支部队的指挥官都有权将他的部队分散成宽防空队形。大多数情况下，实施宽防空队形就无法实现大纵深。通常说来，这种行军方式会造成堵塞。以宽防空队形实施行军会减慢前进速度，导致各部队快慢不一，增加行军压力，并使指挥控制复杂化。这种队形只能在特殊情况下使用，而且应尽快结束。

237. 若以深防空队形实施行军，同时执行宽防空队形就不太合理。一般说来，这两种队形都不适合摩托化部队。

238. 如果一支大于加强团的诸兵种合成部队沿一条路线前进时遭遇空中威胁，可以分成一股股较小的行军部队，彼此的间隔为 1 ~ 3 千米。高级指挥官掌握他们的前向运动。他可以命令一支或多支行军部队部署为深防空队形，只要整个纵队仍保持在允许范围内。倘若整个行军纵深超过一天行程，指挥官可以批准个别行军部队在不同时间开拔。需要注意的是，采用宽防空队形需要获得高级指挥官的批准。

239. 黑暗中，防空部队和探照灯提供的掩护仅限于隘路、桥梁和渡场。夜间通常不使用深防空队形和宽防空队形。

240. 部队通过隘路、跨过桥梁和渡场的防空措施，必须在主力部队到达前建立。行军部队通过隘路时对付空袭的防御技术取决于隘路的类型。穿过较短的隘路时采用的防空技术与跨过桥梁、渡场或类似地域相似。

敌人对桥梁和渡场实施空袭时，周边地域往往也遭到打击。因此，部队如果没有部署成深防空队形，就应分成小股团队渡河。渡河后，这些小股团队应保持一段时间。命令必须提前下达，以免发生拥堵。渡河行动最好在几个地点同时进行。指挥官必须避免将部队集中在河岸边。可能的话，防空部队应部署在河流两岸。为侦察和警戒部队单独建立一个通信网也很有必要。为此，指挥官可前调师属通信营。

敌人即将对桥梁和渡口展开空袭时，指挥官应暂停渡河行动。

241. 仅有一架敌侦察机在昼间出现时，行军通常会继续进行。发现敌机编队低空接近或正发起低空攻击时，防空哨（Luftspaher）应拉响警报，并按照连长或其他指挥官的命令发出空袭信号（五声短促的爆破音）。

听到空袭警报，步兵应在道路旁的沟渠或洼地隐蔽。车辆和骑兵停在路上，骑手下马，司机下车并拉好手刹。只有在获得充分预警，以及地形合适的情况下，他们才能离开道路隐蔽。司机和骑兵不应挡在道路中间。骑兵和车辆应利用可用的掩护，尽快继续向前行进。指定用于低空防空的武器立即进入阵地并开火射击。单独的步兵不参加对空射击。部队采取防毒气措施也很必要。

高空空袭通常只发生在行军纵队穿越隘路时。这种情况下发现敌机编队从高空逼近时，防空哨会拉响警报。通常说来，只有高射炮连可以对敌机开火射击。夜间，敌机通常会在降落伞照明弹的协助下实施攻击。当然，这就提供了警报。空袭信号通常按照连长或其他指挥官的命令发出。行军中的步兵应在道路旁隐蔽。其他部队停止前进并隐蔽起来。任何移动都有可能暴露己方位置。只有防空部队可实施防御行动。

空袭结束后，部队按照指挥官的命令恢复行军。

242. 若一场夜间行军延长为昼间行军，指挥官可能有必要在天亮前下令让部队休息一段时间。此时，他应针对敌人的空中和地面行动采取警戒措施。

243. 师属侦察营的主要责任是确保步兵师免遭敌人地面行动的破坏。第169段阐述了该营的部署和行动。师长可以按照他的要求保留师属侦察营的巡逻队，但他不应不必要地削弱该营。如果没有侦察部队在前方或敞开的侧翼活动，侦察工作必须以其他方式完成。

244. 师属侦察营与前卫部队之间的地带，后者必须对前方和侧翼加以侦察，以此提供掩护并确保部队的前进。为此而部署的骑兵力量，以及受领侦察和警戒任务的其他部队应从各步兵团的骑兵排抽调。行军纵队指挥官和高级指挥官将对骑兵部队做出一切必要的交叉调配。

伴随机枪排、反坦克武器、骑兵部队、炮兵、战斗工兵、防化部队的自行车手可以提前部署，沿行军路线占领关键地点，以保持隘路畅通，并设置或移除障碍物。先遣力量的确切编成由前卫部队指挥官、行军纵队指挥官或高级指挥官根据任务的优先级和部队的需求决定。师属侦察营不能偏离其主要任务，因此，只有在特殊情况下，该营才可用于这种任务。

245. 前卫部队必须克服虚弱之敌的抵抗，从而确保主力的行进自由。他们掩护行进中的部队，防范前进方向上敌人的突袭。遭遇敌人时，他们必须为主力的战斗部署争取足够的时间和空间。这一点应在不需要主力果断投入战斗的情况下完成，因为后者会限制指挥官决策和行动的自由度。

某些情况下，前卫力量必须迅速打破始料未及的抵抗，并牢牢控制他们已夺取的一切关键地点。如果预料到会同敌人发生一场遭遇战，各行军纵队指挥官们应留在前卫部队。师长的位置参见第 113 段。

246. 前卫与主力之间应保持足够的距离，这样，主力部队就不会立即卷入一场前卫的战斗。这个距离也不能太长，以免主力部队无法及时投入战斗。指挥官的意图、部队的整体实力、光线和地形条件也应加以考虑。一般说来，前卫与主力之间的距离应为 2 ~ 4 千米。夜间、能见度较低的恶劣气候下、前卫部队规模较小时，可缩短这一距离。

247. 前卫的实力和编成取决于态势、指挥官的意图、地形、能见度和主力部队的实力。指挥官应把前卫力量控制在最低限度，其步兵实力应占主力部队步兵总数三分之一到六分之一（或更少）之间。也可为他们配备师属反坦克营部分力量、轻型火炮和工兵。给前卫额外配备装甲战车、轻型炮兵纵队、弹药补给队或防化部队可能也有必要。前进期间，倘若指挥官预计到前卫的需求，还可为他们配属个别重型炮兵连（特别是低伸弹道火炮）、马匹拖曳或摩托化电话分排、无线电分排、师属通信营的信号灯小组和架桥部队的部分力量。

一般说来，夜间行进的前卫力量只编有配备重武器的步兵和工兵。骑兵跟随在前卫身后 100 米处，除非有令人信服的理由要求他们同主力待在一起 [2]。倘若一场夜间行军得到先前已投入部队的掩护，通常一支小股步兵力量足以提供警戒。雾中行军的处理与夜间行军相同。

248. 前卫指挥官根据态势、他的任务、地形、能见度和他掌握的实力组织麾下部队。前卫应分成一股主队（Haupttrupp）和一支尖兵（Vortrupp），外加配属前卫的一切快速力量。

前卫的大部分步兵力量和其他兵种作为主队向前推进。部分步兵力量和工兵构成尖兵，师属通信营依靠马匹拖曳的分排也应纳入其中。主队与尖兵之间的安全距离一般约为 1500 ~ 2000 米。一股强大的尖兵力量通常会把一个尖兵连部署在前方 1000 ~ 1500 米处。步兵尖兵由一名军官和一个或多个步兵班组成，部署在尖兵前方 500 米处，以分阶段前进从一个观察点赶至下一个观察点。骑兵尖兵由一个骑兵小队组成。为最前沿部队配属反坦克炮和通信部队（特别是信号灯小组）也很重要。小股部队根据大股部队的行进调整他们的行军。

第 302 段谈及相关通信。

249. 行军期间的侧翼警戒主要由巡逻队执行。位于敞开侧翼的行军纵队为毗邻纵队的侧翼提供掩护。如果巡逻队不够，指挥官可以投入侧卫力量。指挥官通常会在移动命令中指定这些部队。特殊情况下，侧卫力量也可在行军期间由前卫或主力部署。出现这种要求时，指挥官应提前告知并部署执行侧卫任务的步兵部队，因为在正常情况下，侧卫的行进路线较长。

侧卫的实力和编成取决于地形和敌人的威胁。他们必须能够不断进行侦察，并与主力迅速取得通信联系。行进中，侧卫的行动方式与前卫相类似，但指向外侧。他们还要负责自身侧翼和后方的安全。侧卫可伴随行军纵队一同前进，并为后者提供保护，或占据一片阵地掩护己方部队前进，而后重新加入纵队后方。

倘若一场行进被调整为侧翼行军（Frankenmarsch），那么，前卫可用于担任侧卫。新前卫力量可以从主力抽调部队组成。若侧翼遭受严重威胁，指挥官应投入力量应对这一威胁，可从主力抽调部队派往侧翼。这些部队应对自身的安全负责。

250. 侦察和预警有助于部队抗击敌人的装甲战车。摩托化部队具有提前报告的超强能力。敌装甲战车逼近的警告首先应发给立即遭到威胁的部队，或以信号、信使、电台这些手段告知行军纵队指挥官。这种通信联系必须提前加以协调。

反坦克炮应分布在行军纵队中，特别是那些具有敞开侧翼的部队。侧翼获得掩护后，指挥官必须为纵队头部和尾部提供掩护。他应派出工兵或其他部队，使用地雷或其他手段封锁通往敞开侧翼或从后方地域而来的道路。用于防御目的的装甲战车沿行军路线前进，可部署在行军纵队前方或后方，或位于平行路线上。

一旦发现敌装甲战车实施攻击的迹象，所有反坦克武器应做好战斗准备，步兵按照指挥官的命令实施隐蔽，骑兵和摩托化部队分成小股群体离开道路。无法做到这一点时，他们应停下脚步，下马下车，使用车辆和其他方式封锁朝向敌人的道路，并据守障碍物。其他人员应同马匹和车辆待在一起。开火射击的命令通常由下属指挥官们自行下达。

251. 敌军炮火对行军的干扰，可通过限制离开行军路线或相应部署予以消除。高射炮连应提前投入部署，以打击敌炮兵空中观测员。若有己方炮兵空中观测员，指挥官应迅速将远程、低伸弹道炮兵连投入行动。

在缺乏观察的地带，部分投入且配有重武器的步兵前卫通常能迅速驱散实力虚弱之敌。必要时，指挥官也可沿行军路线使用前卫炮兵。装甲战车可以迅速粉碎敌人这类抵抗。

在开阔地或穿越宽阔地域时，炮兵必须掩护行军纵队。指定炮兵部队应做好迅速开火射击的准备。但在某些情况下，部队可能有必要降低前进速度，以确保所有部队获得足够的炮兵掩护。行军纵队指挥官可以从主力部队的炮兵力量抽调监视炮兵连。

沿多条路线行军期间，指挥官可将炮兵力量置于他的直接指挥下，前提是配属给行军纵队的炮兵已解除监视任务。但低伸弹道的重型火炮不应用于这项任务。此外，所有部队必须确保受领监视（Überwachung）任务的炮兵力量也可用于投入战斗。

252. 后卫确保主力免遭敌人突然袭击，并在部队停下休息时提供警戒。他们不能寄希望于主力部队提供支援，因此，指挥官应针对其实力和编成应做好相应的规划。后卫力量由步兵、自行车手、强大的炮兵（包括远程、低伸弹道炮兵连）、反坦克武器、无线电通信部队组成。必要时，指挥官还应为后卫配备负责拆除电线的部队，以及携带相应物资，负责设置障碍并炸毁桥梁的工兵。某些情况下也可为他们配备装甲战车。给后卫力量配属化学和烟雾发生器部队也很有用。几股后卫力量可在统一指挥下行动，前提条件是他们拥有足够的通信设备和其他联系手段。师属侦察营可为后卫部队指挥官提供协助，但不会置于他的直接指挥下。

行军期间，后卫组织起来担任预备队和支援力量，其快速部队的部署方式与前卫类似。他们的侦察部队同敌人保持接触。一股强大的后卫力量也可部署一个后方尖兵连，步兵后方尖兵尾随其后，可能还有骑兵后方尖兵。

后撤期间，主力部队迅速拉开与敌人的距离至关重要，原则上应使用一切可用路线。

253. 倘若预料到后方地域会遭受攻击和破坏，后卫力量也可在行进期间投入。通常情况下，小股步兵部队（特别是在配备重机枪和反坦克武器的情况下）足以完成这项任务。可能有必要为后卫配属炮兵力量。

254. 休息期间，防范敌人监视和空中侦察的警戒措施最好通过利用地形和分散部队来实现。高级指挥官负责建立防空措施。各部队也应针对敌人的空袭采取自己的警戒措施。敌机逼近时，防空哨发出警报。与此同时，部队应实施隐蔽，停止一切移动，以免被敌人的空中观察发现。休息期间，各部队都应设立自己的防空哨。

若发现敌机编队正从低空或高空逼近，防空哨将发出空袭信号。不执行特定任务的所有部队应尽快隐蔽。一旦敌机进入射程，防空武器立即开火射击。停止部队的指挥官负责取消空袭警报状态。必要时，休息部队的指挥官们应在休息期开始时下达关于空袭信号和空袭警报的补充命令。

各部队根据《宿营时的警戒》一节规定的原则自行设立警戒，防范敌地面部队。

休息期间必须仍保持侦察活动。

通过战斗前展开建立警戒

255. 预料到会同敌人发生先期遭遇的行军纵队，可以投入作战编队，从而加强其行动准备。此举同样可以加强部队的警戒状态。

指挥官可使用前卫力量掩护其他部队的展开。倘若主力的投入解除了前卫的任务，后者的新任务则同整支部队相一致。通常说来，展开令可取消所有特定部队的行军部署。

256. 除了指挥官的意图，与敌人的距离、对方的警戒状况、地形和能见度都会给部队的展开时间、地域和类型造成影响。展开会减缓部队的前进速度。开阔地带、有利于敌人观察的条件、远程火力、强大的空中威胁，这一切可能要求指挥官尽早展开麾下部队。或者，相关态势可能要求部队不顾潜在损失如何，按照原先的队形继续前进。这种情况下，指挥官应使用较短的弯路避开处于敌人监视或火力打击下的地域。

257. 多股纵队齐头并进可以加快展开，并使指挥官获得尽早占领必要地形从事战斗的机会，某些情况下甚至可以包围敌人的侧翼。

通常而言，部队必须为战斗实施集结。指挥官必须在个别下属指挥官投入部队前提前下达这道命令。为执行自己的意图，指挥官在必要时也将下令实施纵深组织。

258. 若指挥官无法在他的展开令中分配具体战斗任务，他至少可以规定前进方向和最远目标。他还可以设立战斗侦察任务、各部队的分界线、炮兵和其他兵种在部队展开期间提供的掩护、特定部队的位置。

位于师前方的侦察营接到的行动令参见第 175 段。

259. 通常说来，师属通信营接到的命令是与前进步兵团或个别行军纵队建立有线通信。随着部队继续展开，通信应加以保持，并建立炮兵通信网。通信线应以这样一种方式构建：它们在战斗中可以使用尽可能长的时间。师属干线（Stammleitung）设立在后方，这条干线向前连接到各步兵团[3]。师长的特别观察点以通信支线连接到干线。倘若师里的通信量导致通信营超负荷，师长与各步兵团之间无法建立专线联系，各个团应在指定地点将其通信线接入干线。通信营辖内所有可用力量必须用于为战斗建立通信网。指挥官转移他的指挥所时，横向通信线的施工应避开通往后方的长线。地形条件允许时，信号灯通信作为有线通信的一种备用手段很有价值。通信部队及时展开，对战斗通信网的建立至关重要。

260. 倘若需要部队在夜间展开，指挥官必须将警戒部队派往前方，尽量接近敌人。各部队在警戒力量掩护下分阶段前进。部队在夜间展开，应使用现有的小径和路线。某些情况下，指挥官应对接近道路（Annäherungswege）加以侦察并预先做好标识。必要时，部队的展开由炮兵力量提供掩护，后者必须在天黑前进入发射阵地，或者为夜间支援火力做好准备。

所有领导者必须留在易于下属找到处。通信网必须不断加强。

掩护

261. 指挥官必须为部队的集结和移动提供全方位掩护，以防敌人的空中侦察。在前方和侧翼设立掩护，防范敌人的地面部队也很必要。掩护将使用进攻和防御两种方式。

262. 从空中实施掩护是空军的任务。他们可以在有限时间内以强大的战斗机力量和轰炸敌机场来执行这种掩护。若战斗机部队的实力较弱，那么，他们的任务就限于在最重要的己方阵地上空对付敌人的空中侦察（参见第十五章）。倘若防空部队加入战斗，几乎可以肯定，敌人的注意力将被吸引至获得掩护的地区。

对敌空中行动的掩护要求各部队精心伪装、分散并加强夜间移动。

263. 进攻掩护主要是骑兵的任务。其目的是阻止敌人逼近获得掩护的我方部队。另外，他们必须进攻并击退在任何一处发现的敌侦察力量。

264. 地形条件将敌人的侦察限制在寥寥几条接近路线时，防御掩护最为有效。掩护力量可以据守障碍物，从而封锁这些路线。更强大的部队应集结在后方，准备抗击敌人达成突破的企图。掩护力量、前线和指挥官之间必须建立快速而又安全的通信。指挥官应把侦察部队派往远离前线处，从而对敌人展开侦察。正常情况下，骑兵部队非常适合执行防御掩护任务。而在地形造成限制或骑兵无法展开行动处，步兵提供掩护非常必要。为完成这项任务，指挥官可能有必要以其他兵种辅之以加强步兵力量。

遭受化学污染的地带，纵深可能会很大，这将极大延长防御掩护的宽度。缺乏化学毒剂的情况下，如果精心选择地形点，分布范围很广的单个地形点遭受的污染有助于掩护任务。

265. 必须以一切可用手段监测并截断敌人的通信流量。

266. 通信部队主要以无线电通信为掩护工作做出贡献。他们应以干扰敌人的信号通信、欺骗性通信、保持无线电静默和紧密监督己方通信完成这项任务。

267. 除了自身独特的功能外，掩护工作还为其他任务的执行直接提供支援。

注释：

　　1.师属反坦克营配备36门37毫米反坦克炮。每个步兵团也有12门反坦克炮,侦察营有3门。因此,全师共计75门反坦克炮。

　　2.每个步兵团拥有一个由48名士兵组成的骑兵排。

　　3.师属通信主干线是师里从后方至前方的主要通信线路。行军期间,这条主干线沿主要纵队和师长前进的路线铺设。

第五章
行军

268. 部队移动和行军是战争的重要组成部分。所有行动的成功在很大程度上取决于行军的安全执行和行军结束后部队的完好性。

269. 如果部队不经常从事行军训练，不习惯这种劳累，他们的行军执行会下降。因此，一场战争开始后，各部队必须对每一个行军训练的机会加以利用。对步兵来说尤其如此，因为就连一双新军靴也可能造成问题。

270. 加强行军的执行要求指挥官仔细规划行军途中的停止和休息，严格的行军纪律，照顾好双脚，做好马蹄铁，以及服装、装备、鞍具和挽具的维护。对士兵和马匹来说，出色的医疗护理和充足的食物是维持并增强行军能力最有效的手段。士兵们双脚疼痛，马匹跛行或背痛，都会对行军造成不良影响。

行军期间，连长和更高级别的指挥官必须不断留意徒步而行的士兵、马匹和骑手、司机和车辆。他们负责确保及时救助人员和马匹，并在休息期间和宿营地提供合格的护理。小跑、行走和远距离跋涉之间适当的定时交替，能有效降低因压力而造成的牲畜损失。

第二十二章谈及摩托化部队的行军。

271. 利用汽车运送步兵们的背囊和马匹的负载，可大幅度减轻使人员和马匹的压力，并提高行军执行。但汽车数量使这种做法仅限于特殊情况和小股部队。部队的车辆，在其能力范围内，应当用于运输需要救助的人员和马匹的部分装备。士兵们将背囊放上汽车前，必须取出里面的弹药和应急口粮。

272. 只要一支部队仍处在战斗状况下，就不能期待休息日。因此，应利用一切机会缓解人员和马匹的疲劳，检查维修车辆，修理武器、装备和衣物。

273. 炎热的天气状况是行军部队最大的敌人。它对步兵的影响尤甚，因此部队指挥官需要考虑周全的预防措施。可能的情况下，酷热天气下的行军应在夜间进行。若行军必须在炎热季节的昼间进行，指挥官应安排部队在一天中最热的时候休息。

酷暑时节，行军中的饮水规定变得非常重要。短暂停顿或行军途中可以准许士兵们喝水，但必须谨慎控制。出发前可为士兵们的水壶灌满冷咖啡或茶。缺水比缺乏饲料对马匹的影响更大。通常情况下，只有在休息期间才能为大量马匹提供足够的饮水。

274. 寒冷天气下，士兵们的耳朵、面颊、双手和下巴必须加以防护。步兵们可以不时挂起他们的步枪，以此活动自己的双手。通常说来，他们在行军时脱掉大衣更便于行进，但长时间停顿期间应当穿上大衣。骑兵和摩托化部队应经常下马、下车，并担任向导。指挥官应尽可能经常为士兵们提供热水和热饭菜。

积雪和光滑的冰面会严重降低行军的速度和执行。行进在前方的部队应频繁更换。深深的积雪中，可能需要使用配备雪橇滑板的车辆，或者以雪橇为部队开道。人员和马匹需要的冬季装备必须提前安排妥当。

275. 只要情况允许，必须对行军路线实施侦察，确定其适用性、构造情况、桥梁的承载能力、障碍物，或其他限制。这种侦察对摩托化部队尤为重要。关于道路网的地图信息并不总是可靠的。空中航拍侦察可为此提供帮助。

如果存在路线损坏的可能性，指挥官必须将携带架桥设备的工程兵派往前方，或将其配属给前卫部队，以便从事维修工作。部队休息时间的安排，应同可能发生的修理工作时间相一致。

276. 与昼间行军相比，夜间行军更加依赖于可靠的地图和状况良好的道路。若无法实施侦察，或者存有任何疑问，部队可招募熟悉当地情况的向导，特别是在道路状况不佳或黑夜情况下。夜间行军，特别是摩托化部队，往往需要道路标识和细心控制，以保持行军部队的凝聚。

除了在炎热天气，夜间行军比昼间行军更费力。倘若存在敌人实施侦察或监视的可能性，行军部队不能发出任何灯光或火光。除此之外，各连队尾部的马灯能够促进部队的凝聚和各行军部队之间的联系。如果汽车行进时不开大灯，就必须放缓速度。

到达敌人附近时，指挥官应命令部队保持安静。为避开敌人的空中侦察，行军部队的集中和进入宿营地应在夜间实施。黑夜越短，可用的移动时间就越少，因而部队的行进里程也越短。

277. 紧急情况需要更高的行军执行，甚至是强行军（Gewaltmärsche）。指挥官应向部队说明实施强行军的原因。超出部队能力的过度要求会削弱他们的战斗力和士气。

278. 所有行军命令的主要本质取决于同敌人发生先期地面接触的可能性。倘若指挥官估计不会发生这种接触，可以采用更粗放的规定，从而使行军部队轻松些。以小股部队或单一兵种组成的纵队行进，能降低行军压力和遭受空中威胁的风险。

但是，若存在与敌人发生接触的可能性，指挥官的首要目标应当是做好战斗准备。这需要指挥官排开诸兵种合成部队队形，选择合适的行军序列并采取必要的警戒措施。

279. 一支诸兵种合成部队沿多条良好路线展开行军，对部队来说较为轻松，既能加快行军速度，也强化了部队朝行军方向的战斗准备姿态。但存在这样一种可能性：个别行军纵队领导者会在指挥官介入前，以违背后者意图的方式同敌人交战。沿多条路线实施的这种行军，使指挥官将部队部署至侧翼或迅速集中在某片地域变得更加困难。根据战术要求，指挥官可将行军纵队部署成梯次队形或实施分阶段推进，从而降低行军给他的行动自由度造成的影响。为控制这种移动，指挥官应规定行军纵队的出发时间和地点，或先遣部队必须跨过指定调整线的时间。

行军途中的梯队变更，必须通过控制行军纵队实现，也可在休息期间做出调整。分阶段前进期间，指挥官应提前告知行军纵队到达中间目标时需要他们采取的行动——停下脚步或继续前进。未接到具体命令时，行军纵队指挥官必须在到达行军目标时报告上级指挥官。

280. 指挥官与行军纵队，以及各行军纵队之间必须建立可靠的通信。遭遇复杂地形，或能见度较差和夜间，需要采取特别谨慎的措施。相邻行军纵队以无线电和信号灯进行的通信联系也需要仔细规划。昼间，己方飞机能及时提供个别行军纵队状况和进展的信息。

281. 指挥官必须在相邻纵队之间设立行军分界线、警戒和侦察。

282. 部队以单路纵队行军期间，指挥官对部队的控制最佳，行动自由度也最大。单一路线上诸兵种合成力量的规模越大，要求该部队完成的指定路程也越远。行军纵队越长，遭遇空袭的危险就越大，部队集中所需要的时间也越多。

283. 夜间行军由地面观察提供安全性，有利条件下也可由空中观察提供。对敌人来说，实施夜间空袭比较困难。因此，夜间行军是实现出敌不意的重要方法，而且在敌人掌握空中优势的情况下具有特殊价值。如果实施夜间行军的部队于拂晓时直接进入敌占区，短暂的休息有助于确保部队以新锐、协调的状态同敌人战斗。

284. 行军队形的决定因素包括部队的总实力、可用的宿营区域、力量编成、行军序列和战术态势。所有部队必须朝行军方向前进，应避免迂回和交叉通行。非必要情况下，指挥官不应通知或命令部队提前开始行军。

如果大批部队必须从同一片阵地出发，他们应按计划安排逐一到达，以免造成不必要的等待和拥挤，并暴露在敌人的空袭下。一般说来，部队加入行军纵队的计划安排取决于他们的宿营地点和他们在行军序列中的位置。这些部队可从侧面或相交道路加入行军纵队。宿营集团成立时，指挥官们应确保各部队及时到达以及他们在行军纵队中的合适位置。

辎重和后方勤务部队不得妨碍部队的移动。如果行军纵队队形在前哨掩护下执行，后者必须及时整合到行军纵队中。

285. 行军起始时间取决于态势、行军长度、天气和其他情况。休息不足会给部队的能力造成负面影响。在黑暗中完成一场夜间行军非常重要。就昼间行军而言，通常不应在夜间到达新宿营地域。骑兵和摩托化部队通常在出发前需要两小时准备时间。行军结束时，他们通常会比步兵晚到。组织不佳的休息会使马匹难以恢复体力，汽车的维护也受到影响。其结果是部队的作战能力下降。

286. 行军序列决定各部队在纵队中的位置。这一点反过来又取决于他们可能的战斗展开。正确的行军序列是战斗成功的第一步。

287. 警戒力量（前卫等）的行军序列通常由他们各自的指挥官决定。但为简化命令，这些部队的顺序也可由行军纵队指挥官确定。

主力的行军序列由行军纵队指挥官确定。他负责各种部队的序列调整，以及行军期间的凝聚力。他与前卫保持不间断联系，并建立必要的侧翼警戒。如果他离开行军主力，应指定一名自己缺席期间的副手。行军结束，纵队散开时，他重新返回原部队担任指挥官。

288. 一个步兵师沿多条路线前进时，一股步兵力量通常会在各主力纵队前方行进。主力纵队指挥官通常会待在主力纵队头部或附近。师长随行的纵队通常包括师指挥机构和师属炮兵指挥机构的摩托化部队。这些部队对战斗的实施至关重要——师属通信营的马匹拖曳部队，如果没有调拨给前卫的话，通常也包括其中。如未分配给前卫，依靠马匹拖曳的轻型、重型炮兵和工兵，则应根据情况的需要尽可能部署在前方较远处。这一点又决定了其余步兵部队的位置。医疗连的马匹拖曳排跟随在师指挥机构纵队后方。依靠马匹拖曳的灯光信号纵队跟随他们自己的部队一同前进。师属架桥纵队的马匹拖曳部队，倘若未分配给前卫，也没有计划让他们在晚些时候赶往前方，这种情况下可以和师指挥机构纵队一同行进。

反坦克炮和高射机枪部队通常分布在行军纵队中。

步兵师沿单一路线前进时的组织方式与之类似。后撤期间，主力部队的行军序列通常会加以反转。这些原则同样适用于骑兵部队主力。

289. 师里的摩托化部队应编为一个或多个摩托化梯队，并以阶段性推进跟随行军纵队，除非他们受领侦察、警戒任务或配属给前卫部队。情况和道路网允许时，他们可以沿特别的额外路线前进，全部或部分作为一支摩托化行军纵队。若预计会同敌人发生接触，指挥官只能把那些具备直接投入战斗能力的摩托化部队派往特别路线。

行军纵队指挥官可根据需要改变摩托化梯队和行军集团的行进路线。摩托化行军纵队仍应置于师长的直接掌握下。

行军期间，摩托化梯队或行军集团负责人的任务与主力纵队指挥官的任务相同。根据情况，整个摩托化纵队的指挥官执行的任务与师里其他行军纵队负责人相类似。摩托化梯队和纵队的行军序列参见第 286 ~ 288 段。第二十二章谈及行军执行的程序。

配属给前卫的摩托化部队始终应在前卫与主力之间行进。指挥部和其他摩托化部队（例如炮兵的摩托化单位）的机动车辆也可在特殊和临时情况下集中在前卫与主力之间。

290. 步兵营、骑兵团、炮兵营的战斗辎重队，作为他们部队的组成部分参加行军。隶属指挥和参谋机构的辎重队要么加入一支部队，要么单独形成一股行军纵队。前卫先遣力量的战斗辎重队同前卫预备队一同行进。独立连通常将战斗辎重队带在身边。摩托化和骑兵侦察部队也有自己的战斗辎重队，应尽可能把他们部署在靠近处。若情况要求他们与他们的战斗辎重队分开一段时间，指挥官会指示后者加入另一支部队。

291. 步兵师前进期间，师属通信营通常会铺设一条通信干线（参见第二十二章）。行军开始前，指挥官应在情况允许时尽量将该营派往前方遥远处。铺设通信干线的先遣部队，与前卫支援力量一同行进。信息中心和电话站建立在关键地点，具体位置必须在行军命令中标出。

沿多条路线行军期间，师属通信干线通常应沿师长及其参谋人员的行进路线铺设。与敌人脱离的逆向行军期间，不再使用的通信干线应拆除或销毁。除铺设通信干线，师属通信营还必须在行进和逆向行军期间确保同后方和侧翼的不间断无线电通信。与前进部队的通信取决于相关态势。

第 724 段谈及骑兵部队行军期间的通信。

292. 行军路程和所需要时间的计算是行军命令的重要基础。指挥官必须考虑各部队从旧宿营地赶往新宿营地的行军路程。[1] 越野移动期间，步兵大股部队的行军速度下降到每小时约 2 ~ 3 千米。在良好道路上进行的夜间行军，速度应与昼间行军速度相当。但在恶劣道路和一片漆黑的情况下，这种速度会迅速下降。自行车手和摩托化部队夜间行军的速度更慢。

293. 在情况允许的条件下，指挥官应为行军下达预先号令。预先号令应阐明出发时间和地点、行军路线和计划中的行军持续时间。命令中还应包括关于各部队进入行军路线的途径，以及加入行军纵队的说明。

294. 军、集团军直属部队或更大规模的独立部队跟随师行军路线前进时，必须建立协调机制，以免师辎重队和勤务部队与尾随其后的这些部队发生摩擦。

295. 大型联合指挥部在不同敌人发生接触的情况下实施持续数日的行军，可以建立行军计划表。行军计划表包含关于行军路线、每日行军目标、宿营地和工作人员住处等信息。

296. 跨过出发点后，指挥官应下令"便步走"。根据情况，士兵们可以说话、唱歌、吸烟。而步兵只有接到命令才能"枪上肩"。除此之外，部队不应敬礼或进一步表达敬意。

297. 严禁丢弃衣物和装备。指挥官可在适当时候命令士兵们脱掉一些衣服，解开衣领，摘除钢盔。

298. 所有部队的行军必须在已建立的行军序列内进行。

299. 通常情况下，部队行军只使用道路的一侧。如果行军在道路两侧进行，道路中间必须为信使的通行保持畅通。机动车辆不得高速超越行军纵队。部队通常沿道路右侧行进。

需要注意的是，在昼间行军期间，如果左侧路况更适合步兵，或者能提供防范空中观察的隐蔽，那么也可以加以使用。倘若道路两侧都能提供防范空中侦察的隐蔽，步兵和骑兵可以沿两侧行进。机动车辆、马拉大车和自行车使用最有利的一侧。[2]

在恶劣的道路上或高温期间，部队沿道路两侧行进，保持道路中间畅通，可能对行军较为有利。行军应避免选择尘土飞扬的夏季道路。行军部队超越其他部队时，应尽量贴路边而行，以留出适当的间隙[3]。部队休息期间应保持道路畅通。

300. 行军纵队中的所有部队必须保持既定距离，不得分散。各部队必须保持统一行军速度，以免因疲劳发生停顿，并把后方部队甩开。

301. 为迁就个别部队行军纵深的变化，各行军部队之间应保持较小的缓冲间隔。通常情况下，步兵部队的间隔为 10 步，骑兵和参谋人员为 15 步。一支部队排成深防空队形时，这些行军间隔就会取消。骑马的军官和备用马匹是行军纵深的组成部分，而非各部队之间行军间隔的一部分。部队之间的行军间隔弥补了短暂的停顿，因此，这种间隔有可能暂时消失。

第二十二章谈及摩托化部队行军纵队之间的距离。

302. 行军纵队各部队之间，通过骑兵、自行车手和摩托化部队保持联系。短距离内，徒步人员负责保持各部队之间的通信联系。困难情况下，保持联系的任务由军官负责。夜间、低能见度天气、崎岖地形条件下，指挥官应增加联系人员的数量。与小股部队建立通信的任务，总是由大股部队指挥官负责。但发生或预料到困难时，小股部队必须支援大股部队为建立联系付出的努力。各部队都有责任确保后续部队沿正确路线行进。一支部队退出行军纵队时，下达退出令的指挥官应立即通知跟随在该单位身后的部队的指挥官。联系人员也应驻扎在关键地点，还应为后续部队、信使和掉队者设立路标和类似指示。

303. 除了行军开始后不久便发生的短暂停顿（用于包裹和装备的调整，马鞍的重新调整，人员和牲畜的减负）外，每场行军需要一次或数次休息。休息的确切次数取决于行军里程[4]、部队的行军能力、天气和地形类型。行军的大部分路程已完成后，部队通常只休息一次。行军途中的休息一般每两小时一次。夜间行军期间，部队应每隔一小时短暂休息一次。何时休息和休息时长由行军命令规定。卸下马鞍为马匹提供草料和饮水的休息时间不应少于两小时。部队沿多条路线行军时，何时休息、休息地点和休息时长由各纵队指挥官决定。即便需要速度，指挥官在长途行军期间也必须提供足够的休息间隔，以确保部队为作战行动做好准备。指挥官将为省略及时而又充分的休息承担重大责任。只有在必须以小股部队赶赴战场或决定性地点的情况下，指挥官才能忽略这些考虑因素。

304. 白天，指挥官应把行军部队编为集团，并隐蔽在靠近行军路线的休息区。时间较长的休息期间，部队通常编为休息集团。建立这种编队可最大限度地使用水资源，提高战备状态，并使后方部队的继续行军更加容易。

部队必须提前对休息地域加以侦察。选择休息地域的因素包括：行军技术和技术要求，空中威胁，昼间的气候和时间，用水要求，风雨雪寒冷情况下的遮蔽和保护，部队的舒适和安全，以及不同兵种的特殊要求。

305. 上级到来时，休息中的士兵们继续休息，除非上级与之交谈或叫他们。

306. 跨越军用桥梁时，指挥官决定部队的先后顺序，必要情况下还应规定各部队之间的距离。重量超过桥梁负载能力的车辆必须离开纵队，寻找合适的桥梁或以渡轮的方式通过。

307. 桥梁指挥官负责桥梁的警戒、部队通过桥梁时的肃静和秩序、桥梁的接近和离开路线。各部队必须遵守桥梁指挥官或工兵执勤军官下达的指示。

308. 部队和车辆不得聚集在桥梁附近。桥梁进出口必须保持畅通，部队过桥必须持续流动。通常情况下，指挥官应根据桥梁可用性从集结区招来部队。

309. 各部队应在桥梁前方至少100米处组成必要的行军纵队，并予以保持，直至行军纵队尾部离开桥梁出口100米。

310. 步兵以便步走穿过桥梁，骑兵过桥时应下马并成对通过，人员位于马匹外侧。已过桥的骑兵部队应缩短他们的步法，以便让正在过桥的马匹从容不迫。依靠马匹拖曳的部队和所有单独车辆保持在中间，驭手留在车上，勤务人员待在马匹两侧，并准备好刹车。单个骑手应下马，并牵马而行。马匹拖曳的炮兵连，跟随在火炮身后的炮组成员应下马并成对行进。

汽车过桥时应在桥面中间缓慢行驶，车辆间的距离根据车辆类型和桥梁承载力而定。各部队必须提前掌握军用桥梁的承载能力。这种承载能力也应标在接近桥梁的路线标志和桥梁入口处的标牌上。

311. 在军用桥梁上停止前进的命令只能由桥梁指挥官或桥梁执勤官下达。紧急情况下，执勤的工兵军官有权下达这种命令。遭遇空袭期间，桥上部队必须平静、秩序井然地疏散。各级指挥官必须防止部队聚在一起，并加快行军速度。

312. 部队过桥时，只有执勤的工兵军官有权反向跨过桥梁。桥梁执勤官可批准例外情况。可同时进行双向交通的军用桥梁必须标明这一点。

313. 实施摆渡行动前，各部队必须在集结区加以准备。根据摆渡设备的能力，各部队应尽可能留在其战术编组内。工兵军官应从集结区引导部队，沿做好标记的路线赶往渡口。指挥官应提前建立装载、卸载和摆渡过程中采取的措施。各部队必须遵守渡轮船员的命令。马匹泅渡可加快摆渡行动。

注释：

1. 行军速度的规划因素如下：步兵，每小时 5 千米；规模较小的步兵部队，每小时 6 千米；骑兵部队小跑和行走交替时，每小时 7 千米；骑兵部队小跑时，每小时 10 千米；自行车，每小时 12 千米；摩托车，每小时 40 千米；汽车，每小时 30 千米。大股部队及其武器装备，每小时 4 千米，休息时间包括在内。强行军情况下，这种部队的速度为每小时 5 千米。（Wedemeyer Report,p.88）

2. 步兵通常以三人并排的纵队行进，骑兵则为两人并排。（Wedemeyer Report,p.85）

3. 行军计划中对道路宽度的要求是，马拉大车需求 3 米，汽车需求 2.5 米，超越其他部队时需求 5 米。（Wedemeyer Report,p.44）

4. 以单路纵队行进的步兵师，行军里程为 32 千米。以两组纵队行进时，主队里程为 23.5 千米，次队里程为 8.5 千米。三路纵队行进时，主队里程 15 千米，另外两支纵队里程为 8.5 千米。（Wedemeyer Report,p.37）

第六章
进攻

314. 部队沿其基线方向以移动、火力和冲击实施进攻。进攻可以从单一方向对敌前线发起，那里通常是对方实力最强大之处。但进攻往往针对敌人的侧翼和后方。进攻也可从多个方向发起。突破敌防线后，新的发展方向就此出现。

315. 正面进攻（frontaler Angriff）最难执行，但使用得最为频繁。就连没有投入正面进攻的部队往往也不得不展开正面冲击，因为敌人的侧翼戒备森严。部队对实力相当并做好防御准备之敌展开的正面进攻，会导致一场漫长、顽强的控制权之战。正面进攻需要雄厚的兵力和资源优势。一般说来，如果一场正面进攻突破敌人的阵地，会取得决定性结果（entscheidender Erfolg）。

316. 侧翼进攻（umfassender Angriff）比正面进攻更有效。同时攻击敌人的两个侧翼需要巨大的优势。包围敌人一个或两个侧翼，并深入其后方，可能会加速导致敌人覆灭。[1]

用于包围的力量从远处投向敌侧翼或翼时，一场迂回最容易实现。在靠近敌人处实施包围非常困难。这种机动所需要的部队调动只能在有利地形或夜间的战场上实施。包围必须在一个决定性方向上对敌主力施以打击。包围的成功与否，取决于时机和敌人将其力量调至受威胁方向的能力。

包围造成翼威胁的发展趋势会迅速导致敌人的力量过度拉伸和分散。因此，在不确定情况下，指挥官最好能组织纵深包围力量。遂行包围的任何一支部队都面临自身遭受包围的风险。指挥官不得不考虑这种可能性，但他必须毫不犹豫地削弱自己的前线力量，从而确保他在包围侧翼上的优势。

317. 一场包围（Umfassung）需要敌人的前线固定不变。[2] 最好对敌人的整条战线展开进攻，从而将对方牵制在正面。但这样一场进攻需要强大的力量，这种力量必须从迂回翼抽调。因此，进攻方不得不满足于实施目标有限的冲击或佯攻。偶尔会有一股强大的敌军可能被牵制在一场他们预计的决定性进攻中。

倘若敌人从前线展开进攻，我方战线必须组织防御或实施阻滞行动。这种情况下，包围敌人的后续行动将带来成功，但从包围转入一场反攻会带来更大的成功。

318. 一场侧翼进攻从先前的接敌方向或从侧翼行军发起。这种进攻令敌人猝不及防、来不及采取应对措施时最为有效。它要求出色的机动性和已方部队在其他地方对敌人实施欺骗。

若行军方向或侧翼行军实现对敌后方展开出色攻击的可能性，在敌人措手不及、已方力量足够强大的情况下将取得巨大的成功。

319. 一场突破进攻（Durchbruchs Angriff）旨在摧毁敌防线的连贯性，并包围敌人在突破点形成的防御肩部。成功的条件是：出敌不意，突破力量部署在最利于突击步兵深入敌军防区的地段，以及达成突破后发展进攻的强大力量。

进攻必须沿一条比预期达成突破地段更宽大的战线发起，从而牵制突破点两侧之敌。另外，进攻方还必须把敌防线其他地段上的力量牵制在原地。更宽的突破地段将形成一个更深的突破楔子。预备队必须投入，从而击退敌人对突破力量侧翼的反击。

一场成功的突破必须在敌人采取反制措施前加以发展。攻击力量向前推进得越深，实施的包围就越有效，从而挫败敌人通过后撤部队封闭防线的一切企图。因此，指挥官必须避免太早在前线做出变更。在战役层级，骑兵和摩托化部队主要用于发展一场成功的突破。战斗机和轰炸机对敌援兵实施打击，支援地面部队发展突破。

320. 一场目标有限的进攻（Angriff mit begrenztem Ziel）只能赢得局部胜利。部队通常会在有可能取得这种成功的地方实施此类进攻。若在有利地带实施，这种进攻有可能发挥巨大作用。目标有限的进攻只能用于牵制敌人。

　　有限进攻与其他进攻的实施没有区别。这种进攻可以选择更接近的目标，并以较弱的力量将其夺取，但也可能需要投入全部力量。进攻方通常可以有限地深度组织这种进攻。进攻必须把握好时机。部队只有在获得特别批准的情况下方可超越其攻击目标。这种决定需要仔细斟酌。

　　321. 某些情况下，最好让敌人先行发起进攻，然后在对方投入其力量前展开攻击。最大的困难是转入进攻的正确时机。这种情况下存在的风险是，指挥官没有在正确时机做出进攻决定或根本未做出这种决定。

　　322. 敌人可能会承受一场进攻，以便晚些时候转而发起自己的进攻或后撤。指挥官展开并投入己方力量时必须考虑到这些可能性。

　　323. 每场进攻都需要协调指挥。部队必须不惜一切代价去避免零零碎碎的进攻（Einzelangriffe）。主力和大批武器必须投入决定性地点（entscheidende Stelle）。一场包围中，这些力量部署在包围翼。根据指挥官的意图、相关态势和地形，所有兵种的效力投入这里将取得决定性结果。决定性进攻的特点包括狭窄的进攻地段，所有兵种综合（包括毗邻地段）火力的规定，以及配属的步兵重武器和炮兵的加强火力。遂行进攻期间，指挥官应加强火力并投入装甲战车。主要努力点的选择会受到炮兵影响，有时也受到装甲战车持续行动的地形适用性之影响。

　　若指挥官从一开始就无法确定决定性地点，那么他必须在不确定情况下策划决定性行动，随后再做出调整。倘若部队在指挥官计划或预期以外地点取得成功，后者必须果断加以利用。主要努力点是该调整，还是在后期行动中确定，都应拥有足够的预备力量。所有兵种强大的综合效力必须集中在新方向。在所有被采取的措施中，指挥官必须反映出决定性行动的形成。对个别部队来说，权宜之策可能需要指定一个主要努力点。

　　324. 通常说来，每场进攻都会经历一连串危机，直至攻势到达顶点[3]。至关重要的是指挥部门认清这一顶点，并具备立即做出决定，以所有可用手段发展胜利或阻止失败的能力。

　　325. 如果进攻行动在目前的组织下发生停滞，指挥官必须改变战斗组织，投入新锐力量，重新组织火力，以此恢复进攻势头。倘若指挥官无法采取这些措施，就应暂停进攻，而不应冒着丧失战斗力的风险继续进攻。

326. 一支步兵部队在进攻中的指定地段，必须与其可能耗费的战斗力相称。指定地段的宽度取决于任务，战斗力，地形，所有武器的火力支援，以及敌人实施抵抗可能投入的力量。一个两翼获得支援的步兵营，进攻地段宽度通常为400 ~ 1000 米。地形对所有兵种有利时，对辖三个步兵团并配备足够火炮的一个步兵师而言，遭遇交战的宽度通常为 4000 ~ 5000 米。有时候，进攻地段的宽度可通过分组力量和打开缺口来增加。当一支部队的责任地段太宽时，指挥控制会变得更加困难，决定性地点的纵深支援同样如此。一个两翼获得支援的步兵师，对敌人预有准备的防御展开主要正面进攻时，其宽度不应超过 3000 米。该师在未获得加强的情况下必须开展进攻时尤为如此。

327. 进攻目标决定进攻方向。指挥官在下达的进攻命令中必须指定进攻目标。相邻部队的进攻执行和发展，不受责任地段分配的限制。这些地段也适用于战斗侦察。这些地段的计算是一种协调主要努力点的简便方法。指挥官没有必要以麾下力量填满整个地段。

相邻部队的作战行动通过责任地段的分配加以协调。但这些地段并不要求各部队以一种死板、不灵活的方式保持接触。对其他兵种来说，责任地段建立起必要的分界线，这些兵种直接支援步兵，特别是炮兵。这种责任地段并不限制炮兵在毗邻地段部署其观测力量和发射阵地。这一点同样适用于步兵重武器。

指挥官根据地图检视为大股部队分配作战地段，而为小股部队分配作战地段则基于他对地形的直接观察。这些地段必须延伸至敌人的纵深，这样才能在整个进攻过程中得到维持。随着态势的发展，指挥官可做出改变。各关键点应包含在各个责任地段内，除非它们遭到多支部队的攻击。敞开的侧翼通常没有边界。对相邻但不相接的部队来说，一道分隔边界通常已足够。某些情况下，指挥官仅指定进攻目标即可。

328. 进攻命令必须明确指出机动的预定计划。分配任务时，指挥官必须考虑统一行动的必要性与部队独立行动之间的关系。但原则上，过于详细的命令绝不能给进攻的速度和力量造成限制。

进攻的执行和诸兵种协同

329. 诸兵种合成部队在进攻中的目标是以足够的火力和对敌人的冲击效果支援步兵的决定性行动。这使步兵得以实现较深的突破并果断粉碎敌人的抵抗。敌炮兵被打垮或被迫后撤时，这个目标的第一步便已实现。投入进攻的所有兵种必须了解彼此的能力和局限性。他们必须保持紧密、不间断的相互联系。

330. 遂行冲击的步兵与支援炮兵之间的协同为进攻过程定下基调。整个进攻期间，时间和空间方面必须保持充分协同。炮兵为突击步兵提供的支援，从火炮有效射程的最近点向前延伸。不到这个最近点的范围内，步兵通常以自身配备的武器遂行进攻。

331. 炮兵火力与步兵进攻的同步由高级指挥官负责。他的炮兵顾问是身边最高级别的炮兵军官，在一个师里通常是师属炮兵[4]指挥官。师属炮兵指挥官应尽可能和师长待在一起。倘若一个步兵师没有炮兵指挥官，师里的下属高级炮兵指挥官应在师部附近建立一个临时指挥所。

小股部队（例如一个加强步兵团）的最高级别炮兵指挥官，应在最佳位置设立他的指挥所，从而为步兵提供支援。这种指挥所必须提供对地形的直接观察，并确保炮兵部队与获得支援的步兵之间的通信联系。由于骑兵部队的态势会迅速发生变化，高级炮兵指挥官通常跟随在骑兵指挥官身边。双方应通过协议建立起最佳安排。指挥官应尽可能采纳高级炮兵指挥官的建议。若二者的指挥所相隔一段距离，他们必须以技术手段保持通信联系，炮兵必须派出联络官。

332. 协调火力控制加强了炮火效力，有利于炮火在决定性地点和决定性时刻的迅速集中。面对一股出色隐蔽，实施宽大、深邃部署的敌人，步兵的进攻必须获得快速回应的炮火支援。通常情况下，一个步兵团会获得一支炮兵部队的直接支援，可能是一个炮兵营或一个炮兵连，具体视情况而定。一支步兵部队执行独立任务时、战场扩大或观测不佳时、因其他原因无法协调火力支援时，也可为部队直接配属炮兵力量。火力和机动部队的惯常关联提高了协调性。

高级炮兵指挥官直接指挥负责支援任务的炮兵部队。他通过整个部队的指挥官下达的命令指挥配属给步兵部队的炮兵，但他下达的一切命令必须告知各步兵指挥官。配属给步兵的炮兵部队必须同高级炮兵指挥官保持通信联系。指挥官可为炮兵分配部署地域，从而促进其他任务的快速执行。

333. 步兵指挥官应向支援炮兵指明所需要支援的性质。炮兵指挥官必须为任务提供支援。同时从上级接到火力任务时，炮兵指挥官应确定射击优先级。紧急情况下，他可以根据自己的判断行事。配属炮兵根据获支援的步兵指挥官的命令为步兵提供火力支援。将炮兵进一步配属给营级以下的步兵部队，会降低炮兵作为一个整体的响应能力。这种配属只能在特殊情况下实施，且步兵部队指挥官必须就此向高级指挥官报告。

334. 步兵和炮兵都有责任以紧密、不间断的通信确保他们的协同。这种关系必须保持，不仅在指挥官之间，也包括步兵先遣力量（特别是重武器和他们的观察员）与炮兵观测员之间，后者往往是彻底观测进攻地域地形的唯一手段。

步兵重武器和炮兵观测所的选址应避免太过靠近。作战地域的高级指挥官必要时会对其加以调整。通常情况下，炮兵观测所的位置应具有最大观察视野。快速而又准确的观察，以及步兵与炮兵间通信的目标指定，能够促进目标的协调和正确选择。

335. 步兵和炮兵设立相邻的指挥所，有助于实现最快的信息交流。为便于观察、射击和火力控制，炮兵连和炮兵营指挥官通常会待在某些地形点。步兵指挥官有时候可以待在自己的指挥所，这些指挥所设在炮兵指挥官指挥所附近。步兵和炮兵指挥所不靠近时，他们必须以通信手段或联络人员建立联系。

336. 炮兵营联络组通常在最需要支援处展开行动，他们在那里便于迅速提出火力支援要求。一般说来，这些联络组配属给指定执行主要努力的步兵营。炮兵联络组偶尔也在步兵团指挥所里代表炮兵指挥官。炮兵营编成内的炮兵连独立行动时，可能有必要部署自己的联络组，这种联络组与炮兵营联络组类似。

步兵必须支援炮兵联络组。这一点可通过炮兵观测所、前进观察员、最前沿步兵部队之间的直接通信联系加以实现。步兵与炮兵之间的通信，可通过双方的电话设施、步兵的灯光信号、低空空中侦察来加强。

337. 步兵必须知道炮兵的组织方式，哪支炮兵部队为他们提供支援，炮兵观测所和指挥所的位置，还有哪些额外的炮兵观测所位于步兵区域内，以及炮兵观测和火力控制的确切地带。这些信息是步兵重武器部署和射击的主要基础[5]。步兵还必须确保炮兵不断掌握他们的最前线，以及他们通过战斗侦察发现的敌情变化。炮兵必须始终掌握获支援步兵指挥所的位置，以及步兵以其武器控制的地段。他们必须始终知道最靠前步兵部队的位置，以及后续步兵的所有计划。实现这一点需要不断观察己方和敌方战线。

338. 针对敌军步兵，炮兵在地面观测员的引导下，以炮火提供最有效的支援。倘若炮兵观测所和发射阵地紧紧部署在突击步兵身后，这种支援最为迅速，反应也最为积极，即便在一场宽大包围期间亦是如此。在炮兵无法投射能观测到的火力处，进攻中的步兵必须以自己的武器提供火力支援。基于地图的预测射击，准确性不足以为进攻中的步兵提供直接支援。[6]

339. 只要有可能，敌炮兵就是装甲战车与支援步兵协同行动的目标。通常说来，装甲战车在主要战点投入战斗。装甲战车可以沿与步兵相同的方向投入进攻，也可从不同方向展开。地形具有决定性。与步兵太过靠近会降低装甲战车的速度优势，可能会使他们面对敌军防御时处于不利地位。装甲战车应以这样一种方式实施机动：要么消灭妨碍己方步兵进攻的敌武器（特别是敌人的火炮），要么与步兵同时突入敌阵地。后一种情况下，装甲战车应配属给进攻地段的步兵指挥官。某些情况下，为步兵进攻最后阶段提供支援的装甲力量突击能够加强炮兵的支援火力，这种火力在接近敌人时变得越来越难以控制。炮兵向前部署，为后续行动扩大其覆盖深度时，装甲战车的直射火力还可以弥补间隙。

340. 高级指挥官负责协调装甲战车与其他兵种的作战行动。其他兵种的部署应符合装甲战车的作战要求。步兵应利用装甲战车突击产生的效果促使自己迅速推进。步兵重武器部队应压制敌人的反坦克武器。如果敌人加强抵抗，并形成减缓步兵前进速度的威胁时，指挥官必须尽快粉碎这种抵抗，投入预备装甲战车对此极为有效。

炮兵为装甲力量的进攻提供支援。他们以炮火打击敌人的反坦克武器；压制敌人的观察位置或施放烟幕；打击进攻中的装甲力量通行的树林和村庄；隔离这些地区，以防敌预备队投入。自行式火炮和反坦克炮可跟随装甲力量一同进攻。[7]摩托化战斗工兵可配属给装甲部队。他们负责消除障碍物和壁垒，加固桥梁，协助装甲部队穿越沟渠和软土地面。

战机对敌人的防御武器、炮兵和预备队施以打击，以此为装甲战车提供密接支援。飞入敌作战地域深处的飞机可保持指挥官与装甲战车之间的通信，并对敌装甲力量的进攻发出警报。天气条件允许时，指挥官应施放一道烟幕支援装甲部队的进攻。装甲战车与参加进攻的其他兵种之间的联络至关重要，特别是炮兵。这种联络必须通过预先安排的信号或其他通信手段维持。进攻发起前，参加进攻的指挥官们必须协调这些措施。

341. 战斗机和战斗轰炸机可以为进攻提供直接支援，也可为进攻纵深目标提供全般支援。第十五章阐述了这些飞机的行动。

342. 防空部队为进攻部队和炮兵的展开及集结区提供警戒，并支援战场上的空中侦察部队。个别高射炮连应提前展开充分的行动，从而驱逐敌机，使其远离前线前方。进攻地段对敌人空中侦察和空袭的防御，指挥官必须提前做好妥善的计划。

343. 工兵负责肃清障碍物、摧毁壁垒、冲击敌人的强化据点，以此支援遂行进攻的步兵。他们还可为补给路线修葺相关地域，从而提供重要的后方地区支援。

344. 化学弹药对进攻敌炮兵和预备队，以及加强侧翼的阻击阵地很有效。遂行进攻的步兵必须尽早知道化学毒剂何时使用、使用在何处及其存留程度。这些信息对地面部队推进的指挥控制至关重要。

345. 倘若天气和风力条件许可，指挥官可使用烟雾遮掩己方部队，并使敌人的观察位置和防御武器变成"盲人"。部队跨越没有天然遮蔽物的地带时，烟雾极具价值。进攻部队必须充分利用烟雾有限的持续时间。指挥官必须与炮兵协调最有可能施放烟幕的地域，以便炮兵制定相应计划。

346. 只要情况允许，师属通信营就应建立并维持师长、炮兵指挥官，以及所有下属指挥官之间的有线通信。所有下属指挥官必须在推进期间和建立其指挥所时保持通信联络。主要战点的情况决定了一切通信手段的运作。步兵和炮兵通信网分开建立。炮兵通信网优先。通信设备必须存有备用件，以确保各参战部队之间保持通信联系，特别是攻击前进中的步兵和炮兵。跨兵种通信有利于各兵种之间的协同和观察结果的快速交换。

347. 当进攻期间无法保持与下属指挥官的专线通信时，师属通信营应将多重连接构成的通信干线前移。他们必须在这条干线头部建立起一个前进信息中心，以保持与各部队的通信联系。

348. 师指挥所必须尽早设立，因为它的位置极大地影响到整个师属作战通信网的结构，而观测营、空军部队以及防空部队通信网则能加大师属作战通信网。师属通信营负责建立这些通信网与师属通信网之间的连接。

进攻集结地域

349. 部队展开后，只要侦察力量发现敌人似乎选择了防御，各部队就应实施战斗集结。

350. 指挥官为进攻下达的集结令应指定步兵集结地域、集结地域的警戒、已投入交战的部队之任务、炮兵阵地，以及额外的侦察和信息要求。为随后实施的进攻行动，指挥官应设法在集结令中收录尽可能多的信息。必要的信息包括各兵种的任务、弹药补给、灯光部队的任务、大车部队的任务、医疗和兽医勤务的要求。

一般说来，集结令还可以规定马拉口粮补给队的位置。集结令中收录这些信息可以使进攻令更加简洁。

351. 步兵集结地域的地形应有利于提供隐蔽，并免遭敌人的监视和火力打击，同时使步兵得以在支援兵种掩护下沿最有效的突击方向顺利向前推进。只要有可能，指挥官就应避免选择部队从集结地域前进时没有自然遮蔽物的地带，应当选择始终处于步兵重武器和炮兵观测下的地带。观测员的位置和步兵展开所需要的地带必须提前加以占据。

通常说来，开阔地带的步兵集结地域应设在距离敌人更远处。各部队不需要以同等距离向前部署。那些可集结在更靠近敌人处的部队，必须有助于更多后方部队的推进。集结地域内准备实施一场宽大包围的步兵部队，其位置必须远离实施正面冲击的部队，以免两支部队的内翼重叠在一起。步兵部队开入集结地域时应实施最后的战斗侦察。这种侦察必须确保集结地域的安全和部队随后从这些地域的疏开。

352. 炮兵的部署应尽量为步兵的集结提供掩护。炮兵部署前，高级指挥官必须向炮兵指挥官提出火力支援要求。这些要求对进攻行动的执行影响很大，可能需要进行专门的侦察行动。

侦察和观测、发射阵地的选择必须考虑到为决定性地点的进攻协调火力的要求。因此，掌握配属或支援炮兵力量的高级指挥官和步兵指挥官，必须尽早将机动计划告知炮兵。可能的情况下，炮兵必须部署在进攻期间能够执行其任务而不需要额外变更阵地处。一些炮兵连，特别是那些执行反炮兵（Artillerie Bekämpfung）任务的连队，必须占领前进发射阵地。地形、植被、顶部遮蔽和横贯地段可能会给这些要求造成限制。

支援或配属炮兵必须留在靠近步兵的位置。这一点，加之观测和发射阵地间的密切通信，强化了火力支援的速度、可靠性和有效性。变更阵地无可避免时，不得降低炮火效力。一切变更部署应以梯队的方式进行。各炮兵连不应聚集成一个太过紧密的群体。师里的炮兵力量较强时，炮兵部队组成任务分组可能较为有利。这种编成在对某处阵地实施进攻时特别有效。

353. 位于炮兵前方的步兵为后者提供前方警戒。侧翼警戒也很必要。炮兵还应确保自身安全，以防意外。每支炮兵部队都应负责自身的本地防御，特别是抗击敌装甲力量的进攻，主要手段是近距离警戒和本地观察。

354. 步兵进入集结地域时，炮兵实施一切必要准备，以支援步兵的进攻。他们打击毗邻地域的高优先级目标，引出敌人的炮火，并以反炮兵火力打击已知的敌野战炮兵和高射炮连。炮兵对空观察员应尽早置于炮兵指挥官的作战控制下，其次是观测营和一个气球排（第358段谈及反炮兵火力）。炮兵应在远处打击敌大股部队的移动和其他高优先级目标。投入这些准备任务的炮兵连数量应加以限制，以免将己方意图和发射阵地过早暴露给敌人。

进攻的实施

355. 倘若集结令中未做出说明，那么，进攻令应指定进攻目标，步兵战斗编成，依情况而定的进攻地段和分界线，特遣编队及炮兵的火力支援任务，进攻发起时间，以及预备队及其位置。

356. 双方炮兵的相对实力和打击对方的能力，影响到步兵进攻地段的选择和进攻发起时间。某些情况下可能需要其他兵种和战斗资源的部署更加靠前。

获得炮兵强大支援的步兵突击可以怀着高度的自信跨越开阔地域。己方炮兵相对较弱时，步兵应尽可能利用隐蔽地形向前推进，以避开敌炮兵和重武器的观察。黑暗和烟幕能有效遮掩部队的前进，使敌炮兵的地面观察无从发现。

357. 步兵进攻开始于轻装步兵在炮兵和步兵重武器掩护火力下的推进。[8]前进时，各步兵班以不规则的距离和间隔展开，并具备足够的深度，这种队形视地形条件和敌人的反应而定。他们会最大限度地利用死角和掩护避开敌人的火力。面对敌人的猛烈火力，他们在大股或小股集团中，以跳跃和冲刺继续向前推进。战斗间歇期间，步兵们寻求隐蔽，尽量限制敌人的火力效果。进入有效射程后，轻机枪开火射击，步兵们在这种火力掩护下继续向前。接近敌阵地时，步兵们也开火射击。

步兵重武器排成梯队跟随其后，支援轻装步兵的推进。敌人的防御重点变得清晰可见时，他们必须与最前沿部队展开更紧密的协同。此时，可能需要将步兵重武器的部分力量配属给最靠前的部队。观察条件不佳的地带，可能在进攻刚刚开始时就需要采取这种措施。其余步兵重武器从位于更后方的发射阵地支援进攻。他们排成梯队向前推进。步兵重武器投入战斗时，指挥官必须尽一切努力集中其效力并加强炮火。以步兵迫击炮[9]对付炮兵难以打击到的目标尤为重要。

步兵朝敌军防御地推进，应通过火力和移动的精心同步加以执行。暴露在外的突击部队决不能缺乏火力支援。他们努力向前时，毗邻部队压制敌人，特别是以轻机枪协同重武器。步兵到达决定性突击地点时，必须在建立局部火力优势与利用这种优势支援快速推进之间保持一种平衡。无法向前推进的部队挖掘散兵坑隐蔽。部队应利用一切机会前进。随着敌防线上薄弱点的发展，指挥官必须加强先前停滞不前的部队，并对这些薄弱点展开冲击。

下属指挥官们的行动独立性和他们的密切协同，将给部队的成功推进产生决定性影响。

358. 炮兵支援步兵进攻的手段主要是打击敌方炮兵和步兵。这种打击必须贯穿整个进攻行动期间，但通常在强度上有所不同。对其他目标的打击必须加以限制。

对敌炮兵的打击必须在一名炮兵指挥官的统一控制下进行。卓有成效的反炮兵火力取决于侦察和可用弹药。炮兵空中观测员、观测营和系留气球通过对战斗地域的先期侦察获得信息，从而提供反炮兵火力的目标。负责反炮兵火力的指挥官必须与高射炮指挥官、空军指挥官紧密协调，确保炮兵空中观测员的有效使用。指挥官协调多个炮兵连的突然射击，长时间发射毒气弹，以此完成对敌炮兵连的压制[10]。

压制敌炮兵连需要大量弹药消耗和出色的观测。大口径火炮最为有效。炮兵对敌步兵实施打击能提高己方步兵的战斗力。火炮和重机枪的有效射程应深入敌方区域，并位于突击步兵的侧翼。轻机枪和步兵迫击炮火力主要集中于敌人的正面力量，直到即将展开突击前。若事实证明炮兵为步兵提供的直接支援不足，炮兵指挥官必须以剩下的火炮提供加强——最好是以这些火炮支援位于决定性地点的步兵。

359. 步兵开始进攻前，指挥官必须尽一切努力对敌炮兵的大部分力量施以打击。通常情况下，直到步兵展开进攻后，指挥官才能确定敌方兵力和武器的部署。进攻开始前很难发现并识别敌炮兵阵地。因此，只有各种侦察力量确定无误后，才有可能实施这种猛烈的炮兵交战。

因此，步兵进攻开始时，多个炮兵连应在可能的情况下保留他们的火力，等待与先前无法确定的敌阵地交战，特别是对方一直保持沉默的炮兵连。另一方面，进攻开始前轰击未经确认的敌阵地纯属浪费弹药。

360. 如果炮兵力量和观测设施不足，无法在进攻开始前打击敌方炮兵，而且在进攻期间与敌炮兵的交战也无法取得真正的优势，那么，指挥官从进攻一开始就应以大量火炮打击敌人的步兵。

361. 随着敌人的抵抗情况逐渐显现，集中优势炮火打击敌防线给己方成功造成限制的地段变得更加重要。这种情况下，步兵指挥官应毫不犹豫地从一支步兵部队撤下炮兵支援力量，支援毗邻部队的进攻。步兵立即对炮兵火力效果加以利用至关重要。如果步兵的推进需要两个兵种的进一步协调，会不可避免地造成进攻停顿。突击步兵越接近敌人，他们与炮兵相互传递和接收火力协调令需要的时间就越多。

362. 进攻期间，步兵应在数个地方向前推进，逼近至突入敌防线的距离内。先遣力量做出攻入敌阵地的决定后，必须以灯光信号或一切可用手段通知支援兵种。根据情况的需要，支援兵种将其火力从突入点移开，调整至步兵前方。最重要的是，他们必须做好立即同那些首次出现的敌目标交战的准备。他们应持续打击这些临时目标，直到有必要转移火力。随着步兵更深地突入敌阵地，压制敌人的纵射火力变得更加重要。所有支援兵种的观测员必须紧跟最前方的步兵力量。

倘若支援兵种与步兵突破力量先前确定的协同难以为继，那么，这些支援兵种必须实施出色的观察，确定步兵的意图，从而提供他们需要的支援。某些情况下，支援兵种可将其火力从最靠前的敌阵地转移，以此推动步兵的进攻。

如果步兵沿一条宽大战线推进到突破距离内，而突破行动可以统一发起时，那么，突破前必要的火力转移必须与步兵同步。进攻令应协调火力转移的时间和地点。

363. 突破力量的大小决定了突破的规模。一切成功必须向纵深发展。获得预备队加强的步兵继续直接进攻敌人的支撑点和遭孤立的阵地。此时，进攻往往演变成各为战。步兵重武器和其他后方部队掩护突击部队的侧翼及后方，应保持紧密联系。预备队的投入和弹药的稳定补给维持突击势头。没有这种支持，进攻力量会迅速消散在敌阵地内。指挥官应迅速有力地发展初期战果，从而扩大突破。

达成突破后，炮兵应立即向前变更部署，以保持在前进步兵的范围内。个别炮兵连可独立或按命令变更部署。他们应占据尽可能靠近步兵的新发射阵地，建立联系，以火力打击仍在坚守的敌军部队，击退对方的反击，并支援步兵进行突破。反坦克武器应紧跟在突破步兵身后。防空部队也应迅速向前调动。

364. 在一条宽大战线上，敌防御的破裂是己方即将赢得胜利的一个标志。突击步兵的下一项任务是沿进攻方向的后续推进，直至俘获敌炮兵力量。指挥官应避免采取过早的侧翼机动，除非己方步兵已明确突破敌阵地。遂行突破的部队必须确保自己的侧翼安全。前进中的预备队可以防止进攻发生停顿，阻挡敌人的反击，并保持前进势头。预备队应致力于发展胜利。特别指定的预备队也可作为卷击敌军防线的关键力量。指挥官应以剩余部队、掉队士兵和分散的力量组建新预备队。敌军不会在突破中遭歼灭，指挥官必须设法实现一场成功的包围。

365. 如果敌人成功地重新建立起一道防御，或在他们的后方阵地找到掩护，指挥官必须恢复进攻。这要求他在时间和空间方面重新建立协同，以及必要的火力支援。

366. 倘若黑夜到来前，进攻行动无法取得决定性结果，突击部队通常会在夜间采取防御措施。指挥官必须考虑次日晨在另一个更具决定性的地点恢复进攻的可能性。这可能需要他在夜间调动部队。敌人趁夜间恢复其行动自由，突击部队次日晨面临不同的情况，这种可能性永远存在。特别是一场迂回进攻无法在昼间完成时，就会出现这种情况。指挥官必须组织侦察突袭，从而获取明确的信息，同时以夜间进攻牵制住敌人。

367. 倘若指挥官预计敌人的态势未发生根本性变化，必须尽早下达次日恢复进攻的命令，以便所有兵种（特别是炮兵和装甲战车）及时加以准备。根据情况，高级指挥官们必须愿意在他们完整掌握当日战斗状况前下达命令。步兵可利用夜间向前推进，从而更靠近敌人，并为恢复进攻建立一个有利的出发地域（Ausgangsstellung）。为夺取关键地形，指挥官可能需要组织夜袭。各部队，包括那些筋疲力尽的士兵，只有在特殊情况下可获得替换。

夜间，指挥官应以无规律的扰乱火力（Störungsfeuer）破坏敌阵地内及其后方的交通。只要已方弹药情况允许，就应阻止敌军援兵的前进和弹药补给的运送。空中轰炸应对敌后方地域实施。

368. 如果突击部队拂晓前已为达成突破夺得有利出发地域，便可在固定时间发起一场协同一致的冲击。但掌握突击步兵的出发地域和敌人的情况后，炮兵只能在上午为突击行动提供有效支援。炮兵还需要为非观测地图射击获得足够的参照点[11]。由于能见度条件，清晨往往无法实施观察。因此，可能有必要选择一个较晚的时间恢复进攻。侧面区域的火力可在进攻发起时间和预期突破点方面欺骗敌人。

369. 无论情况是否发生根本性变化，都有可能存在不确定性。尽管如此，各兵种必须做好一切准备，以便次日继续进攻。进攻发起时间可暂时不加确定。

370. 如果指挥官预计敌人的情况会发生根本性变化，就应根据新的侦察策划后续进攻行动。

371. 一场成功的突击后，若可用力量不足以扩大胜利，就必须坚守既占地域。指挥官应命令部队转入暂时或长期防御。指挥官必须将重点置于步兵及其重武器的重组和调整，以及炮兵立即实施的重组。炮兵必须做好准备，抗击敌步兵的进攻，并以反制炮火对付敌炮兵。这种情况下，已方步兵部队尤为脆弱。

遭遇交战

372. 双方开进中的部队在行军途中相遇，在没有刻意准备的情况下发生战斗，一场遭遇交战（Begegnungsgefecht）会就此爆发。遭遇交战中，部队的决策和行动通常在瞬间做出，而且具有不确定性。

373. 不确定性和含糊的情况导致一场意外冲突，是发生遭遇交战的主要原因。即便知道一股敌军正在接近，一方或双方毫不犹豫或仅仅仓促集中后发起进攻，同样会发生遭遇交战。指挥官做出这种决定是为利用己方更高的战备状况，夺取关键地形或实现其他战术目标。这种进攻只能从一种相对优势的姿态发起。战斗期间，个别部队也可能遇到同遭遇交战特征类似的情况。

374. 遭遇交战的形式各不相同，视初期情况而定。通常说来，最前方部队的战斗过程决定后续战斗的过程和实施。双方从行进间立即投入进攻，可能发展成前进或退却，下属指挥官的技能和行动独立性，以及部队的战斗力具有决定性。交战双方从部署位置展开战斗，一方决定在首次遭遇后退却，或双方都试图集结力量，从而加强他们的战备状况，这些都会造成遭遇交战的不同发展。当交战一方停止前进并采取防御措施时，另一方可能会被迫做出改变，转而对一片固定阵地展开冲击。

375. 一方预料到敌人的到来，并限制住对方的行动自由，往往能赢得遭遇交战的胜利。迅速识别有利态势、不确定情况的快速发展和立即做出决定是成功的关键。

成功最可靠的基础是预先做好战斗准备。这一优势迫使敌人在不利条件下战斗，并有利于己方部队朝所需要的方向实施后续进攻。

376. 一场遭遇交战中，指挥官仅在特殊情况下能掌握敌人的意图。一片重要的地形地段位于交战双方之间时，指挥官应预料到敌军前卫的快速移动。敌人不掌握战备优势或地形优势时，指挥官可以预计对方会有所克制。初步遭遇通常会使态势变得更加清晰，但指挥官只有在特殊情况下才应等待这种清晰度的到来。

377. 指挥官预先获悉敌人正在开进时，应设法决定战斗、其开始和进程的展开时机和类型。

378. 指挥官无法预先获知情况时，个别行军纵队指挥官就有必要独自做出决定。这些决定具有重要意义。只要基本计划假设未发生变化，指挥官们就应执行他们现有的命令。一支毗邻行军纵队加入战斗时，指挥官必须确定该行动是否偏离行军任务和目标，是否有可能导致丧失一场更大的成功。高级指挥官的任务是迅速重新掌握他那些下属指挥官通过他们的独立行动创造出的新态势。

379. 前卫的任务是确保行军纵队指挥官的行动自由，为后续部队争取展开时间，以及使大部分炮兵和步兵重武器获得良好的观测条件。这些任务可通过进攻性或防御性行动完成。果断行动往往会带来成功。面对优势之敌和不利地形，一场有限后撤可能是必要的。这种机动可缩短展开时间。

380. 前卫的行动准备必须迅速执行。步兵重武器和前卫炮兵先敌投入有助于打破对方的初期抵抗，阻碍敌人的运动，并引出敌军炮火。装甲战车配属给前卫时，他们对毫无准备之敌的突然进攻有可能取得巨大的成功。

需要步兵立即发起进攻时，他们应在不做进一步准备的情况下投入战斗。他们必须毫不迟延地朝决定性方向前进，那些可迅速进入阵地的重武器为他们提供掩护。必要时，步兵应在一场快速集中后投入进攻。

若前卫指挥官决定实施防御，前卫炮兵力量可以广泛分散其发射阵地，使敌人无法弄清他们的实力。这将迫使对方绕道而行，行事更加谨慎。同样，步兵通常会占据比其实力更宽大的战线，而这种实力将决定一场决定性交战。主力尽早接替前卫使这种机动成为可能。

待先遣部队完成他们的任务，前卫便脱离战斗。

381. 额外炮兵力量的先期推进和展开将为战线的建立提供支援。协调炮兵力量的部署绝对必要。但通常情况下，个别行军纵队指挥官不得不独自投入他们的炮兵力量。高级指挥官应预计到这种情况，将炮兵分散在行军纵队中，并指定其附属部队。他应把更强大的炮兵力量置于自己的控制下，他与行军纵队的通信越快、越可靠，就能根据自己的意图越早投入炮兵主力。

炮兵先敌展开及其观测手段，是确保对敌火力优势最可靠的办法。因此，指挥官可能有必要在初步交战弄清情况前将整个炮兵力量投入部署。一些特殊考虑因素决定了炮兵在一场遭遇交战中的部署。指挥官需要考虑的因素包括态势，先前的部署，初期接触的类型，炮兵在个别行军纵队中的分布，以及地形。每种情况都有所不同。通常说来，统一控制只能逐步实现。高级指挥官下达给炮兵指挥官的初步命令往往只粗略描述炮兵的总体意图和战斗任务。交战过程中，随着态势获得澄清，高级指挥官分配相关任务，以此实现他对炮兵部队的控制。

382. 指挥官根据初步接触的结果，可能的话根据他对地形的亲自侦察，决定如何继续战斗。他认为没有必要集结主力遂行进攻时，为保持主动权，指挥官会命令部队直接从行军间发起进攻。他会给个别或整个后续部队下达进攻命令。

除了已规定的任务，进攻命令还将主力从行军线展开，指明任务、特遣编队、目标、步兵作战地域及分界线，并规定支援兵种的任务。对炮兵而言，进攻命令包括任务、特遣编队和最终协调细节。未配属给步兵部队的炮兵力量返回师属炮兵的作战控制。从编队后方展开的部队，必须以即时战斗侦察弄清他们前方的态势。他们必须掩护敞开的侧翼，以防意外。在一场仓促发起的进攻中，所有指挥官都有责任消除混乱，并确保各兵种间的协同。

383. 指挥官的意图和敌人的行动使步兵部队不再需要直接从行进间投入战斗时，指挥官应为进攻行动集中尚未投入战斗的力量。通过快速行动实现先敌展开非常重要。通常情况下，指挥官不应为等待进一步弄清态势而保留麾下部队。

倘若情况需要更多部队在完成集中前投入战斗，指挥官应毫不犹豫地采取这一措施。

384. 步兵进攻以同样的方式执行，无论这种进攻是否从集结地域发起。进攻的实施可参见第 355～371 段。

385. 若初步交战的结果和地形表明没有成功的机会，或主力的投入无法在当天产生结果，指挥官就不应展开后续进攻。毗邻部队投入战斗的可能性也会影响到通过投入主力坚持完成掩护力量交战的决定。

进攻预有准备的防御

386. 进攻方的行动方案取决于他的意图、敌人的行动、交战双方的相对实力、敌阵地的位置和力量、进攻地形。

387. 如果无法绕过或迂回敌人的阵地，那么，进攻方必须展开正面冲击才能实现突破。正面进攻的执行，取决于进攻方在时间和空间上将其力量和手段投入行动的方式。这些力量和手段不足以达成突破时，指挥官必须对进攻目标加以限制。

388. 准备一场进攻需要的时间取决于进攻方是否已控制敌阵地前方的地带。第二个因素是将突击部队集中在集结区所需要的时间。进攻行动越困难，准备工作就必须越彻底。但防御方也会对进攻方的准备时间加以利用。进攻行动需要的力量和手段取决于敌人的防御力量。

必须铭记的是，如果力量和手段不足以展开进攻，可能会导致惨痛的局势逆转。

389. 为正确部署进攻力量，指挥官必须提前掌握敌阵地的决定性地点。这一信息是确定主要努力点所必需的。

390. 系统性侦察通常能为进攻准备和执行提供最终依据。侦察结合了部队抵近和进攻所需要的信息。它对确定敌阵地前方受到化学污染地带的宽度和深度尤为重要。

一场全面的地图侦察必须提前进行。尽早实施空中侦察可能会发现仍在阵地上忙碌的敌人。航拍和目视侦察可提供对敌防御措施的洞察，包括对方的前沿和纵深阵地。空中观测员可以为远程火炮提供目标信息，并校正他们的火力。战斗机对敌人的飞机和系留气球展开攻击，以此掩护己方侦察机。地面战斗侦察为空中侦察提供补充。复杂情况下，战斗侦察必须强行实施。炮兵观测设施必须尽早部署。高级指挥官负责侦察行动。

391. 部队朝敌军阵地推进时，重要的是认清主要作战地带开始的地方。敌人将在其阵地前方地域为阻滞行动从事战斗。进攻方会在主要作战地带前方遭遇敌前沿掩护力量和前哨。

进攻方应迅速而又积极地向前推进，决不能被敌人的远程炮火所阻，必须尽快打哑敌人的炮兵连。这种推进通常会演变为诸多小股突击群，由必要的、最低限度的步兵和炮兵组成，情况需要时可能还包括装甲战车。他们必须迅速突破敌人的前沿掩护力量，或迫使对方退却。只要有可能，进攻部队就应绕过敌前沿掩护力量，以免对方妨碍推进。倘若主要作战地带的情况不明，敌人实施顽强抵抗，或进攻方希望避免过早进入敌阵地有效火力区，突击部队就应实施分阶段推进。但此举绝不能让部队为利用有利机会而发挥主动性的自由度受到限制。这种推进的目标是夺取相关地带，以便炮兵向前部署，并对主要作战地带实施观察。

392. 突击部队遭遇完整、连贯的步兵防御和梯次配置在纵深的强大炮兵力量时，通常表明他们已到达敌人的主要作战地带。此时，前沿步兵力量应掘壕据守，并为炮兵观测哨提供安全保障。他们据守的阵地必须能击退敌人的进攻。步兵主力和其他尚未投入战斗的兵种应留在敌炮兵有效射程外。

393. 为遂行冲击，后续侦察将提供敌阵地的详细情况。因此，突击部队必须击退敌前哨。为炮兵和步兵重武器提供的目标信息可通过对进攻地带的持续观察获得。空中观察员、气球和观测营都致力于目标获取。他们通常为炮兵的部署提供最终信息。但这些力量的投入不应给炮兵的部署造成延误。

航拍侦察能确定可能的主要作战地带。必要的照片必须分发给指挥官和各部队。装甲战车投入战斗的机会必须加以侦察。工兵负责确定敌人设置障碍物和壁垒的类型及强度。信号拦截勤务监听敌人的通信。针对敌人类似的行动，己方通信的安全性非常重要。从不同位置射出的炮火和侦察突袭能迫使防御方暴露其阵地和实力。为探明敌人的假阵地并避开对方的局部力量，侦察突袭尤为必要。

如果没有正当的理由，指挥官不应限制分配给所有侦察和信息获取措施的时间。各兵种的正确协同只能通过可靠、准确的报告实现。后期做出变更耗时而又复杂，可能会招致损失。

394. 指挥官根据侦察和他对侦察结果的详细评估做出进攻决定。强大的力量必须集中在那些可施加全面进攻效果的地方。突破地段不能太小，否则突击部队会暴露在守军的密集火力下。一处达成的突破必须延伸到其他地点，这样一来，突击部队就能迅速克服它们之间的整片地带。突击部队应绕开敌支撑点，把其留给后续部队消灭。面对守军可用于协调密集炮火的高地，突击部队通常应在其两侧向前推进，迅速将其攻克。晚些时候对己方观察至关重要的地点，以及适合装甲战车行动的地域，对突破地段的选择具有决定性影响。指挥官还应对敌阵地后方地带加以考虑。

395. 进攻目标必须作为浅近和深远目标加以解决，这一点取决于突击部队的实力。如果进攻行动无法在单个阶段完成，那么，进攻部队应尽快以短暂而又连贯的顺序实施目标有限的多个突击。但这种方式绝不能危及部队迅速而又全面地发展胜利。

396. 敌炮兵准备就绪并部署到位时，指挥官必须非常谨慎地部署己方炮兵。各炮兵连的部署应基于他们的观测要求和地形特点。炮兵弹药补给和进攻准备需要时间。

397. 步兵出发地域应向前推进到尽可能靠近敌人处。这些地域必须为步兵的展开提供掩护，并便于步兵重武器和炮兵部队为直接支援进攻而实施的观测。通常说来，步兵投入进攻前必须通过战斗夺取最终出发地域。

398. 其他的必要命令将根据指挥官的最终进攻决心下达，其中包括给炮兵、给步兵特遣编队、给战斗通信网的完成及其与特别通信网的连接，以及其他准备工作的命令。

399. 根据炮兵指挥官的建议，高级指挥官命令炮兵按照他们受领的任务展开。某些情况下，部分部队，特别是重型火炮，可以被分割使用并零碎配属。但原则上，进攻行动越困难，在决定性地点迅速集中优势炮火就越重要。

各个师作为军组成部分从事战斗，并获得特定行动区域时，军长可为师属炮兵和配属炮兵部队的战斗指定特遣编队，并把师分界线以外的任务赋予这些部队。通常情况下，军属炮兵力量仅限于打击远程目标的重型炮兵连。

400. 指挥官的进攻计划是炮兵和步兵火力计划的基础。指挥官可要求炮兵指挥官根据进攻的难易程度制定一份通用或特定形式的火力计划。对敌人强大的阵地展开进攻时，炮火可以调整步兵的进攻速度，以及随后夺取的目标。

炮兵和步兵的火力计划必须同步。他们必须对所有妨碍进攻的已确定目标实施打击，还应打击进攻开始时或实施期间出现的一切临时目标，特别是那些位于毗邻地域，可能会影响到步兵推进的目标。炮兵和步兵的火力计划还必须提供对进攻地带纵深目标的覆盖。下属步兵和炮兵指挥官必须在他们各自的作战地带对这些任务加以协调。他们必须齐心协力，互相帮助，加强火力效果，并确保对临时目标的打击。当炮兵和步兵迫击炮的火力计划在同一目标区重叠时，迫击炮应配属给炮兵。

401. 从步兵跨过出发线起，直至他们突入敌人的主要作战地带，炮兵力量必须实现对敌炮兵的优势。如果敌人通过出色的调配获得强大的炮兵力量，那么，己方步兵的推进必须获得这种炮火优势。炮兵还应尽早压制敌人的高射炮连。

敌人的炮兵会设法撤出交战。这种企图有时候可通过出色的观察和积极的空中侦察予以抵消。反之，步兵突击迫使敌人暴露他们部署在最终发射阵地上的炮兵连时，与敌炮兵的交战首先成为可能。

炮兵必须在步兵进攻开始前打击、压制他们已识别并准确定位的敌炮兵连，随后就可以以小股部队压制这些炮兵连，将大股火力置于新出现的敌炮兵连，以及为步兵提供有效、充分、及时的支援。如果步兵展开进攻时发现敌人新的、强大的炮兵力量，己方炮兵必须实现对敌火力优势。根据情况，这可能需要步兵暂停他们的攻势。

反炮兵交战越困难，进攻关键时刻对敌炮兵观测设施的遮蔽就越重要。仅在极少数情况下有可能在步兵进攻开始时或之前出敌不意地发起反炮兵火力。另一方面，如果不推迟步兵的进攻，如果能见度和观测条件不佳，就很难有别的选择。

402. 步兵在出发地域的进攻准备取决于这些地域针对敌人火力所提供的保护，以及步兵进攻的开始时间。如果出发地域不太有利，而进攻时间尚未确定时，他们应晚些占据这些地域。部队应对隐蔽开进路线加以侦察。

403. 反炮兵火力的成功，积极而又持续不断的战斗侦察的结果，以及部队在出发地域进行准备的机会，构成确定步兵进攻时间的基础。指挥官应尽可能晚些下达这道命令。

404. 步兵在规定时间从出发地域向前推进。进攻的执行及其前进速度取决于出发地域与敌人主阵地的接近度、进攻地带的地形特点、敌火力对该地带的控制，以及敌阵地的实力。

如果出发地域距离较远，并预计敌炮兵火力很强大，部队可以在夜色掩护下展开更有效的初步推进。烟幕有助于他们跨越没有自然遮蔽的地带。只要被敌火力所阻，步兵就应掘壕据守。他们利用步兵重武器和炮兵的协同火力，在不同地点逐渐向前发展，并再次挖掘阵地。若在复杂地形上对付敌人精心组织的强大阵地，步兵这种推进可在昼间持续一段时间。这种情况下，步兵可以引出敌人的火力，并迫使对方在进攻开始时投入其步兵重武器和炮兵，步兵通过一支纵深配置的薄弱横队向前推进来实现这一点。

405. 一旦己方炮兵实现火力优势，步兵就继续前进，更紧密地同敌人交战。必要时，指挥官可加强最前沿的作战力量。为实现最大效力，步兵重武器应打击炮兵无法触及的地带。

突破方案取决于敌人主要作战地带的实力。面对虚弱的防御，这种方案通常根据下属指挥官们的个人决定拟制，并展示出在敌人无准备地带实现突破的特点。如果敌人的防御极其顽强，突击部队就有必要实施一场协同突破。执行突破前，步兵应在夜间集中位于最前沿的战斗力量，并设法向前推进，尽可能靠近敌人，以便充分利用支援火力。通常说来，突破是在规定时间发起的一场协同突击。进攻的确切时间必须严格保密。计划中的突破应在清晨实施，以免突击步兵在昼间暴露于敌人的炮火。步兵跟随炮兵和步兵重武器火力，直接冲向进攻目标。工兵可能有必要消除敌人在精心构筑的防御中设置的障碍物。部分炮兵力量应做好加入、伴随突破步兵的准备。发现前进机会的炮兵连应主动向前移动。

406. 达成突破后，指挥官应以火力协同、前进机动和支援兵种的协同效力压制突破地带之敌（参见第363段、第364段）。这种压制在贯穿阵地纵深的多个单独交战中进行，直至突击部队到达第一个进攻目标或实现彻底突破。倘若这两点都没能实现，突击部队就必须在既占地带遂行防御，坚守到恢复进攻为止。部队必须立即展开新的侦察和观察。

407. 进攻过程中，敌人可能会设法在后方位置重新建立防御，以便在那里利用更有利的条件继续战斗。另外，对方也有可能彻底后撤。这两种情况下，他们通常会在夜间设法同进攻方脱离接触。当发现敌人不愿在现有阵地继续战斗时，率先发现这种情况的通常是先遣突击部队。因此，他们必须保持对敌人行动的严密监视。

　　追击的冲动往往同样来自先遣部队。其意图必然是通过追击施加的直接压力与敌人保持最紧密的接触。他们必须实施侦察，从而发现化学污染地带。如果敌人企图在离他们后方不太远的一处阵地实施阻滞行动，先遣部队必须展开侦察，收集关于新阵地及其接近地的信息。倘若敌人实施一场夜间后撤，更强大的部队只能在昼间展开追击。如果指挥官预计敌人会采取强有力的抵抗（特别是敌炮兵），己方部队必须以梯次队形向前推进。他们只能在己方炮兵主力已前出到新阵地并做好射击准备时向前推进。

　　敌人撤至后方，己方部队无法立即展开追击时，指挥官应规定炮兵的任务，控制步兵的后续行动，并确定预备队的位置。通常情况下，步兵主力不得不等到天亮再向前推进，从而越过原先的前线。可能的话，他们应当追上敌人。指挥官必须预料到后撤之敌可能展开的反击。

　　408. 敌人因先前的战斗发生动摇，尚未准备好他们的防御，或者存在出敌不意和利用己方优势的机会，这种情况下，一场规模较小的进攻有可能取得效果。敌阵地的位置和实力将决定对其实施侦察、获取信息需要采取的措施和其他进攻准备可简化的程度。炮兵的迅速推进、步兵靠近敌阵地的快速部署和集中，有利于他们及时利用这种情况。有利条件下，装甲战车尽早投入将促进进攻，某些情况下甚至能确保进攻取得成功。天气和地形条件有利时，烟幕很有作用。

　　409. 对付实施阻滞防御之敌，进攻方应对单一地点展开强有力的冲击，以最快速度达到目标。一旦进攻行动取得快速而又深邃的突破，敌人就不得不将整条防线后撤。如果对方得以脱离战斗并退却，进攻方必须通过分配纵深目标保持同敌人的接触和直接压力，绝不容许敌人实施重组。如果敌人撤至一道后方阵地，进攻方应视情况对其防线上的另一点展开新的进攻，目的是出敌不意，并为尽早达成突破创造机会。指挥官应为此目的提前集结一股新锐突击力量。大批炮兵力量应不断向前，装甲战车可投入部署，工兵力量也应向前推进。通信部队中，只有那些绝对必要的单位应向前部署。

注释：

1. 美国当今军事学说将一场大纵深包围称作"迂回"。20 世纪 30 年代后期，德国战争学院的教学几乎完全强调浅近包围，而莱文沃斯堡的美国陆军指挥与参谋学院则强调相反的观点。德国战术家们认为，敌人的侦察力量会导致一股足够强大的力量无法悄然深入守军后方并实现一场纵深包围。（Wedemeyer Report,p.141）

2. 第 317 段附和了老毛奇的"迂回、包围、歼灭"（Umfassen,Einschliessen,Vernichten）格言。

3. 克劳塞维茨在《战争论》第七篇第五章探讨了进攻顶点，"大多数'进攻'只能进行到其剩余力量仅足以实施防御并等待媾和那一刻为止。超过这一刻就会发生剧变，就会遭到反击，这种反击的力量通常比原先的进攻强大得多。我们把这个时刻称作进攻的顶点"。

4. 师属炮兵是一个轻型炮兵团，辖三个营，每个营编有配备 105 毫米榴弹炮的三个连；外加一个重型炮兵营，编有两个配备 150 毫米榴弹炮的炮兵连和一个配备 105 毫米加农炮的炮兵连；另外还有一个观测营（参见第 183 段的脚注）。每个射击炮兵连拥有四门火炮（Wedemeyer Report,p.381）。每个步兵团也有一个加农炮连，他们的火炮不属于师属炮兵（参见第 337 段的脚注）。

5. 每个步兵连有 2 挺重机枪。每个步兵营有一个重武器连，配备 8 挺重机枪和 6 门 81 毫米迫击炮。每个步兵团有一个步兵炮连，配备 6 门 75 毫米、2 门 150 毫米步兵炮。（Wedemeyer Report,p.35）

6. 这一段似乎拒绝接受第一次世界大战中最重要的一个炮兵经验。格奥尔格·布鲁赫米勒上校和埃里希·普尔科夫斯基上尉 1918 年令人信服地证明，根据地图和气象校正的预测射击既实用又有效。

7. 德国人 1933 年时没有自行式火炮。事实证明，这是第二次世界大战中德国陆军最大的弱点之一。直到 1944 年，他们的装甲师才配备少量自行式火炮。步兵师的大部分火炮仍依靠马匹拖曳。

8. 德军的步兵进攻是以轻机枪为核心。一个标准步兵连编有三个排（Züge），每个排辖三个班（Gruppe），每个班围绕一挺轻机枪由 12 名士兵组成。（Hartness Report,p.34）

9. 第一次世界大战期间，德国人把迫击炮视为战斗工兵的武器。到 20 世纪 30 年代后期，每个步兵连配备 3 门 50 毫米迫击炮，最大有效射程 600 米。每个步兵营的重武器连配备 6 门 81 毫米迫击炮，最大有效射程 1500 米。（Wedemeyer Report,p.21）

10. 第一次世界大战中，格奥尔格·布鲁赫米勒上校确立了以毒气压制敌炮兵连的有效性。

11. 炮兵的非观测地图射击技术在第一次世界大战期间得到完善。这种射击类性通常也被称作预测射击。与气象修正结合使用时，这种射击技术最为有效。

第七章
追击

410. 部队疲惫绝不是未能展开追击的正当理由。指挥官有时候必须要求部下们付出似乎不可能的努力。他必须以大胆和勇敢为引导。每个人必须尽己所能。

411. 指挥官必须及时为一场追击做好准备。高估有利态势可能会导致一场严重挫折。部队过早发起追击会给成功造成危害。

412. 部队沿一条宽大战线实施追击，其意图不外乎迂回敌人，追上对方，夺取他们的后方阵地，或切断对方的后方交通线。在敌后方设置障碍物可为追击部队提供协助。

413. 空中侦察、毗邻部队的报告、己方部队的推进或敌人懈怠的行动表明对方无法坚守其阵地时，高级指挥官必须将胜利意志（Siegeswillen）灌输给下属指挥官。他命令所有可用力量朝决定性追击方向前进，并尽快重组或新组建追击力量。快速、高机动性武器应与先遣部队一同推进。对骑兵和更强大的摩托化部队来说，会出现有利可图的任务。摩托化工兵、反坦克武器和防空力量应伴随他们一同行动。追击无法通过驱逐敌人来执行，或距离太过遥远时，追击部队必须将突破进行到底。在这些地点必须建立起协调一致的指挥链。

414. 战斗机和轰炸机将对后撤中的敌主力展开行动，哪怕牺牲其他目标也在所不惜。空军的行动加速敌人的解体，并沿对方后撤路线及其铁路末端给敌后方地域造成破坏。侦察机负责监视敌人的后撤线，并留意敌人开进中的援兵。

415. 从敌人开始退却的那一刻起，离敌人最近的下属指挥官应立即发起追击，无须等待上级的命令。他们必须大胆地独立行事，必须对后撤之敌的一切弱点加以利用。与毗邻部队的协同至关重要。快速追击过程中，指挥官不能忘记汇报已超越的目标。

416. 各兵种的弹药补给是密集实施追击火力的先决条件。

417. 由于远程火力及其机动性，炮兵在追击行动中特别有效。只要有可能，他们就应保持最大发射速度。只要按预有计划、可观测到的炮火能够打击到后撤之敌，一些炮兵部队就应留在原先位置。他们必须特别留意打击远程目标，但不能妨碍追击步兵的前进。远程、低伸弹道炮兵连[1]应对敌后撤路线和铁路末端实施最猛烈的火力拦截。强大的炮兵力量与追击步兵一同前进，防止敌人巩固其阵地并发动反击，同时逐渐承担后方部队的火力任务。

418. 步兵通过火力和猛烈追击确保敌人的彻底失败。必要时，他们应以手榴弹和刺刀同敌人展开战斗[2]。步兵重武器必须毫不犹豫地占据前沿部队身后或之间的阵地。追击部队应绕开敌人强有力的抵抗，将其留给后续部队消灭，而后续部队则在追击最成功处向前推进。指挥官应避免过早转移前线。

419. 追击部队应绕开化学污染地带，并设立标志提醒后续部队。摩托化部队可以快速穿过这种地域。在能够轻松消除污染的地带（道路、无覆盖地带），追击部队应尽快打开一条通道。

420. 未接到追上敌人并封锁其后撤路线命令的工兵部队，应修理追击部队身后的道路和路线。

421. 通信部队负责保持高级指挥官与追击部队之间的联系。通常情况下，他们以无线电保持通信联系。师属通信营沿主要追击方向延伸通信干线，使其紧跟在先遣步兵力量身后。如果敌人恢复战斗，师属通信营应在通信干线上设立一个前进信息中心，用于侧翼和后方的通信联系。信号拦截部队必须尽一切努力截获敌人的信息和通信。

422. 所有指挥官应和追击部队一同行动，或紧跟在他们身后。

423. 追击部队不能因为敌人的掩护阵地和后卫而偏离决定性方向，也不能被敌人牵制住大批力量。他们必须尽一切努力靠近敌主力。预备队也应向前推进。必要时，指挥官以预备队组建新突击力量，可以使追击行动焕发新的活力。

如果敌人在无法将其立即驱散的地带顽强抵抗，指挥官必须重新调整攻势。

424. 指挥官应在前进期间组织各部队的弹药补给、战斗辎重队和口粮，绝不能让追击的快速推进受到限制。指挥官必须解除追击部队对补给和疏散问题的担心。

425. 夜间追击期间，步兵沿各条道路正面推进，而炮兵将其拦截火力扩展到最大射程。个别炮兵连跟随步兵向前推进，并根据地图侦察占据发射阵地。这样一来，他们就可以延伸拦截火力的纵深。情况允许时，他们还能为步兵提供近距离支援。

为防止追击部队遭己方炮火误击，先遣部队必须把他们已夺取的目标汇报给后方。夜间空袭能为轰击敌后方地域的炮火提供补充。可能的情况下，指定从事包围任务的部队应在夜间推进。

426. 只有高级指挥官下达的命令可以中止追击。

注释：

1. 第一次世界大战中，最具破坏效力的远程、低伸弹道火炮多为 150 毫米或更大口径。1933 年和 1934 年，由于凡尔赛和约的限制，德国人仍没有超过 105 毫米口径的火炮。1938 年，德国陆军重新引入 150 毫米口径的重型火炮。

2. 步兵连里，每个步兵携带 100 发子弹和 1 枚手榴弹。（ Wedemeyer Report,p.19 ）

第八章
防御 [1]

427. 防御（Abweh）主要基于火力。因此，防御方必须设法制造最大火力效果。完成这项任务需要防御方详细了解作战区域，这一点反过来有助于防御方以野战工事的手段利用地形。这种防御工事提供更好的防护，并使防御方得以形成对进攻之敌的火力优势。

428. 由于防御没有主动权优势，因而需要尽早同敌人发生接触，利用一切侦察手段确定对方的前进方向，以及敌军编成和实力。尽早在敌人有可能立即发起进攻的各个方向设立警戒至关重要。组织防御期间，防御方必须准备应对敌人的突然袭击。防御部队从一开始就必须以这种方式部署。

429. 防御地形决定了前沿部队的位置。炮兵和步兵重武器的出色观察通常是有效火力最重要的考虑因素。为步兵提供隐蔽，使其避开敌人观察的地形可能是最重要的要求。防御敌装甲战车的进攻，可能需要利用诸如河流、沼泽和陡坡这类天然屏障。

如果侧翼易受攻击，那么，正面的强大地形通常派不上用场。有时候，防御火力可在昼间覆盖视界良好的开阔地带，形成最好的侧翼防御。选定地域的化学污染可加强整体防御。防御方很难找到同样适用于所有地带的地形，特别是在一片较大的地域。恢复进攻的计划也会影响到地形的选择。情况允许时，防御方应从敌人的视角对地形展开侦察。

430.防御方巧妙利用地面上的天然力量，并精心伪装阵地时，应保持自然地形的原样。这反过来会给敌人的侦察造成妨碍。某些情况下，不太有利的地形可能比强大的地形更利于防御，因为敌人可通过后者轻而易举地确定防御方的组织和意图。

防御方必须加固自然条件不太强大的地段。这一点最初可通过障碍和壁垒实现。时间和可用力量充足时，防御方甚至可以利用自然特征把不太有利的地形打造得异常强大。

431.防御方应尽一切努力出敌不意，应以欺骗措施掩盖野战防御工事、人员配备、部队实力、防御类型及其韧度的真实性质。

432.除非相关计划要求防御方以近距离开火射击使敌人猝不及防，否则，只要弹药情况允许，有效火力应在最大射程投递。防御方必须让敌人遭遇越来越强大的防御火力。指挥官负责火力规划。已建立的通信网对有效火力控制至关重要。

433.火力通常首先用于击退敌人的进攻。根据情况，防御方一旦掌握敌人兵力部署和主要进攻地点的信息，也可在对方逼近期间发射火力。这反过来决定了防御重点，并为己方力量的部署提供了基础。为掩护敞开的侧翼，防御方需要一支强大的预备队，但保留强大预备队绝不能削弱防线上的火力。

434.如果没有同敌人发生接触，指挥官通常可自由选择防御地带并部署其防御力量。防御方及时阻滞敌人的逼近，将使自己获得更大的行动自由度。倘若防御方仍无法确定敌人的开进方向，应将己方力量部署在防御集结区，必须尽快形成计划中的防御姿态。

435.防御方如果在同敌人发生初步接触前或之后立即实施防御，地形的选择就不能再基于耗费时间的侦察。若部队位于不利地形，可能有必要撤至更有利的地形上。如果必须立即实施防御，防御方可通过一场仓促进攻从敌人手中夺取更有利的地形。实施防御最快捷的办法是从多路行军纵队转入，或从行进间直接展开。

436.一场进攻行动不得不转入防御时，必须立即建立防御。最迫切的要求是前线的灵活性，并将作战力量部署在纵深。根据情况，这条前线可能需要在不同地段前进或退却，以确保最佳防御位置。阻滞防御应从防御转入。

437. 作战命令必须明确指出计划中的防御类型：防御（Verteidigung）或阻滞防御（hinhaltender Widerstand）。[2]

防御

438. 一支部队遂行防御时所在的地段就是他们的阵地（Stellung）。每一处阵地最重要的部分是主阵地（Hauptkampffeld），必须坚守到底。前沿阵地和掩护力量部署在主阵地前方。他们的行动参见第 456 段、第 457 段。

439. 一处阵地只有在迫使敌人展开进攻或阻止其进攻时才能实现目的。阵地的建立必须基于可用力量。侧翼阵地应迫使敌人沿与其意图不同的方向实施进攻。敌人无法避开侧翼阵地，又无法攻击其侧翼时，就会被迫展开这种进攻。

440. 防御方获得的最佳态势是敌人被迫投入正面冲击。为防范阵地遭包围，防御方必须能向后弯曲，或梯次配置在受威胁翼[3]。他们必须以局部进攻阻止敌人迂回阵地。

441. 如果防御方朝防御阵地前方的敌军推进，那么，采取这种方式不能以削弱阵地安全性为代价。进攻部队也不应在此过程中分散力量。

442. 主阵地必须呈纵深配置。其目的是分散敌人的火力；集中己方的后方火力；面对敌人的优势火力时便于实施局部后撤；有利于继续实施防御——即便在进攻方已突破主阵地的情况下。纵深配置要求大批步兵重武器和尽可能多的轻武器能朝主阵地前方射击。面对敌人的优势火力，营长批准局部后撤应获得上一级指挥官的授权，然后再由他下达给下属指挥官。这种后撤不能危及防御的连贯性，也不能让敌人在防御主阵地站稳脚跟。

443. 防御的宽度和深度密切相关。平坦、易于观察的地形所允许的防御宽度大于丘陵和破碎地形。强大的天然屏障使防御方仅以警戒力量便能控制相关地带。实力遭到消耗、疲惫的部队只能用于据守狭窄地段。夜色和能见度较差的天气需要防御方在前线部署更强大的力量。部队分组部署可实现更大的防御宽度。通常说来，长时间防御需要一条连贯的占领线。大多数情况下，有利地形上的防御宽度可以是进攻宽度的两倍。

444. 防御阵地要么是仓促构成，要么是精心设置的，这一点取决于时间、构筑力量和可用手段。精心构筑的主阵地通常由一连串相互支持的阵地组成，设有障碍物、战壕和个人射击阵地。这些阵地应不规则分布，呈纵深配置，并依据其重要性顺序建立。各种武器相结合的支撑点应设在最重要的阵地上。防御计划应让敌人难以从地面和空中加以识别。毗邻阵地必须能相互提供支援，但原则上侧翼支援不得影响正面防御。夜间或能见度低的天气期间，充分的正面防御尤为重要。

所有防御阵地必须逐步建立起环环相扣。随着障碍物、假阵地、勘察前方地形点、消除可识别特征、伪装、观察哨和交通壕的设立及完成，防御阵地的布局也告完工。

445. 指挥官在地图上指定主阵地的大体位置，以及主防线（Hauptkampflinie）的大致走向。这条防线形成防御连贯性的基础。下属指挥官就地建立主防线。关于防御细节、防线确切位置和人员配置的决定只能就地做出。

主阵地应设在炮兵和步兵重武器观测所前方足够远的地方。观测所的部署位置应使敌人的观察和火力影响降至最低程度。防御方应尽可能长时间欺骗敌人，使其无法弄清主防线的确切位置。因此，防御方必须从敌人的观察角度分析地形，并相应调整防御阵地。丘陵地带，若主防线设在正斜面存在被敌人过早发现的危险，正斜面上的阵地似乎无法有效抗击敌人长时间的火力打击，防御方可将主防线部署在反斜面。

446. 各兵种在主防区的防御必须以这样一种方式实施：敌人的进攻在主防线前方到达顶点。各兵种必须准确监视敌人的情况。

447. 双方在主阵地前方进行战斗期间，炮兵和步兵重武器观测所必须提供对敌纵深的远程观测。某些情况下，防御方只能接受主阵地前方的有限观测。如果防御前沿（Verteidigungsanlagen）位于反斜面，炮兵和步兵重武器应把前进观测员派往正斜面，并设立前哨提供安全警戒。在条件允许处，防御方应利用高地实施后方和侧翼观察。

第334段谈及炮兵和步兵重武器观测所的选址。防御方必须预先设立辅助观测所。

448. 为实施侦察和警戒，阵地应被细分为几个地段。各地段分界线的划分不能分拆防御设施。可能需要采取特别措施确保各地段分界线，特别是夜间或恶劣气候期间。这种情况下，指挥官应为这项额外任务专门指定警戒力量。

449. 分配给步兵部署地带的预备队执行以下任务：加强前沿部队，反击夺得立足地的一切敌军，以及局部换防。指挥官应根据情况投入手中掌握的预备力量。他必须预料到最危险的突发事件。

450. 长期防御过程中，部队换防很有必要。换防通常在夜间实施。每场换防都应在安全条件下进行，交接时间必须在作战令中明确说明。步兵和炮兵部队同时换防会严重扰乱作战行动。换防期间，部队对地形、敌人和情况的熟悉程度会暂时下降。

451. 防御方应指定并部署后方阵地。通常说来，部队只有在极度危险的情况下才可撤至这种阵地。后方阵地应设在后方足够远的地方，从而迫使敌人转移其炮兵力量。这些阵地的建立取决于态势、时间和可用力量。

如果守住前沿阵地势必遭受不可接受的损失，而相关情况又允许后撤的话，指挥官应及时命令部队退往后方阵地。

防御的实施

452. 实施一场从容不迫的防御，其原则同样适用于一场仓促防御。防御方的行动方案取决于他们的意图、他们可用的实力和手段、阵地的天然和加强力量、防御准备时间。

453. 防御的部署必须确保所有兵种的协同，必须考虑到地形对各兵种造成的限制。所有兵种在时间和空间方面的紧密协同和全面投入，可能需要命令导向的详细说明，它通常会把酌情处理权留给下属指挥官。

454. 防御方必须尽早获得敌人的进攻计划。他们应监视进攻方的侦察和情报收集系统，监听敌人的无线电通信网，设法确定逼近之敌的实力和部署。防御方还必须不断观察敌战线后方地域、交通、机场和前进简易机场。

防御的关键因素源自对进攻方可能集中或展开兵力地域的侦察。炮兵发射阵地、观测所、装甲战车行进途径、有利进攻地带尤为重要。

战斗机、高射炮兵、无线电静默和另一些措施可用于遮蔽己方准备工作。

统一指挥对所有侦察、遮蔽和情报评估工作至关重要。

455. 在阵地前方活动的力量实施阻滞行动。他们通常在地域指挥官的直接命令下展开行动。提高的速度和机动性是他们的主要优势。他们应配备强大的炮兵和步兵重武器。他们与毗邻部队的协同必须通过上级指挥部门建立。障碍物和天然屏障有利于他们在阵地前方执行阻滞行动。部署在阵地内的炮兵必须能与逼近之敌交战。地域指挥官负责控制掩护力量撤入防御阵地，以及他们在防御地段内的战斗任务。

456. 前沿阵地（vorgeschobene Stellungen）使进攻方无法提早占领前哨前方的制高点[4]。使用前进炮兵观测位置可以欺骗敌人，使其无法弄清主阵地的位置，并迫使对方过早投入其炮兵力量。通常说来，前沿阵地应设在足够远，但又能获得主阵地炮兵力量支援的地方。

地域指挥官决定是否需要设立、在何处设立前沿阵地，以及前沿阵地负责人。这些前沿阵地隶属分界线内的一位地段指挥官时，这位指挥官负责分配据守前沿阵地的部队和兵力，并为他们下达任务。前沿阵地应配备足够的重机枪、反坦克武器和轻型炮兵连。前沿阵地不能暴露在外，以免被各个击破。他们必须在适当的时刻后撤。他们返回主阵地时必须获得掩护。可能的话，他们的后撤不应给战斗前哨的行动造成限制。

457. 战斗前哨为部署在主阵地的部队提供了行动准备时间，加强了对敌进攻方向的观察，并使敌人无法弄清主阵地的位置。上级必须给他们下达关于参与前沿阵地交战的程度，以及该行动持续多久的具体命令。前哨线的实力、与主阵地的距离、其具体任务取决于整体任务和地形。战斗前哨不应设在主阵地轻型炮兵的有效射程外。

只要前沿阵地位于前方，所在地带昼间易于观察，战斗前哨线的实力就不必太过强大。一般说来，前哨由主阵地的步兵部队设立。指挥官确定战斗前哨的大致力量、其最前沿战线和他们必须坚守的周期。在一条宽大战线上，前哨线不同地段的任务可能有所不同。他们必须与毗邻地段的战斗前哨建立协同。

战斗前哨的后撤不能给主阵地的火力造成限制，也不能暴露在这些火力下。预先安排的信号有利于战斗前哨与主阵地之间的协同。部队在战斗前哨掩护下发起小规模、深思熟虑、目标有限的进攻可以扰乱敌人的进攻准备，并获得重要信息。

458. 各兵种精心策划、紧密协同的火力是主阵地防御的关键。这种火力应在火力计划中列出，具体参见第 400 段的描述。高级指挥官和地段指挥官负责策划、协调所需要的火力支援。这种支援包括远程火力，它们的同步，炮兵与步兵间的协同，火力集中，以及将火力迅速集中于遭受威胁的阵地。主阵地前方的整个地带，包括距离很远处的地段，必须以火力覆盖，不能有缝隙。各兵种必须根据他们的能力和地形特点相互支援。随着敌人逐渐逼近主阵地，火力应当越来越集中在他们身上。主阵地遭到局部突破的情况下，各兵种必须以协同一致的火力打击敌人。

459. 炮兵从前沿阵地与逼近之敌交战，必要时也可从主阵地前方位置打击敌人。拦阻和扰乱火力在观测员的协助下实施，后者向前推进，并以无线电建立通信联系。炮兵空中观测员和观测营辖内力量都可用于这项任务。某些情况下，他们可使用现有电话线路或预先安排的灯光信号。相关情况可能要求指挥官对从事这项任务的炮兵连数量做出限制，从而使敌人无法弄清己方整体实力。

随着主阵地防御的建立，炮兵力量必须纵深配置。这种配置和他们与步兵的协同必须尽早建立。指挥官应尽一切努力确保大部分炮兵连（甚至包括那些没有前进和主观测阵地的炮兵连）能对进攻方施以火力，并能成功打击突破主阵地的任何敌军部队。倘若存在敌人已发现他们阵地的可能性，这些炮兵连必须在敌人实施预计中的攻击前，趁夜间转移发射阵地。

指挥官必须以极大的机动性使用炮兵，从而实现最佳效果。炮兵的多样化部署需要指挥官精心准备观测位置、发射阵地、射击数据、阵地变更、隐蔽调动、进出阵地的方法。

460. 师属炮兵的火炮必须能将纵深和近程火力集中于主阵地前方。炮兵指挥官应尽可能长久地控制火力射击。炮兵特遣编队和火力任务的分配必须以这一原则为基础。军长把军属炮兵力量分配给各个师，他可以对各个师（配属或分配）的炮兵特遣编队下达指示，并分配各个师作战地段以外的战斗任务。通常说来，军长只把重型炮兵连留在自己的掌握下，用于打击纵深目标。

师长决定炮兵特遣编队、与炮兵力量协同的步兵部队、炮兵直接提供支援的部队、配有炮兵力量的部队。为保留对战斗施加决定性影响的能力，师长必须把一股相当大比例的炮兵力量置于师炮兵指挥官的直接控制下。

为守卫主阵地的步兵部队提供直接支援的炮兵力量，必须同步兵指挥官建立联系。炮兵和步兵指挥官应保持通信联系。炮兵与步兵实施协同的其他方面参见第329段。

461. 情况和弹药补给允许时，炮兵应在最大射程处开火射击。为了让敌人的接近更加困难，己方炮兵应打击占据发射阵地的敌炮兵，对方的观测点，以及敌人的交通和补给。炮兵与敌炮兵连和高射炮连的交战参见第358段的描述。必须尽早引出敌人的炮火，这样，己方炮兵就可以定位并打击敌炮兵连。无法做到这一点时，己方炮兵应随着敌炮兵连被发现逐一对其实施打击。倘若敌人在炮兵力量方面占有优势，己方炮兵应避免过早投入交战，以实现出敌不意。

炮兵应同步兵重武器相配合，以拦阻和突如其来的火力打击开入集结地域的敌步兵、指挥所、通信和补给点。他们还应把敌人的集结地域置于火力覆盖下。

敌步兵为实施进攻占据集结地域时，炮兵指挥官应投入大量火炮对其施以打击。与敌步兵重武器的交战特别重要。炮兵指挥官还应留意敌装甲战车的开进路径和集结地域。反炮兵火力仅以最必要的炮兵力量继续实施。关键时刻，炮兵应以烟雾遮蔽，或以可观测火力压制敌观测所。

462. 步兵应以他们最猛烈的火力尽快开火射击。这种火力基于他们轻重武器的火力计划。己方部队在炮兵实力较弱时，应以重机枪和迫击炮在远程对逼近之敌实施打击。为完成这项任务，部分步兵重武器应向前部署至主防御阵地，甚至部署在主阵地前方。随着敌人的逼近，部署在防御纵深的那些部队也应加入交战。必要时可投入预备队的重武器。重机枪应部署在隐蔽位置，而且必须有获得掩护的备用射击阵地，可从这些备用射击阵地提供侧射火力。随着进攻方的逼近，步兵轻武器逐步加入交火。

如果敌人的火力在步兵火力防御上打开缺口，地段指挥官必须立即恢复态势。侦察行动必须为支援和预备力量的投入提供可用的选择。这些部队挖掘阵地，为自己的局部防御加以准备。面对敌人的猛烈火力，指挥官应批准他们转移到不那么容易遭受攻击的地带。

463. 倘若敌人突破并占领部分主阵地，防御方首先应尽力以火力消灭对方。

在敌人站稳脚跟前，位于紧邻突破口地段的己方步兵和支援武器应设法以仓促反冲击驱逐敌人。炮兵应对敌身后施以有效火力，以此支援反击力量。但这些部队不能依赖炮兵的支援。

若这些措施未能奏效，或敌人实施一场大规模突破，高级指挥官应决定是否以一场深思熟虑的反击恢复己方阵地，还是在后方重新建立主阵地。只要有可能，反击就应对敌侧翼实施。这种反击需要周密准备，特别是以大股力量实施时尤为如此。一名指挥官必须负责控制集结地域、时机、目标、分界线、炮兵支援、装甲战车和空军部队的投入。太过仓促会导致失败。用于反击的预备队必须以这种方式集中，或在进攻期间以这种方式转移，以便随时可投入使用。

464. 所有兵种在任何时候都必须做好击退敌人在夜间、低能见度天气下，以及视野不佳地带发起突然袭击的准备。通常情况下，防御火力会立即投射至主阵地前方。这些火力必须预先做好计划，并根据命令或特定信号实施。这种火力在时间和空间方面受到限制。轻型炮兵和步兵重武器将他们的火力置于步兵轻武器无法触及的地域。指挥官必须精心策划防御火力的实施、各种武器的投入、持续时间、弹药分配和加强炮兵连的投入。必须明确建立起实施防御火力的具体授权。一个炮兵连受领的任务只能对他们可有效覆盖的一片地带投以防御火力。[5]

防御方必须尽早确定敌人的进击路径。加强侦察、监听哨和地段照明有助于完成这项任务。防御方应以仓促反冲击（Gegenstoss）[6]击退突破主阵地的敌军，必要时采用刺刀冲锋。每个士兵必须知道自己在一场突袭期间应立即采取的行动。

465. 命令和信息的安全传送需要紧密结合、纵深组织的通信网。这种通信网必须尽最大可能予以建立。横向通信非常重要。可能的话，无线电静默应保持到战斗开始。除了与师长直接指挥下的地段指挥官保持无线电通信，师属通信营的主要任务是在炮兵指挥官与他麾下部队之间建立通信联系，并促进与炮兵观测飞机、炮兵观测营、气球部队的协调。时间允许时，他们应逐步为步兵、炮兵、气球、防空和空军部队建立特别通信网。

大部分通信力量应部署在主阵地。他们必须同前哨和前沿阵地建立联系。无线电在这种情况下非常有效，但必须建立替代手段。从主阵地通往后方的信号通信必须加以保持并予以改善。通信部队还可使用重型军用电缆铺设有线通信网，视时间和可用力量而定。

信号监测很重要。己方信息流量必须加以限制和筛选。指挥官控制光信号的分配和变更。

466.工兵部署在主阵地前方，负责构筑障碍物和壁垒。他们还在主阵地内设立障碍物、挖掘交通壕并布设伪装。工兵还可配属给受领艰巨任务的步兵部队。一般说来，指挥官在防御开始时将工兵留在预备队，以便将其投入最需要他们技术能力的地段。[7]

467.坦克的投入具有进攻性。他们是指挥官手中掌握的决定性预备力量，用于实施从容不迫的反冲击（Gegenangriff）或对付敌坦克最为有效。

坦克集结地域通常位于后方较远处，在敌炮兵有效射程外。他们需要直接观察战场，并对投入战斗的各种选项加以侦察。一般说来，坦克力量根据高级指挥官的命令投入战斗，后者控制进攻时间和目标，以及其他兵种的协同。

468.烟雾可用于遮蔽预备队的调动和炮兵转移阵地。如果他们从一处获得天然覆盖的位置（树林、村庄等）动身赶往另一处，并以烟雾充分遮蔽这段间隔，就能给敌人的空中观察造成妨碍。同样，如果烟幕不仅用于覆盖炮兵连，还用于覆盖炮兵连不开火射击的地带，那么，敌人实施积极空中侦察期间必须开火射击的炮兵连也能得到掩护。关于毒气和化学武器可参见第十八章。

469.空军为防御提供支援。战斗机部队扰乱敌人的空中侦察。拥有足够的力量时，己方空军部队可用于打击逼近中的敌地面部队。指挥官应优先考虑以轰炸机对敌人的机场和铁路末端实施空袭。攻击机和轰炸机在敌人进攻主阵地之前那段时间遂行他们的主要任务。同时在可能的情况下，强大的战斗机力量可用于压制敌机。未遭受攻击的地带应抽调战机支援这项任务。与此同时，空军力量应对敌人的集结地域、预备队、开火射击的炮兵连和观测气球实施攻击。

470.在敌人向前逼近期间，己方高射炮兵必须打击敌人的空中侦察。为完成这项任务，高射炮连应向前部署，必要时投入主阵地前方。随着敌炮兵投入部署，高射炮兵应用于掩护己方炮兵和弹药仓库。在敌人发起进攻前和进攻期间，对预备队和炮兵的掩护很重要。己方防空力量应集中于敌人实施主要努力的地段（如果知道的话）。在敌人即将实施纵深进攻的地带，个别高射炮连或高射机枪连应向前部署。

471. 如果在后方阵地重新设立防御，指挥官必须精心策划与敌人脱离接触、后撤和恢复防御。保持后撤部队的凝聚力尤为重要。指挥官必须做出决定，并确保敌人无从获悉他的意图，在这种情况下实施准备。所有措施必须以从容不迫的方式执行。后撤行动必须获得掩护，并与毗邻地段一同实施。如果无法利用低能见度天气、烟雾或有利地形，那么，后撤行动应在夜间执行。

只要有可能，后撤部队就必须让敌人相信原先的防御阵地仍得到充分据守。保持各兵种从原先阵地射出的火力有助于这种欺骗。后撤部队必须尽可能阻滞紧随其后的敌军。己方炮兵从新阵地射出的火力能有力地促进这一点。若新阵地位于后方较远处，炮兵必须使用中间发射阵地。对原阵地及其后方地域实施化学污染是一种有效的阻滞措施。

472. 如果敌人的进攻遭遇挫败，防御方应在掌握足够力量的情况下转入进攻。己方部队冲出防御阵地时，必须考虑到敌人的纵深配置和炮兵优势。倘若事实证明无法压制敌炮兵或突破敌阵地，进攻会导致一场旷日持久、无法取得决定性结果的正面交战。一场包围提供了获得成功的最佳良机。某些情况下，可能需要指挥官组织一场全新的行动。

473. 若防御方打算转入一场阻滞防御，必须预料到敌人的充分展开。因此，他们必须在后方设立第一道后方防线。

474. 倘若战斗的结束不具决定性，或整个行动出现作战间歇，可能会造成双方以小股部队从事战斗的对峙局面，以及展开阵地战的条件。这种情况下，指挥官必须做出决定，是坚守原阵地还是在后方设立新阵地。后一种情况下，旧阵地可作为新防线的前沿阵地或前哨线。若坚守主阵地，应进一步予以加强，防御薄弱地带要么加强，要么将其放弃。前哨应尽可能向前推进。

为节省兵力，指挥官应重组作战部队、预备队和支援部队。障碍物得到加强，必须修建人员和弹药使用的防空洞。防化措施必须加强。后方阵地有助于强化防御。除了这些措施，还有关于照料阵地内及其后方士兵们的规定。这些规定包括为负伤和患病士兵提供饮水和医护。

阻滞防御

475. 阻滞防御可能是被敌人的优势所迫，也可能是刻意为之。后一种情况下，阻滞防御只能在优势敌军接踵而至的情况下履行其任务。这种防御通常作为战斗的初步行动或战斗的一种补充较为有利。

476. 阻滞防御在一条防线（Widerstandslinie）上实施，并根据情况从其他后方防线继续执行。这种行动有可能提供强大的抵抗，也有可能在不发生密切接触的情况下实施。防线上的防御必须迫使敌人尽早投入其力量，从而耗费其时间和资源。各条防线之间的防御必须阻滞敌人，并为下一道防线的准备工作争取时间。

477. 设立防线的有利位置是：观察和火力能有效覆盖接近地域；沿一道强大阵地进行构筑；面对敌人必须通行的隘路。若防线设在一片林地，进攻方和防御方都受到观察和火力效果条件不佳的影响。另一方面，防御方可更好地利用地形实施抵抗，而进攻方的行动受到限制，无法充分发挥他们的优势。

防线内及其后方获得遮蔽的地带有利于守军同敌人脱离接触并实施后撤。各种障碍物都可加强防线上或各条防线之间的防御。野战防御工事是个例外。假阵地可能很有价值。

478. 指挥官负责指定防线的大体位置。各道防线之间的距离取决于地形、观察、意图和敌人的行动。在观察较为有利的地带，这一距离必须大到迫使敌炮兵向前部署发射阵地。而在林木茂密的地带，这种距离可能较短。

479. 通常情况下，防线标志着炮兵和步兵重武器观测所的位置。这些武器紧紧部署在防线后方。防线前方的地形较为开阔时，据守防线的部队，其任务通常仅限于掩护观测所和发射阵地。若防线位于河流或隘路后方，防御方应以更大规模的力量利用这种优势，并实施更长久的防御。一般说来，观察条件不佳的地带需要更强大的防御力量。而在林木茂密的地段，防御任务通常由步兵承担。

480. 每条防线以及中间地带的防御，其持续时间和实力视情况不同而有所变化。指挥官通过组织、配备麾下力量和分配弹药发挥他的影响力。

481. 指挥官必须对防线上的防御加以组织，以利于部队秩序并然地撤至下一道防线并恢复防御。通常说来，为敌人提供出色观察的开阔地带上，防御方应尽早撤退。

482. 根据情况，指挥官确定部队撤至下一道防线的时机。在难以实施观察和具有宽大正面的地带，他可以把后撤时机的决定权交给下属指挥官；他也可以指定一条大致战线，一旦大股敌军越过该线，防御部队立即实施后撤。

483. 遂行阻滞防御的部队，开始从一道防线撤至另一道防线前就应将部分力量部署在后方防线上。倘若后撤部队无法获得第二道防线的支援，他们通常应当尽早同敌人脱离接触，在没有压力的情况下实施退却，并在后方选择下一道防线。指挥官应投入有限力量，确保后撤部队与敌人脱离接触，并阻止敌人立即跟进。

484. 阻滞防御持续的时间越长，就越有必要以后方部队接收后撤部队。这些后方部队应来自前进指挥部。防御地段宽度取决于后方阵地所需要的兵力数量。关于正面宽度没有通用规则。作为一种指导，在有利地形上实施的阻滞防御，作战地段宽度可以是防御地段的两倍。[8]

485. 实施一场阻滞防御的地带必须分成一个个地段。防线、中间阵地、侦察、警戒、防御和后撤应建立分界线。指挥官通常将诸兵种合成部队投入一个地段。这些部队受领的任务必须与毗邻地段协调。这些部队的实力和编成取决于任务、地段宽度和地形。

据守各地段的部队组成一个个抵抗小组（Widerstandsgruppen），并以侧射火力（flankierendes Feuer）相互提供支援。夜间、能见度较差的天气下、观察条件不佳的地形上，这些抵抗小组必须保持紧密联系。指挥官将一些炮兵力量置于自己的直接控制下，以此保持支援个别部队、减轻他们实施纵深拦阻和扰乱火力责任的灵活性。

阻滞防御的实施

486. 侦察、情报和遮蔽参见第 454 段。

487. 只要与敌人的距离、地形、己方力量和机动性允许，防御方就应扰乱、阻滞敌人在防线前方较远处的运动。

488. 防线前方配备步兵重武器和少量火炮的前哨可以给敌人的接近造成限制。在可获得掩护的地带上，轻机枪和步枪兵能阻滞敌人的逼近，并使对方无法弄清防御的类型和防线的位置。

位于防线前方的所有部队可渐渐撤向防线。他们可用于加强该防线或部署下一道防线，以便晚些时候继续后撤。

489.防线的防御始于炮兵在前沿部队支援下及时以扰乱炮火打击接近之敌。炮兵前进观测员和空中观测员也参与其中。指挥官可以把实施、控制拦阻和扰乱的任务交给炮兵指挥官。己方炮兵渐渐与前方准备进攻之敌展开交战。大部分炮火从一开始就必须集中打击敌步兵。炮兵与步兵重武器的同步和任务的分配，必须以既定命令或通过协调加以控制。若弹药状况和其他情况允许，炮兵必须尽力以广泛分散的阵地上射出的猛烈炮火欺骗敌人。

490.步兵使用他们的重武器，主要在防线上遂行防御。一般说来，他们从获得掩护的阵地开火射击。而在暴露阵地上，只有在允许他们后撤的情况下，这些步兵力量才可向前部署。若存在良好的掩护，轻机枪和步枪兵可部署在防线上或防线前方。

491.如果防线能坚守到夜间而不变成一场决定性交战，防御方就能轻而易举地同敌人脱离接触。这种情况下，后撤部队通常会在后方力量的掩护下全体退至下一道防线。倘若情况要求防线坚守到夜间并造成短兵相接，部队必须转入防御。防御阵地的确定需要指挥官认真斟酌。

492.如果防线在昼间疏散，步兵重武器和炮兵必须纵深配置。这些部队与最前沿的步兵部队之间必须保持通信联系。若以一道中间阵地（两道防线之间）阻挡敌人，则由负责掩护前沿防线后撤的部队执行这项任务。在一道深邃的中间阵地，指挥官可能需要支援据守在那里的部队，并在他们撤至下一道防线前为其提供掩护。这种行动可能要求中间阵地的部队交替掩护。

493.对下一道防线的先期侦察和确定，有助于指挥官统一指挥和控制所有部队。某些情况下，指挥官可能需要指定一道能让部队在一天内完成后撤的防线。

494.一道防线实施防御的持续时间主要取决于敌人是否认识到这种阻滞防御。如果敌人准备达成突破，防御部队必须在适当的时候从受威胁地段后撤。部队沿一道延伸的防线从一片地带实施后撤，并不意味需要一场全面后撤，甚至不需要毗邻地带后撤。这种后撤完全取决于态势。前线地段的部队坚守他们原先的阵地，可以通过有效的侧射火力打击匆匆推进之敌。己方防线的前进力量可加强这种侧射火力的效力。留在原地的部队负责为自身侧翼提供足够的警戒。

495.指挥官必须尽早下达占据下一道防线的命令。所有部队必须侦察新防线，并为占据该防线加以准备。

496.后撤部队接近新防线时，部分炮兵和步兵重武器必须已部署在那里。作为防线上的警戒力量，各步枪连应彻底发挥他们的防御能力。

497.所有部队的指挥控制都需要各级指挥官之间保持可靠的通信联系。高级指挥官与地段指挥官们应通过有线通信建立联系。各地段指挥官们也应建立横向联系。炮兵指挥官必须同麾下火力部队建立起及时而又直接的通信。

通常情况下，个别地带的通信必须仅限于无线电。这种情况下，指挥官必须以汽车、马匹和预先安排好的信号加强无线电通信。通信网允许的范围内，指挥官们应尽力保持对麾下部队的指挥控制，以及与毗邻部队的通信联系。为满足这些要求，指挥官们通常必须发挥他们的个人影响力。拆除或破坏固定通信系统的命令由高级指挥官下达。所有指挥官都应负责及时拆除或破坏防线上的所有通信设备。

498.工兵应尽早投入，以便在防线前方和各道防线之间地域构筑主要障碍物。

499.反坦克部队应沿敌人的开进路径和开阔地带部署，以防敌装甲战车达成突破。

500.防空部队负责限制敌人的空中侦察。在后方地域，他们抗击敌人的空袭。特殊情况下，防空部队可用于执行欺骗任务。

501.某些情况下，装甲战车可通过短暂推进支援部队的后撤。但在阻滞防御中，很少有可用的装甲战车。

502.烟雾可为开阔地形提供地面覆盖，但使用烟雾可能有利于敌人。以化学武器污染相关地带，会给敌人的跟进造成限制。

注释：

1. 第一次世界大战期间，德国陆军在西线完善了我们现在所说的现代防御作战的大部分战术技术。运用纵深防御、灵活防御和反斜面防御的组合，弗里茨·冯·洛斯伯格将军这些战术高手使法国和英国军队的进攻停滞不前，直至 1918 年年初德国军队转而发起自己的进攻。

2. 德国人承认的两种不同防御形式，即防御和阻滞防御，大致类似于美国陆军目前承认的两种防御形式，也就是地域防御和机动防御。

3. 较早的军事文献将这种技术称作"不暴露侧翼"。

4. 前沿阵地基本上是主前哨线前方的第二道前哨线。（Hartness Report,p.37）

5. 实施防御拦阻火力时，一个轻型榴弹炮连可覆盖约 150 米地带，一个轻型炮兵营可覆盖 500 米地带。（WedemeyerReport,p.111）

6. 一场立即或仓促反冲击（Gegenstoss）与一场预定计划、从容不迫的反冲击（Gegenangriff）之间的区别，源自德军 1915 年至 1917 年在西线实施防御期间获得的经验。

7. 师属工兵营编有一个摩托化和两个非摩托化连、一个舟桥队和一个信号排。（Wedemeyer Report,p.39）

8. 魏德迈在报告中指出，师级部队遂行防御的宽度为 10 ~ 12 千米，实施阻滞防御的宽度为 15 ~ 18 千米。（Wedemeyer Report,p.37）

第九章
脱离和后撤

脱离接触

503. 以下几种情况可能导致交战中断：交战的目的已然实现；情况需要将部队用于另一处，他们变更部署到那里似乎更加有利；继续交战可能无法取得成功；必须通过脱离接触才能避免失败。部队可以从容不迫或强行与敌人脱离接触，根据直属上司或更高一级指挥官的命令执行。在实施一场从容不迫的脱离接触时，指挥官应把原因告知下属部队。

504. 敌人的情况、意图和行动，已方部队的状况，以及地形，是中断交战的时机和执行的决定性因素。

505. 部队同敌人脱离接触几乎总是需要有后方阵地接纳他们，特别是在激烈的战斗中。敌人付出主要努力的重点通常是防御方必须最长时间坚守的要点。一处预有准备的后方阵地对执行这项坚守任务的部队至关重要。

506. 中断交战越能获得掩护和遮蔽，执行起来就越容易。同敌人的紧密接触和激烈战斗会使中断交战变得更加复杂。

507. 实施一场成功的行动后，脱离接触会更容易。

508. 如果作战行动必须在缺乏决定和昼间情况下中断，往往会导致重大损失。大多数情况下，后撤行动不应在黄昏前进行。这可能要求部队坚守一处脆弱的阵地直至黄昏。倘若无法做到这一点，部队必须实施一场阻滞防御，直至黄昏和实际中断开始。某些情况下，烟雾能提供与黑夜相同的遮蔽。

509. 部队丧失行动自由后与敌人脱离接触非常困难。对所有指挥官来说，在这种情况下鼓励他们的部队，通过个人榜样、冷静、平静、可靠的命令维持纪律非常重要。如果高级指挥官仍有可用的预备力量，把他们同仍能向后方变更阵地的炮兵组织在一起通常会更好些。这些部队应开赴后方的新防线，而不是冒险投入一场无望的战斗。战斗机、轰炸机、装甲车和烟雾施放部队可以协助部队后撤。

510. 任何形式的交战可能都有必要同敌人脱离接触。进攻中，部队转入防御是同敌人脱离接触的第一步——除非敌人已被击败或己方部队的攻势达到顶点。追击期间，部队通过简单的停顿便可同敌人脱离接触。

第471段、第479段谈及为建立后方防御和实施一场阻滞防御同敌人脱离接触。

第513段谈及部队与未被击败之敌脱离接触。

后撤

511. 只有一个成功决定的所有备选方案都已用尽，继续交战会导致失败或与任务不成比例的损失时，指挥官方可做出后撤决定。因此，部队只能在万不得已的情况下撤出战斗。很多时候，一场战斗之所以失败是因为指挥官认为它会输掉。局部受挫或失败不一定是指挥官做出后撤决定的理由。面对不确定的情况，指挥官必须不屈不挠。没有哪位下属指挥官会因为另一处阵地汇报的难以维持的局面而获准实施一场违背他命令的后撤。即便情况恶化，指挥官也必须等待上级的命令。指挥官的后撤意图必须立即上报上一级指挥官。

512. 后撤期间，部队与敌人拉开距离至关重要。若没有令人信服的理由，各部队不应重新投入战斗，因为这会导致部队更难摆脱敌人。已同敌人脱离的部队必须保持加快的行军速度。多支行军纵队有利于部队后撤。部队必须保持严格的行军纪律，特别是在辎重和后勤梯队。

513. 脱离战斗和后撤行动的协调实施，需要充分的准备、富有远见的命令和果断的指挥。

514. 以哪些部队组成掩护力量，他们应在何处展开行动，这些问题由指挥官决定。可能的话，掩护部队应以火炮和机枪组成，并以足够的机动力量为其提供保护。这将使步兵得以执行毫不停顿的后撤。后卫构筑的阵地应掩护后撤路线，并迫使敌先遣部队展开耗费时间的部署。

在某些情况下，横跨后撤线侧翼的掩护阵地会非常有效。总是存在一股实施包围的敌追兵超越后撤部队的危险，应对这种威胁需要快速机动力量，他们最好配有反坦克武器。

若指挥官的意图是在一处新阵地实施防御，这处阵地应尽可能选择在后方较远处。遥远的距离将迫使敌人彻底重新组织进攻。指挥官参照地图指定阵地、部队的部署和他们的防御地段。他应下令对新阵地及其接近路线立即展开侦察。各兵种也应派出自己的侦察力量。观测营必须及时部署至新阵地。

515. 辎重队和勤务部队动身赶往新阵地，从而建立起支援梯队，必要时指挥官可为他们提供护送力量。医疗单位应留在前方，以便在后撤期间护理伤员。

516. 指挥官应毫不拖延地转移暂时不需要的作战部队。指定分界线有利于部队在后撤期间的移动。指挥官可能需要给个别部队分配特定路线。指挥官必须尽早确定新机场的位置。

517. 交通必须加以管理。指挥官必须把军官、必要的部队和装备派至城镇、隘路和桥梁处管理交通。指挥官应为这些人员提供识别标志。

518. 后撤部队必须限制无线电通信，并维持严格的通信纪律，从而给敌人通信拦截能力的有效性造成限制。这种情况下，信号灯将成为重要的通信手段。不再需要的通信线应予以拆除。如果没有足够的时间回收这些电缆，启动和实施后撤所需要的通信线应在目的达成后加以破坏。指挥官应尽早把通信部队派往后方，以便在新阵地建立通信网。

519. 设置障碍物有利于部队后撤，特别是在敌人紧追不舍的情况下。己方部队必须知道这些障碍物的位置和类型。相关地带的化学污染不能危害到后撤部队。指挥官应尽早把工兵部队派往后方，以便修护道路、构建或修理桥梁、设置障碍物、炸毁己方部队不使用的桥梁。

520. 指挥官必须尽早建立一个强大的防空体系，为受威胁地点提供掩护，特别是河流渡口和隘路。

521. 指挥官必须确保弹药、油料和口粮的补给，应沿后撤路线建立弹药和口粮仓库。

522. 高级指挥官指定各部队脱离战斗的顺序和时间、警戒部队的部署、他们的实力和任务。

523. 步兵应使用与前线垂直的所有路线，沿一条宽大战线后撤，但后撤前必须保持战斗队形。炮兵部队应尽可能长时间保持其火力，此举既是一种欺骗性措施，也是为步兵后撤所做的掩护。留守部队应尽可能长久地坚守其阵地，必要时甚至可以牺牲他们的火炮。重型炮兵主力应率先后撤，轻型炮兵最后离开。指挥官应把炮兵力量派至后方的新阵地或掩护阵地。

总指挥官和炮兵指挥官一旦确定他们下达的后撤命令正得到执行，已不再需要他们继续留在前方时，就应迅速撤往新阵地。如若不然，他们应把他们的副手派往新阵地。后者应在那里完成侦察并下达后续命令。下属指挥官应同他们的部队待在一起，以保持部队的凝聚力和秩序。

524. 后卫掩护主力后撤，并欺骗敌人，使对方相信仍有部队坚守阵地。与敌人发生最紧密接触的部队组成后卫力量，可以是完整的战术部队，也可以调自几支部队。他们必须得到充足的弹药补给。在宽大战线上仅指定一名指挥官通常不太可能。指挥官必须下达命令，确定同敌人脱离接触的时间，如果敌人提前发起进攻，部队应做出必要的应对。这些部队可以紧跟在主力身后，或者与敌人保持接触，直至对方向前推进。

倘若指挥官预计敌人会尽早跟进，就必须为后卫配备更强大的炮兵和步兵重武器。他们应最大限度地使用原有阵地。指挥官还应投入战斗工兵设置障碍物。烟雾和化学毒剂有利于后方掩护力量的任务。把现有通信网留给后卫使用较为有利，但这样一来就无法破坏这些通信网，其中一部分可能落入敌人手中。因此，后卫应尽一切努力在原先的阵地上模拟出正常的通信。后卫通常会获得掩护阵地的支援，并被纳入这些阵地。

525. 后卫完成任务，主力拉开足够的距离后，掩护阵地可以放弃。

526. 随着与敌人的距离越来越远，后撤部队应在后卫掩护下组成行军纵队。后卫的任务、力量、编成和组织参见第252段。情况允许时，后卫可由新锐部队组成。据守掩护阵地的部队也可担任后卫。他们遂行一场阻滞防御，为主力的后撤争取时间。彻底阻挡住敌人的开进路径至关重要。若敌人向前猛进，后撤必须转为防御，哪怕冒上遭受严重损失的风险。如果没有别的办法为主力争取所需要的时间和距离，后卫必须发起目标有限的进攻。

倘若自行车手、骑兵和摩托化部队无法对敌人的侧翼和后方展开行动，他们就必须顽强抗击敌人至最后一刻。他们的机动性和速度使他们能够迅速后撤并赶上其他部队。战斗机和轰炸机可有效阻滞敌人的追击。只要掩护主力的情况允许，指挥官便可将防空部队用于欺骗措施和限制敌人的空中侦察。

527. 后卫实施分阶段后撤（参见第 252 段）。他们的停顿应充分利用地形提供的掩护和遮蔽。

528. 后卫与高级指挥官或各行军纵队指挥官之间应建立充分而又安全的通信。这些指挥官与后卫指挥官保持联系，并为后卫指定跟进时间。

529. 敌人的行动不再需要后卫以展开队形后撤时，他们便组成行军纵队。后撤随即变成朝后方的一场退却军。

530. 向后方行进期间，部队必须不断付出努力，拉开与敌人的距离，从而为指挥官争取更大的行动自由。这要求加快行军速度，展开夜间行军或提早开始行军，另外还要加强警戒，防范敌人实施包围。只有在做好充分准备的情况下，部队方可使用铁路实施后撤。后撤部队应破坏铁路线，空袭卸载点，以此限制敌人使用铁路。

第十章
阻滞行动

531. 阻滞行动（hinhaltendes Gefecht）的目标可通过防御、目标有限的进攻、佯动和避开战斗来实现。决定因素是意图、态势、敌人的实力和行动、地形。防御方可以等待敌人的到来，也可以搜寻敌人，应创造或利用给敌人造成破坏的机会。阻滞行动的目标是掩护己方部队，并给敌人造成高昂的损失。阻滞行动持续的时间越长，执行这种行动所需要的地域就越大。

532. 阻滞防御是实施一场阻滞行动的主要手段。[1]

533. 防御只是一种暂时性措施。

534. 根据相关情况，阻滞行动应对敌人的翼、侧翼或后方实施目标有限的进攻，或打击对方正面的薄弱点。为迅速利用有利态势，下属指挥官必须掌握发挥主动性的自由。

535. 防御或进攻期间都可实施佯动。但佯动缺乏持久力，只有根据态势和地形，在敌人期待激烈战斗以及对方的侦察受到限制时才能奏效。欺骗敌人必须主要通过炮火和步兵重武器加以实现。假阵地有助于一场佯动。

536. 行动、机动性、速度、突然性、隐蔽和欺骗措施的变化增加了阻滞行动的效力，使己方部队暂时获得行动自由，并给敌人造成更长时间的耽搁。但在观察良好的开阔地带，很难就己方意图长时间欺骗敌人。对方掌握空中侦察优势时尤为如此。

537.实施阻滞行动所需要的作战宽度较大，往往要求在决定性地点集中兵力和弹药。前线其他地段的行动以有限的兵力遂行，他们往往不得不执行艰巨的任务。

538.所有下属指挥官必须知道阻滞行动的目的、如何执行、毗邻部队的任务。下属指挥官之间协调一致的行动至关重要，通常要求他们以自己的主动性迅速做出决定。

注释：

　　1.德国某些学者曾在他们的学说中不遗余力地区分阻滞行动（hinhaltendes Gefecht）和阻滞防御（hinhaltender Widerstand）。奇怪的是，魏德迈的报告中丝毫没有提及这种区别。当然，他结束战争学院的课程时肯定明白德国军事学说的这一重要内容。他可能认为这种区别太过微妙，无法向美国读者解释。

第十一章
特殊条件下的战斗 [1]

黑夜和雾色

539. 持续至夜间的行动或夜间突然爆发的冲突通常会导致一场持续的交火或战斗活动的暂停。因此，夜间交战只能在周密计划及及时展开部队后实施。

540. 黑夜使部队领导变得更加困难。指挥官所能发挥的直接影响微乎其微。确定路线、侦察、警戒、移动、接触，特别是交战本身，都变得更加复杂。摩擦和机会的影响都比昼间更大。进攻方面临更大的复杂性。部队高昂的士气对夜间战斗的成功至关重要。

541. 一名果断的指挥官会毫不犹豫地在夜间展开进攻，赢得胜利或发展胜利，从而为后续行动夺取关键地带或牵制住敌人。对敌军战斗力的估计是指挥官决定发起夜间进攻的重要因素。特殊情况下，对一股强大敌军展开的夜间进攻有可能取得昼间无法实现的成功。指挥官还应考虑在夜间发起佯攻。

542. 通常说来，指挥官必须限制夜间进攻的规模及目标。但这一点并不适用于果断击败敌人的追击。

543. 夜间行动取得成功的先决条件包括计划的简明性、精心准备、突然性和使用最简单的战斗队形。这些先决条件也适用于小规模行动，例如侦察和小股部队突袭。夜间进攻主要以部署在前线和同敌人紧密接触的部队遂行。主动性通常源自这些前沿部队，作战行动最好由前沿指挥官们掌握。若以新部队执行夜间进攻，指挥官应为他们详细讲解地形、方向和目标。侦察行动不可或缺。指挥官应尽早将夜间进攻令下达给执行部队。

544. 指挥官不应过早透露发起夜间进攻的确切时间。入夜后头几个小时展开进攻会使敌人得不到休息，来不及占据相关阵地，无法在拂晓前后撤。夜间最后几个小时实施攻击可以长时间掩饰己方意图，有利于部队立即转入一场昼间进攻。

545. 如果遂行夜间进攻的部队必须实施一场接敌行军，这场行军必须短暂，而且只能在警戒部队已同敌人发生接触的情况下进行。接敌路线和集结地域必须提前确定。指南针和向导必不可少。避开敌人的观察对一场黄昏时刻的接敌行军至关重要。小股部队的接敌行军最好以行军纵队执行。多支进攻部队需要足够大的间隔，甚至是单独的任务，以免发生干扰或混杂在一起。接敌行军期间的短暂停顿有助于保持部队的完整性。

546. 如果进攻不从集结地域发起，各部队应尽可能晚些投入部署。一条相对紧凑的散兵线是最终推进的首选队形。预备队和支援力量排成狭窄的纵深梯队，尽可能紧跟在突击部队身后。马匹和车辆留在后方。侧翼警戒至关重要。步兵重武器伴随前沿战线，建立侧翼警戒，然后跟随预备队和支援力量。如果他们从后方阵地支援进攻，必须采取措施确保其火力不会干扰步兵的前进。相关态势可能要求部分炮兵力量伴随在前沿部队身边。

547. 部队行进期间保持禁光、噤声纪律至关重要，直到与敌人发生接触。身份识别程序对己方部队非常重要。一般说来，步枪最好不要子弹上膛，对后方部队来说尤为如此。行进期间，步枪应上刺刀。

548. 不实施炮火准备直接发起进攻时，进攻方意图通过出敌不意取得成功。他们手持冷兵器，高声呐喊着冲向敌人。步兵重武器和炮兵仍准以火力封锁进攻地带，或在多支部队投入进攻的情况下，掩护他们之间的地段。目标地域应标出。除了这些任务，炮兵交战还将识别敌人的火炮和步兵迫击炮。在进攻辅以炮火准备时，这种炮火准备应限制在较短时间[2]和火力急袭（Feuerüberfall），随后是一场预有准备、协调一致的炮火徐进。在没有准备的情况下，进攻以同样的方式实施。

所有情况下，射击数据必须在昼间计算。同敌人发生接触后，相关情况可能要求部队以照明弹照亮战场。此类行动应提前做好计划。

549. 进攻后的行动必须预先在命令中做出说明。

550. 黑夜赋予防御方更了解地形的优势。夜间的阻滞行动通常由实力较弱的部队执行，他们沿道路和小径实施战斗和后撤。如果预计敌人可能实施一场夜袭，防御方应加强自己的防线，并转移他们认为敌人已识别出的阵地。在更强大的战斗前哨，防御方应展开积极侦察，并不规律地照亮前方地带，以此确保抵御敌人的突袭。防御火力必须随叫随到并实施严格控制，以节约弹药消耗。

551. 浓雾给战斗行动造成影响的方式与黑夜一样，因此，同样的原则通常也都适用。雾中无法实现战场照明，能见度受到的限制通常会更大。另一方面，指挥官必须在雾气随时会出现的假设下行事。基于利用雾气的一切决定都需要快速执行，指挥官必须考虑到雾气突然消散的可能性。雾气的突然出现或低能见度天气可能有利于一场出敌不意的推进。

多建筑区的战斗

552. 在城镇、村庄、市区和其他多建筑区及其周边进行的战斗，可能会给作战行动造成严重影响。交战期间，多建筑区的重要性取决于它们关乎地形的位置、其建筑类型及其规模。建筑群集中区，例如庞大的工业区和矿区，具有与多建筑区同样的重要性。大型城市本身就是一片战场。

553. 多建筑区提供的隐蔽给地面观察和空中侦察造成限制。倘若建筑物结构坚固，还能为部队提供有限保护，使他们免遭轻武器、轻型迫击炮、中口径火炮、小型航空炸弹以及装甲战车的火力打击。另一方面，建筑物也引来敌人的火力和空袭，会增加火灾隐患，并延长化学毒剂的持续有效性。

有利地形上，多建筑区形成天然支撑点，并成为交战重点，但对利用建筑物的部队而言，这些建筑物也可能成为比优点更大的缺点。位于敌人火力压制地域内的多建筑区，部队只能以分散队形穿越。易于观察的小型建筑区只能投入小股部队加以利用。它们不能用作预备队的阵地。不在前沿地域内的多建筑区，应确保免遭炮火和化学毒剂的破坏。

554. 多建筑区内的战斗会迅速削弱部队，通常不会给作战行动带来决定性影响。这种战斗在近距离进行，其结果往往取决于下属指挥官们的独立行动。

555. 进攻行动中，主力往往会绕开多建筑区。他们应以火力或化学毒剂压制盘踞在该区域的敌人，或以烟雾加以遮蔽。后续部队可在晚些时候从侧翼或后方夺取这种多建筑区。

556. 多建筑区越宽、越深，对其实施正面进攻的难度就越大，敌人占据该地域的时间也越长。包括空中航拍在内的细致侦察至关重要。若侦察行动表明敌人顽强据守多建筑区并呈纵深配置，指挥官就有必要制定详细的进攻计划。密集的火力准备必不可少。为消除侧射火力，进攻部队必须首先夺取多建筑区周围的突出部。突击部队随后在炮兵、步兵重武器和迫击炮火力掩护下推进到多建筑区边缘。随着步兵的逼近，炮火向前延伸。步兵重武器不足时，部分炮兵力量或发射排可配属给步兵。他们应尽可能紧跟步兵向前推进。他们的价值随着正常炮火无法在固定距离继续直接支援步兵而增加。

随着炮火的延伸，步兵以刺刀和手榴弹冲入多建筑区。先遣力量应尽可能向纵深推进，不能被小规模战斗所分散。可能的话，他们应向多建筑区的另一端前进，必要时沿街道而行，穿过庭院和天井推进。面对敌人纵深配置的坚定防御，进攻行动通常只能分阶段推进。初期进攻可能不得不跳跃向前。步兵遂行突击前，应以火炮和迫击炮火削弱房屋和农庄的顽强防御。配备炸药和喷火器的战斗工兵可提供宝贵的支援。突击力量不应聚在一起，预备队应做好应对一切挫败的准备。攻克多建筑区后，进攻方应肃清敌人并组织防御，必须采取特别措施消除诡雷。这些任务由后续部队完成。

557. 多建筑区通常会被整合到防御中，特别是它们提供抗击装甲战车攻击的掩护时。主阵地前沿不应沿多建筑区边缘设立，而应设在多建筑区前方或穿过该区域。野战工事加强了防御力量。形成突出部的房屋、天井和树篱可用于沿障碍物和沿多建筑区边缘的侧射火力，或用于横扫街道的火力。部队必须在大型建筑区的整个纵深组织防御。个别农庄和建筑物可作为支撑点使用。若敌人突入多建筑区，防御方必须坚守每个地段和每个建筑群。预备队致力于击退达成突破的一切敌军。

部署在多建筑区内的力量应以侧射火力阻止敌人绕过或迂回该区域。部署在多建筑区外的力量负责抗击敌人绕开该区域的一切企图。多建筑区内的部队遭到包围且无法突围时，仍可通过顽强坚守己方阵地给敌人造成严重破坏。

558. 阻滞防御期间，防御方可利用多建筑区遮蔽己方的防御类型和力量，使敌人无从探知。

树林中的战斗

559. 林地有助于部队进入战场，对较弱的力量尤为如此。通常而言，实力更强的部队通过其自身力量，可在开阔地带获得更有效的支援。在林地内或为争夺林地展开的战斗会给一场交战的过程造成显著影响。

560. 根据季节、树木的密度和类型，树林提供的遮蔽使部队免遭敌人的地面和空中观察。这些植物给可观测火力造成限制，提供了一些针对敌装甲战车进攻的掩护，有利于障碍物和壁垒的布设，并降低火力有效性。

在大型林地，部队很难保持有效通信，特别是同毗邻部队。道路和小径有利于方向的确定，但在火力压制地域使用这些道路和小径往往会遭到严重损失。除了完善的道路，部队在树林中只能以指南针保持方向。身处前线的指挥官通常只能控制附近的力量。受到限制的观察、压力和近距离战斗加剧的紧张感，给交战双方造成混乱。

树林中的战斗极其费力。部队随后实施的重组不仅困难，还耗费时间。在大型森林卷入激烈战斗的部队往往需要更长的恢复期。林地越大、越茂密，部队在移动和战斗方面受到的限制就越大。较小的林地很容易成为炮火的理想目标，有利于毒气的使用，从空中或地面也很容易对其实施观察。因此，部队应尽可能避开这种林地。

561. 步兵的近距离战斗通常决定林地内的行动。轻机枪、步枪、手榴弹和刺刀是他们的主要武器。重机枪提供近距离火力极为有效。许多情况下，重机枪和轻型、中型迫击炮必须充当炮兵的角色。

战斗工兵设置障碍物和壁垒，或为步兵和马匹拖曳单位打开穿过敌障碍物的通道。喷火器在进攻中非常有效。其效果可持续相当长一段时间，而且极具破坏性。一般说来，大股炮兵力量只能在林地外行动，通常只用于打击敌后方地域或肃清树林内的地域。榴弹炮或加农炮连发射阵地的选址最容易。前沿步兵部队通常应配属一些火炮或发射排。无论距离长短，电话线必须沿道路和小径布设。通信犬和无线电通常能提供更快的通信联系。

562. 进攻方会设法通过包围来夺取小型林地。炮兵压制敌人的侧射火力，或在林地内施放烟雾。敌人有可能在较小的林地内施放毒气，或以化学毒剂加以污染，使我方部队无法利用这种林地。

563. 对一片林地的进攻首先应针对一切突出部实施，先以火炮和迫击炮对其施以打击。这些武器必须尽可能长时间保持直接火力支援，促使步兵逼近树林边缘。在纵深较浅的树林内，进攻方应直接穿过，赶往树林另一端。进入深邃的树林后，各部队必要时应立即实施集中和重组。树林的类型决定了部队重组的性质。在少量灌木丛构成的稀疏树林内，部队可使用进入树林时的队形继续进攻。但支援力量和预备队必须紧随其后，侧翼必须获得掩护。在遍布灌木丛的大型密林内，侦察部队应部署在一条宽大战线上。主力应部署在狭窄的战线上，并呈纵深配置。

穿越树林的最佳队形往往是纵队，而不是散兵线。所有指挥官必须付出最大努力，防止他们的部队集结在道路、小径上或其附近，这些地方会遭遇敌人最强大的抵抗。前进期间，部队应对敌人展开进攻，迫使对方远离道路和小径。由于各部队进展不一，有可能发生误击友军事件，为防止这种情况，部队可能有必要实施分阶段推进。预备队应留在后方较远处，这样一来，他们就不会过早卷入前方的战斗。预备队应致力于巩固成功。

离开林地前，部队应实施重组。指挥官必须建立起炮兵和步兵重武器支援。观察哨应提前赶至树林边缘。茂密树林中，车辆只能沿道路和小径行进。指挥官必须谨慎控制他们的移动，不能让他们聚在一起或堵塞行进路线。纵深较浅的树林，车辆可留在林地外，直到己方部队到达树林另一端。

564. 总的说来，防御阵地不应设在林地边缘，要么位于树林前方，要么设在树林深处。如果部署位置较深，战斗前哨应前出到树林边缘。部分步枪兵和轻机枪应当能从林中阵地有效射击。

树林中，部队必须准备好必要的射界，主要作战阵地上的各个部队必须建立联系。某些情况可能需要部队在树林内的道路交汇处建立支撑点。机枪和迫击炮提供了有效的侧射火力，特别是对林间空地。各种障碍物都可用于限制敌人的前进和部署，引导对方的移动，并把他们诱入侧射火力下。林地内很难实现直接炮火支援。

一般说来，第 460 段和第 461 段中所列举的原则均适用于树林中的战斗。部队应对通往所有阵地前方和后方的路线实施侦察，并把侦察结果告知所有相关部队。如果存在敌人对树林任何一端发起进攻的可能性，防御力量必须能以树林内的侧射火力打击对方。指挥官应把部分部队部署在树林外，从而击退对方的推进。

565. 林地用于一场阻滞防御，与用于防御同样有效。树林可用于欺骗敌人，使对方无法弄清己方实力和意图。实施阻滞防御的部队可以让敌人靠得更近，可以更轻松地实施后撤，也可实施重组，并在比开阔地带更短的距离内恢复防御。另一方面，阻滞力量的前线越宽，部队指挥就越困难。

566. 林地内的战斗需要所有下属指挥官和士兵们独自展开行动。白刃战中的勇气比数量优势更重要。事实证明，树林中的白刃战往往具有决定性。即将与敌人突然发生紧密接触时，枪上必须上刺刀。同敌人展开战斗时，部队应以火力或以刺刀和手榴弹实施的猛烈进攻打垮对方。

河流和其他水体的跨越与防御

567. 部队接近方向的河流，对进攻方而言是一种障碍，而对防御方来说则是一种优势。而且，这些河流还有利于防御方防范敌人的地面侦察。一般来说，河段可提供的防御强度会随河流宽度、深度和流速的增加而加强。此外，河流的"自然力量"还与河水的流向、河岸和毗邻地段的状况、现有的浅滩[3]、岛屿和支流、河床的类型、季节，以及天气状况（霜、冰、雨、干旱与风暴等）息息相关。

无关紧要的河道可能会因为遍布沼泽的河岸、高水位或人工水坝而变成严重障碍。水障碍，特别是这些河流具有泥泞的底部和陡峭的河岸，是最有效的坦克障碍。

568. 在桥梁被炸毁或强行渡河的情况下，部队必须对路线加以侦察，工兵、摆渡和架桥装备必须及时集中在必要地点。上级指挥部门的高级工兵军官应负责所有准备工作。在职的高级工程师基本上成为负责渡河行动的工兵参谋。他必须尽早获知相关情况和指挥官的意图。

569. 部队迅速夺取河对岸是一场渡河行动的主要目标。部队必须迅速夺取现有的桥梁。必要时，工兵应向前部署，以修复损坏的桥梁。部队必须采取预防措施，拆除敌人阻滞行动布设的炸药包。用预制件或临时性材料构建的桥梁，可以补充或替代固定桥。桥梁的数量越多，部队过河的速度就越快。通常情况下，用于重载和补给队的桥梁必须连接在硬面道路之间。

以就地取材的方式修建桥梁往往需要大量时间和人力。执行这项任务的部队必须受过专门训练。匆匆构建的桥梁，承载能力有限。部队可以在昼间修建桥梁，但需要强有力的防空掩护。如果没有这种掩护，昼间只能实施摆渡行动。与架设桥梁相比，摆渡行动需要更多时间、更多人力。[4]

570. 渡河部队和支援防空部队都必须尽早建立防范空中威胁的对空警戒。战斗机可用于这项任务。

571. 烟雾可用于隐蔽桥梁结构和大规模摆渡行动，遮蔽敌人的地面观察，但无法阻止空中观察。摆渡行动初期，烟雾能限制敌军火力的有效性。如果想在一段足够长的时间内，在一片足够宽、足够深的地段有效遮蔽敌人的地面观察，施放烟雾就需要有利的风向和天气条件、化学毒剂的充分供应和足够的化学部队。对一小片地域实施短时间烟幕遮蔽能有效欺骗敌人。施放烟雾时，通往桥梁和渡口的路线必须清晰标出。

572. 河中的障碍物、个别火炮和机枪可用于防止自航式水雷和火焰漂向桥梁。

573. 如果敌人仍在接近河流，我方部队应沿一条宽大战线尽快前进，渡河后占领对岸，任何情况下都必须确保河流两岸，以便于后续渡河行动。

574. 如果敌人已到达河边，那么，成功渡河的关键条件是严格保密并遮蔽渡河准备，从而使敌人无法弄清我方部队计划中的渡场。佯渡有助于欺骗行动。

575. 如果突然袭击可行，部队应缩短准备时间。强有力的部队必须立即渡河。昼间突袭只能在雾中或一条狭窄的河流上实施。通常说来，强渡宽阔河流的进攻行动应在拂晓前实施。如果敌人似乎只是在河边执行阻滞行动，那么，第 409 段的原则适用于这种情况。

576. 部队进攻一条河流防线，依据的原则与进攻一处阵地相同。一般说来，敌人的主阵地始于河流边缘。对方通常会把较弱的部队部署在我方部队所在的河流一侧，以此阻滞我方部队前进。

577. 通常情况下，进攻由多个突击群发起，目标是利用有利地形；沿一条宽大战线使用轻型装备实施初步渡河行动；欺骗敌人，使其无法判明我方决定性行动，并迫使对方分散兵力。突击群的实力和编成取决于他们的具体任务和总体进攻计划。相邻突击群之间的间隔应协调一致，这样一来，一个突击群取得的成功便可为另一个突击群所利用。

578. 渡场的选择取决于相关态势、两岸地形、水流、河流状况。

579. 进攻的有利条件包括一片良好的硬面道路网，遮蔽空中和地面观察的前进路线，出色的集结地域，临近河岸的制高点，包围敌方河岸的河湾，对河流清晰的观察视野，开阔的渡场，以及在河对岸实施后续进攻的有利地形。

从技术上说，部队在狭窄宽度实施渡河行动较为容易，但还应具备另一些条件：水流稳定、易于接近的河岸（具有平缓且坚固的斜坡）、可用的辅助材料。

580. 通常说来，地面侦察只能在河流附近的敌人已被击退的情况下向河流和河对岸实施。渡河部队通常需要掌握附近的河岸，以便实施侦察并确定渡口详情。为获得对岸及更远处的额外信息，部队可能有必要执行一场广泛的侧翼迂回地面侦察。

581. 空中航拍能够最快速地识别出有利渡场的初始迹象。航拍照片是地图的补充，并提供了关于河流状况的额外信息。指挥官发起地面侦察，或将责任侦察区分配给下属指挥官。各突击群指挥官可以把单独的任务赋予独立兵种的军官们，也可指示他们跟随侦察队一同行动。

根据分配的任务，指挥官应为侦察队配备轻型渡河设备、测量仪器、路线标志工具和地图。通信官侦察渡场，确定在河流附近布设永久线路的位置和战地电话线的渡河地点。指挥官应对所有侦察结果加以评估。

582. 如果进攻行动要求部队大纵深集中，那么，实力较弱的部队就应前出到河边，掩护己方部队并限制敌人的侦察。不确定情况下，部队和装备的纵深集中将为决定性行动地段的转移提供灵活性。做好标志的路线和严格管制的交通有利于部队随后在能见度较差的条件下开赴河边。

583. 根据工兵指挥官的建议，足够的工兵人员和物资将配属给突击部队，支援后者沿一条宽大战线渡河。秘密集中工兵装备和辅助材料需要精心准备，通常情况下只能在夜间进行。

指挥官必须从一开始就投入强大的工兵力量。工兵和装备的预备力量必须集中在远离河流处。他们负责在决定性地点或最有利于渡河行动的地段加强渡口。工兵预备队替换工兵遭受的损失并构建桥梁。

584. 师属通信营将工兵指挥所的通信线连接至师属通信干线和各突击部队指挥所。工兵为他们的技术行动建立起必要的通信联系。

585. 特殊情况下，时间允许的话，突击部队可为初步渡河行动排列为梯队。加强或增加的火力不应提醒敌人进攻已开始。突击部队首先应夺取河流中的一切岛屿。

586. 渡河部队的轻型装备调入河边的最终掩护阵地后，部队应展开进攻。第一波次突击部队沿一条宽大战线渡河，并建立一座登陆场。后续波次的渡河行动视情况而定。突击力量应利用敌火力遭到压制的地段。应避免大批部队集中在河边。初步渡河行动的成功主要取决于下属指挥官们的主动性和能力。后方部队和装备前出到渡河行动最成功处。部队应避免移动到河岸的侧翼。人行桥可用于跨越水流不太湍急的狭窄河流。步兵重武器、炮兵、通信装备和弹药跟随渡轮一同渡河，某些情况下还包括装甲战车。可能的话，马匹泅渡过河。构建渡口所需要的汽车必须集中在关键地点。渡口开始运作后，更简单的渡河方式通常可以暂停。高级指挥官着手准备构筑下一座桥梁，所有桥梁的构建都应遵照这一顺序。

587. 自动高射炮和高射机枪必须尽早前出到河对岸，从而为渡河行动、桥梁修建和桥上交通提供掩护。指挥官必须付出一切努力，确保桥梁修建工作开始前，防空力量在河对岸部署就位。大部分防空武器应留在河岸附近，直到大多数作战部队渡至对岸。防空部队必须掩护补给和特殊交通使用的关键桥梁，直至渡河行动完成。

588. 留在河流附近的炮兵必须为已渡河的步兵部队提供侧翼掩护。因此，初步设立的炮兵观测所必须对最初打击目标实施观测。配备通信设备的炮兵观测员应跟随步兵先遣力量。

实力强大并获得足够炮兵支援的已渡河部队应径直向前推进。他们应尽可能扩大登陆场，从而使敌人无从观测袭向桥梁地段的炮火。渡河部队必须立即加强登陆场。各登陆场之间必须毫不拖延地建立起横向通信。

589. 位于河流两岸的部队，最初仅以无线电保持联系。师属通信营应尽快布设通信干线，越过或穿过河流至河对岸。通信干线过河后，各突击群的通信线应与之相连。

590. 炮兵应将个别炮兵连运过河去，掩护渡河部队进入并坚守登陆场。晚些时候，炮兵指挥官必须把大部分炮兵力量运过河去，并在河流附近保留一些力量。最初渡河的几个炮兵连应配属给步兵。指挥官必须采取包括弹药补给在内的一切措施击退敌人的反击，并防止已渡河部队被敌人击败。可靠的通信至关重要。通信联络建立后，指挥官可渡至河对岸。

591. 如果突如其来的渡河行动在个别地段受挫，那么，部队在这些地段重新展开的尝试应推延到火力效果或其他地段的成功能确保顺利渡河时。

592. 只要情况允许，指挥官就应命令工兵着手构筑桥梁。通常情况下，修建工作在夜间进行。工兵主力和大部分架桥材料分配给工兵指挥官。只要不延缓架桥工作，摆渡行动就应继续进行。处于敌军火力打击下的桥梁可以撤回，晚些时候搭设在原地或另一处。行动方案取决于火力猛烈度、相关情况和可用时间。拆除桥梁和随后的交通绕行会耗费一些时间。只要可用人员和材料允许，部队就应对辅助桥梁的位置加以侦察和准备。空袭会迫使摆渡和过桥交通暂时停止。

593. 河流的防御价值取决于相关态势、河流的自然力量、防御力量。防御方希望限制敌人转移其力量的能力时，或防御方希望利用进攻部队的失败发起一场反击时，河流正面强度的优势将被河流成为一道障碍的劣势所抵消。另外，如果敌人没有被迫对河流防线展开冲击，作为一道强大正面障碍的河流将失去价值。这种情况下，最佳行动方案是先把大批力量部署在集结地域。

594. 被迫从对岸撤回的部队应利用渡场，退至敌有效火力区侧面和之外。作为一种替代方案，他们可使用各自作战地段内已设立的渡口。为此，他们应尽可能就地取材。位于河流附近的部队掩护后撤。巡逻队和侦察小组留在对岸，确定敌人将使用的集结地域和渡场。必要时，这些部队游过河来。

595. 通过有效利用河流障碍，遂行阻滞行动的部队不仅能迫使敌人进行耗费时间的进攻准备，还可击退对方虚弱的渡河尝试。他们应特别留意可能出现的渡口、通往河畔的各条道路、敌人可能架桥的位置以及河流线上的突出部。防御部队从河流线后方中断作战行动并实施后撤更容易实现。

596. 防御中，主阵地前沿防线通常应设在河岸附近。防御部队必须能从主阵地控制河流。他们应将重叠的射界集中于可能的渡场，以此覆盖河面。如果敌方河岸能控制己方主要作战区域内的开阔地段，特别是河流流向造成的突出部内，这些地段昼间应以少量兵力据守，并以后方阵地的火力加以覆盖。

河流的照明至关重要。防御方应在宽阔的河流上使用前哨船只。炮兵覆盖的地段越宽，对其火力机动性的要求就越高，这样一来，必要时他们可将火力集中于起初不知道的敌渡场。正面火力难以打击到的地方，小股炮兵支队可向前推进，沿河流实施侧射火力。

工兵在敌人有可能使用的接近路线、集结地域和渡口设置障碍物。在敌人可能使用的渡场布设水雷能有效阻滞敌人。浮雷、消防艇和类似设备应准备就绪。防空部队的主要任务是阻止敌人的空中侦察。防空部队部署在有利的渡河地段，并前出到能有效打击敌人空中侦察处。指挥官必须做好将他们迅速转移到受威胁地段的准备。通信网必须提供从前线到指挥官的快速通信，并迅速传递他下达给炮兵和预备队的命令。

如果河流只构成一道虚弱的障碍，情况和地形可能会要求防御方投入担任预备队的强大力量，对预计中的敌渡场实施一场从容不迫的快速反击。这种情况下，敌人的炮兵和步兵重武器通常会留在河流另一侧的原先位置。

597. 敌人渡河时，防御方若以河流线作为进攻并击败敌人的基地，就必须在正确的时间、正确的地段、具有决定性的方向上发起进攻。这种情况下，防御方沿河流构设的防御必须强大到足以迫使敌人为渡河行动实施火力准备，并区分对方的决定性渡河和佯渡行动。同时，防御方获得遂行反击的时间。大批部队留在后方严阵以待。一旦确定敌人的主要渡口，他们就应向前发起进攻。进攻行动，包括前进方向，需要彻底加以准备。炮兵必须将其火力集中在这个方向。他们必须在敌人建立登陆场前以强大的力量打击对方。防御方必须遮蔽或消除河流另一侧的炮兵观测。装甲战车对已渡河的敌军实施打击，空中力量攻击正在渡河的敌军，能够产生显著效果。最高战备状态和快速通信是部队有效投入战斗的先决条件。

598. 在敌人的压力下后撤或退却时，指挥官应指引先遣行军纵队赶往敌炮火射程外可用的桥梁。如果这些桥梁已不存在或数量不够，部队必须着手准备并构建适当的渡河设施。时间充裕时，他们应就地取材。部署在河流两岸的所有防空部队为桥梁构设、渡口、撤至河对岸的行动提供掩护。摩托化纵队和重要的车辆先行渡河。炮兵力量和一些远程、低伸弹道火炮应提前部署在河流另一侧。关于行军序列（特别是摩托化部队的行军序列）、为夜间行军提供的路线标志、保持严格交通管制的详细指示有助于部队顺利撤至河对岸。

仍与敌人接触的部队必须阻滞对方，这样一来，敌人就无法以有效火力打击正在渡河的己方主力。这些部队将沿一条宽大的战线，利用预先放置的渡轮和通过就地取材的方式建造的船只撤至河对岸。部署在河畔的部队掩护他们的渡河行动。以预制件构筑的桥梁，一旦不再需要就应拆除。固定桥和以临时性材料构建的桥梁，以及摆渡和架桥设备，如果无法回收就应炸毁，以免它们为敌人所用。

山地的战斗

599. 合成军队在山地的战斗和指挥，基本要素与那些部署在低地的部队相似。山地地形的特殊性，包括有限的路线和不同的气候条件，对这些原则的使用提出许多挑战。这些差异取决于山脉的类型。

600. 这些差异在更高的山脉上加大。一般说来，只有受过特殊训练的山地部队掌握必要的机动性、战斗技能和补给能力，因而可以在高海拔地区展开行动。在中等海拔的山地，作战行动的差异有所减少。而在小型或低海拔山地，这种差异变得无关紧要。中等规模和高度的山地上，若遍布积雪和冰川，以及大片裸露、高耸、岩石嶙峋的区域，部队必须克服的困难几乎与高山同样大。山上覆盖的植物往往需要与森林地域相同的战斗技术，特别是在不太崎岖的山地。除了天气条件，中等海拔的山脉上，宽阔的耕地和平缓的斜坡区并未造成与低地遭遇的情况有太大不同的问题。正常情况下，即便是冬季，各类部队都可投入中等海拔的山地，只要为他们提供合适的服装和装备，以及充足的准备时间。

601. 作战高度方面的差异需要仔细计算时间和空间[5]。这些差异，再加上寥寥无几的道路，减缓了所有部队的移动，以及通信和补给工作。这种差异会给各兵种的行动造成限制，并增加士兵们的紧张程度。

移动和部署受到限制。山谷的走向和山口的位置往往强行决定部队的移动方向。这可能会给作战行动造成决定性影响。作战部队的规模也受到限制。预备队的快速展开和投入同样受到限制。毗邻部队经常无法相互提供支援。但反过来看，山地战斗有可能产生这样一种局面：进攻方需要的兵力少于防御方。小股部队会获得许多从事独立、快速、大胆行动的机会。这里还存在诸多欺骗敌人的机会。

指挥官选择自己的指挥所也受到限制。所有指挥官必须待在最前方。在不同海拔地形开火射击较为困难，而且需要特殊程序。死角可用于隐蔽接近行动、集结地域，也可用于发起突袭。反过来说，高地提供了更远距离上的观察，并简化了火力控制。高地也有利于指挥官以相对较弱的力量在远距离控制一片地带。海拔较高地区的天气经常发生急剧变化。快速发展的雾和低云给观察、定向和领导造成限制。但这些状况有利于突袭。部队必须为深雪和防寒进行特殊准备。

指挥官必须考虑到山地缺乏城镇、居民点和饮水。如果无法就地取水，那么，供水计划就变得至关重要。冬季和复杂地形往往需要指挥官做出特殊安排。地形侦察不可或缺，特别是在作战行动前。但这种侦察不应造成宝贵时间的丧失。指挥官们在山地进行的侦察更加困难。因此，他们必须采用各种侦察方法。当地居民能提供关于天气模式的宝贵信息并担任向导。部队必须尽早获得气象站的报告。

602. 指挥部对运动和战斗的影响受到诸多因素的限制。一般说来，指挥部无法控制一条宽大战线上的战斗。独立战斗将成为常态。另一方面，己方部队在一条宽大战线上的配置是迫使敌人分散，从而在关键地点实现局部优势的唯一办法。指挥官必须尽早决定他的行动方案，他的计划必须通过熟练部署麾下力量，在关键地点取得局部优势。包围或迂回行动应在初期策划阶段加以考虑。倘若敌人的后撤被限制在某些路线上，这些机动样式会特别有效。下属指挥官必须能独立执行他们的任务。因此，他们的任务不能受到太大限制，他们应获得足够的兵力和补给。组建更大规模预备力量的前提是：他们能迅速投入战斗。所有指挥官必须始终留意侧翼和后方安全。

603. 在条件困难的山地，以下原则适用于支援步兵的各兵种的行动。侦察必须提前实施。火力任务必须尽早分配。一旦各种武器投入部署并进入阵地，做出变更会耗费时间。从初始阵地到突破敌人的防线，所有发射阵地应能为步兵提供支援。

战术单位应尽可能作为部队部署；但个别步兵排和火炮单独投入战斗的情况很常见。大部分步兵重武器通常会向前部署。由于缺乏空间，通常不允许他们纵深配置。部队必须利用频频出现的超越射击和侧射火力机会。在平坦地形不适合超越射击的武器，可在山地提供有效的超越射击火力。一种有效的技术是，部队朝山上进攻时，以火力扫过他们的上方，直到他们突入敌人的阵地。直接火力武器通常应避免将最高点作为发射阵地。山坡上的隐蔽发射阵地具有同样的目的。这些发射阵地能节约时间和兵力，并给敌人的观察造成限制。在侧射火力无法消除死角的地带，个别步枪兵和轻机枪应向前推进到足够远处，从而覆盖这些地域。补给复杂化使部队在任何情况下都有必要节约弹药。

604. 在山地，特别是在恶劣的天气下，步兵是最可靠的兵种，也是实施侦察和观察的最佳力量。在前方很远处展开行动并配备适当的通信设备时，步兵巡逻队能够出色地执行任务。

步枪兵，特别是神枪手，起到决定性作用。他们能轻而易举地克服复杂地形。在高处或难以到达的地方，自力更生的步兵自食其力。在崎岖和复杂地形上，轻机枪可以承担在低地分配给重机枪的任务。除了支援步兵这项最重要的任务，重机枪从隐蔽阵地射出的火力可以封锁山谷中的道路、路口和山上的小径。这种阵地可使他们免遭敌人行动的侵害。位于后方高地上的观测哨可以利用他们从隐蔽发射阵地射出的火力。迫击炮最适合覆盖射击死角。他们还可以替代炮兵。

605. 炮兵通常被限制在道路和可通行的小径上。山地炮兵可以和步兵一同穿越更复杂的地形。因此，配属给步兵的个别火炮和炮兵排应从山地炮兵部队抽调。高角射击在山区地形受到的限制最小。低伸射击大多数情况下只能在远距离使用。因此，山地炮兵和高角射击炮兵通常必须占据低伸弹道炮兵前方的阵地。特殊情况下，重型低伸弹道火炮向前部署可能会非常有效。大股炮兵部队通常必须部署在山谷或空地，因为炮兵在高地上一般只能部署几门火炮或几个炮兵排。

为确保有效观测，指挥官应仔细侦察并指定观测点。前进观测员应大量使用。声、光测距会受到很大限制。空中观测和校正会很困难。这种情况下，地面观测员变得非常重要，必须尽早部署。

毒气和烟雾能在山谷和沟壑中取得出色的效果。

606. 工兵负责设置或移除障碍物、修理或建造道路、构筑桥梁。他们使用自身配备的装备和通过就地取材获得的材料。他们必须尽早投入。

607. 在困难的山区条件下，无线电提供了最快、最可靠的通信手段。视觉信号通信能产生很好的效果，但它们对能见度条件非常敏感。视觉通信有时候需要耗费时间的侦察。有线通信线路的连接需要很多时间和相关设备。

通信犬几乎可用于所有条件。信鸽只能在有限情况下使用，因为空中存在猛禽的侵害。

608. 缺乏空军基地和出色的前进机场、为避开山峰必须在高空飞行、天气条件等情况给战斗飞行造成限制。地形特征通常会妨碍战机低空攻击山谷和山口的地面部队。但另一方面，战斗飞行在这种情况下可能会非常成功。

609. 缺乏良好的道路、桥梁承载力不足、欲掩护地域的观察条件不佳往往给防空部队的投入造成限制。因此，在开阔地带，高射机枪应尽快部署。高射炮应部署在容易遭受高空攻击的地带。必须掩护的地点包括山脉入口和出口、重要山谷的交叉点和山口。

610. 骑兵、自行车、摩托车部队的投入机会会受到限制。这些部队在追击行动中非常重要。

611. 装甲战车可以在宽阔的山谷和高原上行驶。这些地带的反坦克防御也更容易。

612. 面对缓慢行进，并被限制在寥寥几条良好道路上的敌军，战术空中侦察是对地面侦察的重要补充。利用合适的高地实施观察有助于各兵种的战斗侦察。积雪地域应使用滑雪巡逻队。

613. 指挥官组织行军时应考虑以下几点：

部队接近敌人时绝不能筋疲力尽。

在海拔差异较大的地域，指挥官最好以时间单位，而不是距离单位规定各部队之间的距离。他们之间可能需要比正常距离更大的间隔。

一般说来，前卫和后卫的实力必须更强大，他们同主力的安全距离也应更大些。

由于各兵种不可能从后方变更到前方，行军纵队必须按照各兵种及时投入战斗的顺序加以组织。工兵应位于前方。同敌人发生接触时，炮兵部队主力应能从行军纵队中的位置占据其发射阵地。

行军部队散布在所有可用路线上，会给敌人的空中活动造成限制和分散，增加突破敌人抵抗的可能性，并更好地使用可用的宿营地。

位于两侧高地上的侧卫应掩护行军纵队穿过山谷。他们需要的提前期取决于地形和态势。某些情况下，新锐力量应在山谷的路口接替侧卫。如有必要，主力部队应停止前进。如果无法使用相平行的道路，侧翼警戒应限于占据跨越行军路线的制高点。执行侧卫任务的部队通常只有在损失大量时间后才可同主力重新建立联系。

主力通常必须实施分阶段前进，哪怕这会耗费时间。

休息停顿取决于任务、行军距离和难度、部队的状况。长途行军期间，除了标准的长时间休息，指挥官还应经常安排部队短暂休息。

614. 敌人主要被限制在道路上时，己方部队在休息期间的警戒工作应重点关注这些路线。如果占据高地会让敌人观察到己方部队的情况，此举则应避免。

除了毗邻道路的地带，警戒任务必须确保的地带延伸至何处，这一点取决于相关态势。很少能实现一条连贯的安全路线。

615.卓越的领导力始终在山地发挥主导作用。进攻方通常只需要兵力和火力方面的局部优势。他们可通过包围、迂回或在狭窄正面的突破，击败看似强大的山峰阵地、岩石阵地和单一高原。山地这种进攻的效果往往比低地更快，更具决定性。

因此，防御方必须以部队加强薄弱阵地，这些部队能够沿计划和侦察防线立即发起反击。倘若这种冲击适时发起，并在敌人攀登山坡后疲惫之际击中对方，就将取得成功。在正确时刻从上方的有利地形展开反击，也将振奋守军的身心。

616.遭遇战斗通常仅限于先遣部队，他们必须迅速展开攻击。在不确定情况下和复杂地形上，部队应沿宽大战线实施分阶段推进。复杂、破碎地形上，用于进攻的集结地域应靠近敌人，以减少一场耗费时间且累人的接敌行进的影响。进攻方必须充分利用死角。较长的下山或上山期间，重要的是压制敌人的火力，直到己方部队投入战斗。

在条件困难的山区，加强营通常是用于进攻的最大作战单位。决定性行动往往由规模较小的部队实现。一切取决于部队果断发展这些战果。山谷的宽度、山谷的可通行性、毗邻山丘的地形、遮蔽和隐藏、天气、所投入部队的实力、编成和装备，这一切决定了进攻是否应沿山谷或在山丘上实施。同敌人发生接触时，规模较大的部队通常沿山谷和毗邻高地同时展开进攻。高地上的火力能控制山谷时尤为如此。随着战斗节奏放缓，毗邻高地的重要性有所增加。

进攻目标应当是山口、控制山谷或山峰出口的高地这些地形特征。在一场迂回、包围或突破行动中，进攻方的重点不应是席卷敌人的战线，而是切断对方的后撤路线。通常说来，这会是一条固定路线。

617.面对追击力量和火力，地形为后撤之敌提供的掩护越多，追击行动就越应指向敌人的后撤路径。一场包围追击在冬季和高海拔处受到极大妨碍时，部队可能有必要将追击行动限制在敌人正使用的道路上。即便在这种情况下，包围追击也可以滑雪部队实施。

618. 在山地遂行防御通常需要比低地更大的力量。主阵地的防御由防御群负责。最重要的阵地应设立环形防御。确定主防线并在毗邻防御群之间建立接触区之前，部队必须进行仔细侦察。若地形条件允许主阵地浅纵深配置，个别机枪阵地和战斗群应向前部署。这些部队也负责以火力覆盖死角。如果他们无法在昼间向前部署，步兵迫击炮、山地炮兵和高角射击炮兵必须覆盖死角。防御地段的分配必须做到侧射火力和后方火力能够覆盖各地段之间的一切缺口。必要时，指挥官可以派专门的部队执行掩护缺口部的任务。

主阵地的防御越复杂，防御方利用前沿力量、前哨、毒气、壁垒和障碍物尽早阻挡住敌人就越重要。获得细心管理的观察力量必须不断监视并汇报敌人的开进。针对敌人在主阵地达成的一切突破，遂行反击的部队必须保持靠前部署。

619. 高地上具有深远视野的观察点、将敌人限制在寥寥几条前进路线上的地形、河流、设置障碍物和屏障的机会，这一切对阻滞行动产生促进作用。通常说来，防御方只需将抵抗集中在道路和山谷，并对介于其间的地面保持观察即可。主要抵抗无需将部队部署在下一道防线或中间地带。

沿不同路线后撤的部队，指挥和控制的统一需要可靠的通信。如果没有这种通信联系，指挥官给部队分配具体任务是实现集中控制的唯一办法。特殊情况下，指挥官可通过一份时间表管理各分离部队的后撤。

620. 如果不能尽早与敌人脱离接触，部队在山地的后撤会变得特别复杂。后撤部队必须掩护所有道路，包括那些看似无法通行的小径，以免被实施包围追击的敌人所用。必要时，后撤部队还应确保这些道路畅通，以便顺利后撤。

及时后撤可以充分利用地形。指挥官熟练指挥的小股部队可以对追兵的正面和侧翼实施打击，有效欺骗、阻滞追击中的敌人。

隘路及其周边的战斗

621. 隘路限制了机动和战斗空间，但为设置障碍物和壁垒提供了方便。隘路有利于敌人的空中侦察和空袭，还使毒气和烟雾的效果大幅度增加。隘路的重要性随其深度和周边地形（山脉、湖泊、沼泽）难度的增加而加大。密林中寥寥无几的道路、桥梁和水坝都能实现与隘路相同的效果。

通常说来，隘路有利于防御方，并给进攻方造成限制，后者只能逐步加强作战力量，即便如此也无法完全匹敌防御方。

622. 向一条尚未被敌人占领的隘路前进时，先行到达隘路的一方将获得优势。抢在敌人之前控制隘路，能给行动结果产生极大的影响。部队穿过隘路才能获得完整的行动自由。

623. 敌人控制一条隘路的出口时，最好对其实施一场包围或迂回。在一条隘路中发生遭遇战的情况下，进攻方可通过一场包围迅速取得成功。如果部队必须为夺取隘路的出口进行战斗，就应遮蔽进攻时间、方向和程度，直至最后一刻。部队在山地的部署需要更多时间。此举通常不会调动至关重要的力量。

624. 进攻方同时对多条隘路展开行动时，可以投入强大的力量打击敌人。他们还可利用在一条隘路中取得的进展，促进毗邻隘路中其他部队的运动。面对敌人强有力的抵抗，部队沿多条隘路前进期间，应在继续前进前夺取所有出口，以免分开的纵队被敌人各个击破。

625. 若敌人抢先到达隘路，部队应利用一切机会攻击出现在前方的敌人。

626. 追击期间，部队的目标应当是迅速前出到隘路另一端，使用一切毗邻路线实施一场包围，从而封锁所有出口。某些情况下，部队可能只能以航空兵和远程炮兵实施攻击。这些力量应用于阻滞敌人。

627. 一条隘路的防御，可以部署在隘路前方、内部或后方。倘若必须为后续部队保持隘路畅通，部队应在隘路前方实施防御。若己方力量允许，主防线应设在前方足够远的地方，以免隘路出口遭到敌军炮火破坏。必要时，部队应展开进攻，夺取主要作战地域所需要的地带。

隘路的防御需要毗邻地带尽可能扩伸，以免被进攻方包围或迂回。在山地，防御方应将山谷两侧的高地纳入防御阵地，特别是预计防御行动将长时间进行时。

隘路后方的主阵地必须迫使敌人在火力最密集处寻找出口。如果敌人的进攻被击退，如果情况允许转入进攻，防御方必须尽一切努力突破隘路，要么抢在敌人之前，要么至少是同时。

628. 一场阻滞行动应充分利用隘路：较短的隘路，防御应设在隘路后方；较长的隘路，防御应设在隘路内。

629. 穿过隘路实施后撤期间，部队必须控制隘路的入口并抗击追兵。指挥官必须严格规范并控制部队的运动，必须禁止部队反向运动。必要时，部队应在隘路后方设立掩护。部队穿越隘路期间，设置障碍物并采取防御措施防范敌人的包围非常重要。

边防部队

630. 边防部队掩护边境，使其免遭敌地面力量的攻击。这项任务通常以最小力量遂行。边防部队可通过以下手段弥补他们的数量劣势：对当地情况了如指掌，利用当地资源，熟悉任务，选择并加强有利地带，布设壁垒、障碍物、假阵地和炸药，部队快速而又安全的调动，充分而又可靠的通信，以及广泛使用各种欺骗措施。

631. 边境防御的本地任务大致为：

掩护边境。

掌握边境地带敌人的可靠情况。

防御边境通道。

632. 任务和地形要求决定分配至边境地带的边防部队，以及他们受领的边防地段和分地段。边防地段的宽度通常要求边防部队集中在敌人最有可能发起进攻的地方。

633. 侦察巡逻队和静止侦察小组建立起边境的即时警戒。边防部队主力部署在一片边防阵地上。根据这些部队距离边境的距离以及他们所处的地形，可以设立前沿边防阵地，以支援前沿警戒力量，并为主力提供安全保障。前哨应建立在主要边防阵地的前方。

高级指挥官确定边防阵地的大体位置。如果掌握的力量较弱，他应缩短前线地段，并利用地形支援自己的意图。因此，边防阵地通常不会紧靠边境线。各阵地也应远离边境，从而避开敌炮兵射程。

边防地段指挥官负责边防阵地的确切位置、阵地的准备和构筑、构建前沿边防阵地。高级指挥官负责毗邻地段之间的通信联系。

指挥官应以这样一种方式建立预备队：他们适当地占据阵地不会给局部或

整体防御造成危害。大股边防力量的预备队应在阵地内保持战备状态，他们可以从这些阵地迅速完成远距离调动并向前部署。这种调动可使用待命的火车、汽车、其他车辆或自行车来完成。小股边防力量的预备队可驻扎在关键的后方地域，防范敌人的突然袭击。长期边防任务需要定期更换部队，偶尔还需要转移阵地。

634.边境的监视和封锁阻止了未经批准的通行。在前沿防御地带，此举使边境免遭焦土战术和劫掠的破坏，促进该地域的疏散，遮蔽军事活动，并阻止敌人为进攻行动展开地面侦察和情报收集。根据情况的需要，边防地段指挥官还负责封锁道路和铁路、切断电话和电报线。

海关、邮政、警察、林业官员、国土防御部队和其他民事机构必须合作执行边境警戒任务。这些任务包括防范敌人的情报活动，确保架空和地下电话线、无线电设施、信鸽的安全，控制并隐蔽己方信号通信，确保相关设施和关键公众工程的安全，和以防敌人的破坏或其他特工活动。

635.边防部队的侦察包括对边境对面地区精心策划的不间断观察，为此可竖立瞭望塔。如果边防部队获准越过边境，他们应派出侦察巡逻队并实施突袭，以此收集敌人的信息。部队应使用熟悉该地域的向导。一般说来，边防部队的规模不允许他们展开大规模进攻行动。

边防部队应采用收集信息的一切手段。一旦同敌人发生接触，他们就应保持这种接触。

636.越过边境的一切虚弱敌军，边防部队应立即将其击退。对强大敌军的防御始于边境。遂行一场阻滞行动的情况下，边防阵地（参见第633段）成为初期主防线。如果指挥官打算放弃这条防线，部队就应撤至下一道防线，无论是否处于敌人的压力下，具体视情况而定。部队必须尽一切努力为防线提供侧翼警戒。

637.如果遭遇突破，或边防部队面对敌人的优势力量被迫后撤，那么，未遭受攻击的毗邻边防地段或方便投入战斗的边防力量必须提供支援。倘若他们前方的情况允许，这些部队应以火力、佯攻、对敌后方交通展开行动、通过夜袭突入敌侧翼打击进犯之敌。同样，强大预备队对敌侧翼展开行动，以此作为一种拦截措施或目标有限的进攻，能够取得比预备队投入一条后撤战线更大的战果。倘若边境防御在任何一处遭敌突破，指挥官应集结边防部队，并把他们投入另一处。

638.边防部队的作战地域应提前建立。边防阵地的后方地带必须加以侦察，并为潜在的作战行动做好准备。

639.边防部队分组部署在宽大前线和巨大纵深处时，这些部队的指挥官通常独立行事。上级必须精心挑选这些指挥官，并向他们详细介绍情况和他们的任务。命令和情报的快速传递至关重要，指挥所的位置必须做出相应选择。指挥官必须保持移动，并能够从一个地带迅速赶至另一个地带。

640.边防部队只能获得有限的弹药、武器和装备补给。所有指挥官和士兵都有责任严格保管他们的可用装备。

641.边防部队必须同边境地区的空中侦察和地面巡逻队保持联系。

游击战

642.游击战（kleiner Krieg）是一种通过小规模次要进攻给敌人造成更复杂的局面，以此支援己方主力的战斗方式。一般说来，游击战只有同其他行动相配合才能奏效。充满敌意而又好战的当地居民会使游击战无法实施。只要存在游击战的机会，使用这种战斗方式就取决于投入的力量和手段能否产生有价值的结果。

643.实施游击战针对的是敌人的正面和侧翼，特别是其后方。

644.游击战的主要任务是扰乱与欺骗敌人，分散敌人的力量，限制对方的侦察活动及其命令和情报的传递，以及扰乱敌人后方地域的行动，特别是其后勤。

645.小股袭击队执行这些任务最为有效。他们的实力、装备和机动性取决于行动意图和任务。指挥官的能力、部队的经验和可靠性比数量优势更重要，兵力过多实际上有可能对机动性和突然性造成不利影响。

严格的安全措施和"按需知密"原则是行动取得成功的必备条件。

646.袭击队的进攻行动应以突然袭击的方式发起。欺骗和诡诈应发挥到最大程度。包围敌人是首选机动样式。袭击队选择的地形应限制敌人的观察和机动性，但应有利于己方实施突袭和快速后撤。精心准备和侦察、出色的地图、熟悉该地域的向导有助于任务的执行。指挥官必须提前指定一个集合点，执行完任务后，所有部队立即在那里集中。夜间行动是首选方案。可能的话，部队的一切运动应在夜间进行。昼间，部队必须保持隐蔽，并远离城镇和道路。袭击队在敌后方的行动特别需要大胆的指挥官和士兵。他们必须为延长的行动获得补给和装备。如果多个袭击队同时展开行动，必须在时间和空间方面获得协调。各部队必须在指定地域从事行动。改变行动方式、欺骗和散布假消息都有助于出敌不意。袭击队必须形成持续的威胁并破坏对方的反制措施，从而使敌人始终处于不稳定状态。袭击队的运动在任何情况下都必须保密，以免被敌人和敌方居民获悉。

647. 路障和障碍物布设在敌人必须使用且无法绕行的路线上，对阻滞对方的交通最为有效。炸毁敌人后方的桥梁和其他类似设施，会使对方的后勤工作更趋复杂。破坏的类型和规模通常由高级指挥官确定。袭击队的规模越小，就越要集中力量，将重点置于破坏最重要的设施上。任务指挥官必须知道所要摧毁目标的用途和技术功能。

648. 袭击队必须随时向高级指挥官汇报行动进展，以便他对各袭击队的行动施加影响，并给他们下达命令。因此，可靠的通信至关重要。

649. 针对游击战的地域防御是所有部队的任务。作战地域后方可能需要特别指定的力量，这些部队应保持警戒并部署在关键位置。他们的快速投入必须获得精心策划。装甲战车和装甲列车通常可用于此类调动。立即传递袭击队信息的必要性可能需要建立专用通信网。

如果敌人的袭击队在己方后方地域活动，应当包围并消灭他们。在后方地域展开细致的扫荡可能是必要的，但往往需要投入更多力量。

注释：

1. 尽管手册为阐述本章的问题专门腾出篇幅，但魏德迈在 1938 年的报告中指出："教学中并未强调河流防御、山地战斗、隘路防御……教官只是强调指出，我们必须不断应用已学到的战术学说，不同类型的行动不过是情况的技术处理相异而已。"（Wedemeyer Report,p.114）

2. 10 ~ 30 分钟。（Wedemeyer Report,p.117）

3. 涉渡行动的计划深度如下：步兵 1 米；骑兵 1.3 米；炮兵和步兵重武器 0.6 米；装甲战车 0.9 米。（Wedemeyer Report,p.44）

4. 有两种基本类型的浮桥：100 米长，承载能力 4 吨；80 米长，承载能力 7 吨。两种浮桥的桥面宽度都为 2.8 米，都需要 2 ~ 4 小时安放时间。

5. 山区地形的行军时间计算严重取决于道路状况和天气。一般说来，徒步部队和大股合成部队在山地的行进，海拔每增加 200 ~ 300 米，或每下降 400 ~ 500 米，正常行军时间都必须增加 60 分钟。

第十二章
驻营

650. 获得休息时间的部队，指挥官应为他们提供三类营地中的一种或多种的结合：城镇建筑物内的城镇营地（Ortsunterkunft），露天宿营，以及部分在露天，部分在城镇的城镇宿营（Ortsbiwak）。

651. 城镇营地为部队提供了免遭天气和寒冷侵害的住处，并使他们得以照料人员和马匹，修理武器、装备和衣物。即便一个小而稀疏的兵营也能为部队提供比露天宿营更大的保护。对马匹来说，任何类型的住处都更为可取。

652. 城镇宿营保护那些驻扎在城镇内的部队，提供了比露天宿营更大的整体舒适度，使部队处于更高战备状态。

不驻扎在城镇内的部队可在附近宿营。

城镇营地程序适用于身处营房内的部队。宿营程序适用于不在兵营内的部队。

653. 如果敌人的逼近、大批部队、缺乏建筑空间，或将部队限制在某一地域的战术考虑因素导致部队无法使用城镇营地或城镇宿营，那么，所有部队应露天宿营。空袭、远程炮火、毒气的威胁或其他安全要求可能也是部队避开城镇的原因。

654. 宿营部队必须加以组织，并做好一接到命令便立即开拔或投入战斗的准备。

宿营地域并不固定在某个特定位置。它必须易于到达，并根据战术态势确定地点。它必须远离敌人地面侦察的范围，并免遭敌人的空中侦察、空袭、远程炮火和化学武器攻击。

655. 按部队或行军纵队组织宿营有利于选择宿营地域，并能加强部队开拔或投入行动的准备程度，大股部队尤其如此。

宿营的组织通常基于战术态势。其正面应面朝敌人的方向；但隐蔽和后续开拔的考虑因素可能会造成一些变化。

决定宿营编组的关键因素包括地形、易到达度、充足的水和木材、不同兵种的特殊要求。良好的出入路线对摩托化部队尤为重要。必要时必须修建这种路线，但应注意隐蔽，以防敌人的空中观察。

656. 宿营地域应设在干燥、牢固的地面上，可能的话，应为部队提供遮风避雨的住处。小型树林通常符合这些要求。草地一般不太适合，即便它们看上去已彻底干透。宿营地域应避免选择湖泊、沼泽和池塘，因为有雾和其他相关的健康危害。

寒冷天气下，部队必须掌握保暖手段。相关技术包括在帐篷里挖掘散兵坑，用滚烫的石头取暖，使用塞满稻草和树叶的双层半幅帐篷布，篝火和其他类似措施。宿营地域设在树林内或树林后、陡坡后方、隘路中能起到防风作用。

657. 如果不太可能同敌人发生地面接触，那么，优先考虑的是为部队提供舒适的营地。决定营区范围的因素包括：该地域的城镇数量和规模，它们相对于行军路线的位置，行进部队的深度，所走的距离和下一场计划中的行军，以及恢复行军的时间安排。一般说来，指定营区与行军纵深相当时，对部队而言最简单也最舒适。

部队在城镇中的分布取决于部队目前的分布或后续行军的计划分布。行军路线上的城镇应加以占据。各兵种一同驻营时，所有可用房间和马厩必须充分加以使用。

如果行军地域缺乏城镇，部队必须沿行军路线建立宿营地域。

辎重队可派往前方，从而加入他们所属的部队。

658. 如果即将同敌人发生地面接触，那么，优先考虑的是战术要求。宿营地域通常较小。指挥官为强有力的步兵部队分配的宿营地域位于前方或敞开的侧翼，某些情况下也可能位于后方。他们将获得反坦克力量的支援。无法防御突然袭击的部队应与步兵一同宿营，并部署在安全地域。

城镇中，指挥官通常有必要确保提高个别部队或整个宿营地域的战备级别。这一点可通过使用封闭营房以及要求特定技术装备保持戒备来实现。每座封闭营房必须有一盏灯，并派驻一名哨兵。必要时，只要所需的交通量允许，部队应封锁城镇出口，宿营地应做好防御准备。

部队在宿营地域可能有必要建立起针对敌人远程炮火和空袭的防御措施。这些措施包括伪装战壕。辎重队的宿营应尽可能远离敌人，可能的情况下部署在河流线后方。辎重队的前进取决于相关情况和高级指挥官的意图。

659. 倘若部队与敌主力接近，应依据战术态势宿营。战斗暂停期间，参战部队应就地休息。

660. 对骑兵和摩托化部队有特殊的驻营要求，参见第 212 段、第 224 段、第 225 段。

661. 为高级指挥官和下属指挥官选择指挥部时，重点必须置于信息和命令在最短时间内的无摩擦传输。信号通信要求和道路状况都应加以考虑。高级指挥部和下至团级的下属指挥部的相关职责，要求他们的宿营地尽可能设在城镇或房屋内。

662. 为宿营地域提供的防空掩护级别，由防空部队提出建议。在一场延长的宿营期间，防空掩护通常仅限于密集占据区或补给分发点。

防空武器应由防空部队独立部署，或依据宿营地域指挥官的命令行事。高级指挥官负责建立防空部队与其他部队防空武器之间的协调。调拨给其他部队的防空人员应分配在防空部队的观察和预警力量中，也可以独立安排。防空武器对敌机的射击不应受到限制。

宿营时，防空工作通过被动措施加强。这些措施包括：避开小而狭窄的村庄和规模虽小但却显眼的树林，宿营时利用地面遮蔽或合适的地下掩体，确保宿营地远离显眼的地标，设立假阵地。车辆必须伪装、隐蔽、不规则停放。城镇内，部队有必要确定地窖和其他能在空袭期间提供掩护的场所的位置。城镇宿营必须在夜间实施灯火管制。

663. 宿营地域的所有通信设备都应加以使用，从而节约通信部队的资源。若这一点无法做到，而宿营地域又离敌人很远的话，通信部队可接入师属通信干线，从而建立有线通信。倘若敌人正在接近，通信部队就有必要以一条专门的有线线路将宿营部队与指挥官连接起来。

664. 指挥官应尽早确定并宣布宿营地域的位置，可能的话在行军命令中或行军期间下达。宿营地域确定得较晚时，部队应沿行军路线休息、进餐，同时对宿营地域加以侦察和准备。部队应避免不必要的停顿和路线逆转。

665. 只要情况允许，宿营地域就应提前加以准备。

666. 可能的话，部队应同民政部门协调在城镇内驻营的事宜，驻营小组负责将相关安排告知各部队。部队应针对敌人的谍报活动采取防范措施。驻营安排表有利于部队的有序驻扎，只要时间允许，就应采用这种方式。即便行军过程中已确定部队的分配，驻营小组也应确保部队更快地从行军转入驻营。

部队必须向民政部门和当地居民咨询疾病或传染病的情况。接触传染病的房屋和马厩必须做出标志，而且不得使用。不同兵种的马匹可以混杂在一起，从而最大限度地利用马厩。

667. 部队没有足够的时间实施一场全面侦察并咨询当地官员时，一种仓促的驻营方法是把城镇内各地段分配给各部队，把街道和房屋分配给各部队辖内分队。参谋人员应住在一起。可能的话，各部队应派军官赶往前方接管受领的地段。最好从城镇或地域指挥官的工作人员中派出一名高级军官，各部队派出的军官和个别工作人员隶属于他。

668. 城镇营地的各个地段，其边界必须易于识别。分配这些地段时，指挥官必须考虑其防御以及部队驻营是否合适。

669. 城镇营地的每个人必须知道他的顶头上司在哪里。每个领导必须知道直接下属的所在地。

670. 宿营地域指挥官在各部队所派军官的陪同下，应在行军前侦察并建立宿营地域。每支开抵的部队立即修建宿营地。各部队事后调整位置意味着减少部队的休息时间，除非有最令人信服的理由，否则不应采取这种措施。

671. 指挥官通常将多种不同类型的驻营地域分配给驻营群。如果驻营和命令的传输在休息期间加速，部队就应组建这种驻营群。通常说来。驻营群与现有或计划中的行军群及战斗群相对应。驻营群的驻营工作由驻营群指挥官负责，并把自己的部署和指示汇报给上级。

672. 除非高级指挥官另有规定，否则每个城镇营地的指挥官也担任城镇卫戍指挥官。团级或更高级别的指挥官获准将这一职责委托给另一名军官，包括参谋人员。

如果各部队占用的区域尚未划分完毕，城镇卫戍指挥官应予以指定。他负责外部警戒措施、指挥部的准备和内部组织。他还要特别负责确定警戒和内部警卫的规模及任务。他补充各部队下达的关于准备和警戒的指示，并下达关于交通和民众管制，以及作战警戒的指示。他还控制街头巡逻、收缴武器、补给保障和消防。他下达关于水井、饮水供应、各部队所用水源的指示。他也下达为患病或负伤人员及牲畜提供医疗和兽医救治的相关指示，必要时还包括清除化学污染的措施。他确保后续到达的部队也能获得合适的驻营地。

部分力量必须留在露天营地，另一部分驻扎在城内营地时，城镇卫戍指挥官为宿营部队使用城镇设施下达必要的命令。供水必须加以控制，以免城镇受到火灾的危害。所有部队必须遵守城镇卫戍指挥官的命令。

673. 多支部队毫无准备地占领较大的城镇和村庄，包括他们在战斗中攻克的城镇，这种情况要求城镇指挥官立即获得强大的力量（可能的情况下需要新锐部队），从而建立起必要的警戒和守卫。初步措施包括一股足够的警卫力量和大批巡逻队的部署，用于搜索房屋、检查爆炸物、收缴武器、找到并保护敌人遗弃的装备。

674. 未接到其他命令的情况下，宿营地域指挥官应由在场的高级军官担任。他负责确定外部警戒措施，以此防范敌人的空中和地面威胁，并构筑必要的障碍物和壁垒。他负责指定各部队占据的区域，并控制资源的使用，包括水井和泉水。他还特别负责所有可用材料（稻草、木材等）的直接、公平分配，从而使部队迅速入住并充分利用休息时间。他还负责批准或禁止用火，这一点视情况而定。

675. 在每个城镇或宿营地域，城镇卫戍指挥官或宿营地域指挥官指定一名值日官。在较大的城镇，这位军官可能是一名参谋人员。他对指挥官负责，执行所有外部警戒和内部警卫措施。

值日官是警卫力量中的高级军官，负责哨兵的派驻、指示和检查。警卫和前哨随时处于他的指挥下。在宿营地域，警卫力量的一名军官负责内部警卫。检查人员的使用视需要而定。

676. 城镇卫戍指挥官或宿营地域指挥官应该为城镇或宿营勤务指定医疗和兽医军官。他们就所有医疗和兽医事务向指挥官提出建议，并确保这些勤务随时可用。

每支部队（步兵或炮兵营、骑兵团等）指定一名执勤官，每支较小的独立部队指定一名执勤军士。他们的部队一到达驻营地，这些代表就应向城镇或宿营地域值日官报到，以获得适当的命令。他们在自己的职权范围内负责让部队保持安静和秩序，并执行城镇卫戍指挥官、宿营地域指挥官和他们所属部队指挥官下达的一切命令。单独一支部队占据城镇或宿营地域时，应把警卫和宿营职责相结合。

677. 许多情况下，直接安全需要外部警卫驻扎在城镇或宿营地域周边以外的地方。他们根据第 212 段阐述的原则确保安全性。他们的任务、实力和编成取决于其他警戒力量是否已被派至更远处。如有必要，他们还承担对空警戒职责（参见第 662 段）。需要时，他们控制外出交通，并阻止平民进入宿营地域。毗邻位置必须保持通信联系。

678. 每个休息地域都应派驻内部警卫。他们还可从事对空、对地警戒任务。在城镇营地，每支部队都需要提供人员从事内部警卫职责。治安方面的考虑、封闭的营房、大量需要加以警戒的阵地和部分当地居民不确定的态度，可能需要部队派驻大量岗哨。

在宿营地域，每支部队根据自身要求和接到的命令派出他们的内部警卫。内部警卫力量取决于岗哨的数量，这些岗哨应保持在最低限度。内部警卫的实施方式与驻军相同，但在宿营地，警卫和岗哨不敬礼。在小股部队和宿营地域，外部警卫可承担内部警卫的职责。他们执行外部警卫的作用保持不变。

679. 每支警卫支队必须配备一名号兵。

680. 城镇卫戍指挥官、值日官的住处和指挥部的位置必须清楚地标出，昼间和夜间都能识别。通往这些地点的路线也必须标出。警卫和岗哨必须知道这些地点，以便迅速指引信使。

城镇卫戍指挥官的指挥部应张贴一张标出通信网的草图，外加一份工作人员和城镇内各部队的名单。这份草图还应标明各工作人员和部队在何处建立联系。特殊设施的位置，例如燃料供应点、医院和防空洞，应以符号和标志表明，并指出通往这些地点的路线。部队营房通过使用旗帜，以正常方式标明。

681. 宿营地域指挥官在所有警卫易于识别处设立自己的营帐。

682. 工作人员办公室必须标出，昼间和夜间都应清晰可辨。军官和士官暂时在指挥部接受命令时，他们的马匹或其他交通工具应留在附近。

683. 工作人员或部队待在某个地域的情况必须保密时，可能有必要部分或彻底限制正常的识别方式。

684. 当地居民的态度不确定时，部队可能有必要采取特别安保措施。这些措施包括施以惩罚的威胁，扣押人质，要求所有房屋不得上锁，随时可供检查。轻率处理态度消极的居民是错误的。在任何情况下，克制和保护居民都是最好的政策。反谍报措施参见第 190 段和第 193 段。

685. 在城镇营地，无法靠近牲畜的马拉大车应置于远离敌人的一侧，而且牲畜必须能迅速带来，套上挽具并拖曳大车离开。机动车辆需要良好的进出道路，易于驶入的供水站和良好的停车场。由于存在火灾隐患，油罐车的停放地点至少距离建筑物 50 米。严禁在车辆周围吸烟。夜间，沿街道停放的车辆应以马灯做出标识。

686. 城镇营地必须采取必要的医疗和兽医措施。饮用水资源必须标出。来源可疑的水必须检验，必要时将其煮沸。可能有必要在城镇营地修建厕所。在宿营地域，垃圾和屠宰后的抛弃物必须深埋，以防被动物掘出。出于类似原因，厕所也必须挖得较深。温暖的天气里，卫生和医疗措施必须加强。

687. 如果部队需要长期待在营地里，医疗和兽医措施必须加强。特殊机构可以扩大，并为永久驻军发挥类似作用。为部队提供舒适性和便利性的安排至关重要。

688. 驻营地域必须保持秩序、清洁和纪律。在城镇营地，部队的军事礼节扩展到与驻军一样。部队可能有必要提早关闭小卖部，禁止销售或饮用酒类，并要求士兵们提前退役。部队必须采取严厉措施防止滥用武器、肆意破坏或销毁物资、小卖部、属于敌方人员的财物，以及私自采取未经批准的行动。

689. 指挥官必须为驻扎在城镇内的个别部队指定警戒集结点。这些地点的选择可以让部队迅速集中并赶赴他们的阵地而不会相互干扰。通往这些地点的交通不能堵塞。马匹拖曳和摩托化部队的警戒集结点可设在车辆停放处。宿营期间，单支部队的警戒集结点通常是其宿营地域。

690. 军号吹奏"警报"发出警戒信号。这一命令由高级指挥官、城镇卫戍指挥官或宿营地域指挥官下达。危险降临时，每一个意识到威胁的哨兵都应发出警报。每个军官和排长都获准主动拉响警报。

691. 部队应制定并采用无声警报，这样，每支部队、城镇营地、宿营地域便可迅速进入警戒状态，实施快速集结，而不会发出不必要的噪音和军号声。

692. 根据警戒信号，士兵们全副武装地集中在他们的警戒集结点，或据守先前指定的地点。所有车辆必须做好出发准备。行动只涉及一支部队时，部队指挥官应在警报响起时下达详细行动令。另外，这种命令也可由城镇卫戍指挥官或宿营地域指挥官下达。

骑兵、摩托化部队、辎重队和车辆需要特殊程序，特别是夜间警戒期间。骑兵部队在镇内驻营时必须做出决定：要么实施阻滞行动后撤离，要么以所有可用力量守卫城镇。处于警戒状态的各部队必须保持静默和纪律。城镇卫戍指挥官和宿营地域指挥官确定外部警卫的行动，而内部警卫的行动则由部队指挥官确定。

693. 部队更高的警戒状态可缩短实施一场警戒所需要的时间。当然，此举会给部队的休息造成限制。形势紧张，当地居民充满敌意时，部队最好按建制住宿。这种情况下，军官同他们的排待在一起，士兵们着装整齐，随身携带武器和装备。马匹必须套好缰绳，装上马鞍或挽具，拴好后待在马厩外，甚至留在城镇外。

694. 每个人必须知道遭遇袭击时自己该做些什么。他必须确保自己的武器装备准备就绪，并能在最短时间内投入行动。倘若敌人以一场突袭攻入城镇，所有人必须就地坚守。

695. 城镇卫戍指挥官和宿营地域指挥官发出毒气警报。危险突然降临时，每个军官和排长都有权发出毒气警报。所有人必须立即戴好防毒面具，或迅速转移到防毒气掩蔽所。城镇卫戍指挥官或宿营地域指挥官应下达关于防毒气措施的具体说明。

696. 昼间，巡逻队和预警体系负责发出敌机逼近的信号。听到警报后，所有人应寻找隐蔽，暂停一切行动。巡逻队和预警体系还负责发出空袭警报。听到警报后，所有人员立即隐蔽。夜间发现敌机时通常不会拉响警报。城镇卫戍指挥官或宿营地域指挥官可能会偏离这一标准程序，但他应立即下达这种指示。

697. 所有号兵必须立即中继警戒和空袭警报。毒气警报仅通过声学手段发出，而不采用语音的方式。解除警戒信号根据城镇卫戍指挥官或宿营地域指挥官的命令发出，解除毒气或空袭警报发出时所下达的命令。

698. 城镇卫戍指挥官或宿营地域指挥官下达关于战备状态、应对一场突然袭击、空袭警告、毒气和空袭警报的必要命令。

第十三章
骑兵[1]

699. 陆军层面的骑兵部队包括骑兵、马匹拖曳、摩托化单位，可以比步兵更快地运动。骑兵部队具有出色的越野机动性。更快的速度使骑兵部队能在更短时间内前进得更远[2]。骑兵部队的机动性在战场上特别重要。

骑兵可以从较远的位置迅速投入行动。他们可在较短时间内将其力量部署在一条宽大战线，或集中于某个决定性地点。脱离战斗后，他们可以同敌人迅速拉开距离。速度、机动性和强大的火力使骑兵部队能有效遂行各种任务。这些因素有时候能让他们战胜一个更强大，但速度较慢的敌人。

骑兵力量的投入，部分受限于他们对马匹能力的依赖和训练替换马匹的问题。经历艰巨的作战行动后，他们必须获得休整，从而恢复实力和行军能力。骑兵在行军、运动和集结期间极易遭受空袭的侵害，因而需要为他们配属强大的防空力量，特别是高射炮和高射机枪。

700. 骑兵需要一片较大的作战地带来实现全面作战能力。无论他们的作战纵深有多大，都不能丧失同主力的联系。骑兵主要用于一个敞开的侧翼或两股力量之间的宽大缺口。两股主力相距较远时，骑兵投入前线部署变得非常重要。作战地带太小时，骑兵应后撤。倘若无法做到这一点，指挥官必须拟制计划并精心准备，将骑兵力量纳入战线。没有有利任务可供骑兵执行时，他们应在合适位置担任预备队。

701. 决定性行动需要组建一个骑兵军，并辅以强有力的军直属部队。根据其任务，骑兵必须获得其他部队加强。

702. 指挥官很少能从后方指挥执行纵深任务的骑兵部队。因此，上级领导必须为骑兵的任务指定一个深远目标，并赋予其指挥官行动自由。上级指挥部门必须确保骑兵指挥官不断了解发展中的态势和上级指挥官的意图。前进中的骑兵改变进攻方向或后撤，会导致突击势头和时间的丧失。目前的侦察力量必须撤回，新投入的侦察部队必须获得开赴前线的时间。

703. 有时候，骑兵部队的行动不得不远离军队后勤体系，在不顾自身补给交通的情况下执行任务。抽调兵力确保后方交通会削弱部队战斗力。如果骑兵部队投入纵深任务，必须配备足够的弹药、武器、装备和汽油，从而获得独立作战能力。马匹应钉上新蹄铁，这股力量将自给自足。

704. 任务的多样性，独立而又迅速的执行，情况频繁而又快速的变化，这一切要求高级骑兵指挥官展现出高度的智力灵活性、冷静、大胆、体力、对作战行动的理解、快速决定并下达简短而又有效的命令的能力。他必须尽早从前方位置建立对地面的个人观察。

705. 骑兵军军长下达实施空中侦察的命令，为各骑兵师分配地面侦察目标，他们之间的分界线，必要时还包括他们的行军路线。他把任务下达给各个师，必要的话亲自指挥他们的运动。他还控制防空部队的部署，军直属部队也在他的掌握下。他在战斗中通过简明扼要的命令协调麾下几个师。

骑兵师师长下达实施地面侦察的命令。适用于步兵师作战行动的原则通常也适用于骑兵师。

任务

706. 骑兵的侦察任务参见第二章，掩护任务参见第四章。

707. 战斗是骑兵的主要任务。对敌人侧翼和后方展开进攻是最有效的机动样式。这样一场进攻可以在敌主力加入交战前实施，也可在战斗进行期间遂行。第一种情况下，这种进攻可为己方主力的冲击创造条件。

骑兵投入一项太过深远的任务，会使他们同战斗焦点相距太远，有可能导致他们过晚投入主要作战行动。骑兵同时对敌交通线展开的行动有可能取得战果，但不应造成己方兵力的分散。对阵地内的敌人发起一场进攻，这种任务并不适合骑兵。不过，必须将一股敌人牵制在阵地内时，这样的进攻可能是必要的。当骑兵用于侧翼警戒任务时，应利用一切机会展开积极进攻，以此执行自己的任务。

708. 追击中，骑兵发展作战胜利，并在战斗中打击敌人。倘若骑兵力量没有投入或可以撤出战斗，他们必须做好在适当的时机和适当的地点，在统一指挥下执行追击任务。摩托化力量应配属骑兵部队，后者还应获得足够的弹药和化学净化设备，这一点视需要而定。指挥官应下达具体指示，协调骑兵与其他追击部队间的通信联系，特别是同侦察机和其他空军部队。

最成功的追击方向是针对敌人的侧翼和后方。骑兵部队必须尽一切努力包围敌军。成功突破后，骑兵的速度和机动性最适合追击。高级骑兵指挥官亲自确定突破点的情况。指挥官为那些必须沿道路行进的单位分配前进路线。骑兵力量的交通线也必须获得保障。指挥官规定追击方向，但追击发起时间可留给师长决定。骑兵应绕过杂乱无章的敌军，而对敌人新形成的抵抗，他们必须以快速突袭加以粉碎。倘若敌人在战斗力完好无损的情况下后撤，骑兵部队必须以突如其来的火力打击敌侧翼，并抓住一切机会实施攻击，还应封锁敌后方的关键地域。

709. 骑兵部队特别适合阻滞行动。通常情况下，骑兵用于掩护并确保部队的集中地域和运动，暂时守卫宽大的河流，阻滞优势敌军，将敌人阻挡在远离战场处，将敌人牵制在另一处，欺骗对方，利于脱离接触，掩护一场后撤，特别是对一场包围追击展开反击。

710. 骑兵可以出现在敌人始料未及的地方，从而转移对方的注意力。他们可以封锁敌人占据的关键地形，还可对敌人的交通线展开行动。骑兵部队投入这些任务的前提条件是：这些任务比骑兵力量投入决定性地点更重要，或者说，骑兵的缺阵不会给战斗结果造成危害。

骑兵运动和作战的特点

711. 骑兵的速度和机动性必须加以充分利用，从而实现出敌不意。出敌不意可通过速度更快、路途更远的行军来实现。

712. 分配路线和部队时，指挥官必须考虑不同兵种的行军速度和行军能力。骑兵部队可以加快速度完成短途行军。如果是路程较远的行军，他们必须以较慢的速度前行，以保持他们的行军能力。漫长而又快速的行军是例外，只能在紧急情况下实施。指挥官必须对这种强行军造成的损失与取得的结果加以权衡。

713. 骑兵师通常以几个行军纵队前进，每个行军纵队由骑兵团或骑兵旅组成，并配备其他兵种。摩托化力量作为摩托化梯队跟随在后，或作为一支摩托化纵队沿另一条路线行进。

骑兵行军纵队之间的间隔不应太大，以免发生遭遇交战时该师缺乏协调和统一。各纵队的梯次配置取决于具体情况。自行车部队通常配属给骑兵行军纵队。如果他们没有向前部署，也没有担任前卫，那么，他们应跟随行军纵队或沿不同路线前进。

714. 态势、地形和能见度决定前卫与主力之间的间隔。由于骑兵的行军速度更快，这个距离通常大于徒步部队与徒步前卫之间的间隔。前卫力量编成不应组织得过于细致。一股主力和一支尖兵通常足以充当一支或两支部队的前卫。

如果即将同敌人发生接触，前卫应分阶段前进。预计与敌人越接近，实施观察的机会就越小，前进的每个阶段也越短，对相关地域的侦察也应更加细致。某些情况下，前卫应向前部署。前卫通常会派出巡逻队，在前方和侧翼 10 公里处担任警戒。骑兵纵队主力设置一个主力点和一个后方点，并在侧翼派遣巡逻队，以此为自己提供直接警戒。

纵队指挥官确定主力的行军序列，他通常紧跟在后卫身后前进。

715. 前卫与敌人发生战斗时，必须以一切可用手段弄清情况，这是整个行军纵队指挥官决定投入全部力量的基础。

716. 情况允许时，部队必须迅速展开进攻。把突击任务赋予骑兵行军纵队指挥官将加快进攻的发起和执行。只要有可能，进攻行动将在不实施集中准备的情况下直接展开。重武器应向前部署。他们必须先接到命令才能尽早开火射击。在重武器掩护，以及战斗侦察和近距离警戒力量提供的安全警戒下，只要敌人的火力许可，骑兵部队便尽力向前疾驰。一支部队无法继续骑马驰骋时，他们便下马，情况允许时再次上马。火力和前进的紧密协同将加快部队的前进。

沿一条宽大战线展开进攻，增加了大批力量在决定性地点实施一场突袭的机会。在情况允许处，进攻应针对敌人的侧翼或后方。如果立即投入全部力量有望迅速取得成功，那么，部队可能没有必要实施纵深配置。否则的话，进攻应呈纵深配置。翼的纵深梯次配置将提供包围敌军侧翼的机会。战斗期间继续执行侦察和侧翼警戒对打击移动之敌尤为重要。

骑兵团纵深配置的进攻地域同步兵营大致相当（参见第326段）。倘若进攻行动显然已失败，部队应脱离战斗，并尽快恢复机动自由。有可能将马匹靠近下马的骑兵时，他们就能更快地同敌人脱离接触。备用马匹的位置、警戒和前移必须谨慎控制。

717. 骑兵不适合长时间防御任务，而更适合阻滞防御。骑兵致力于防御时，备用马匹应留在敌炮兵有效射程外。由于其速度和机动性，骑兵在某些情况下可作为快速预备队投入战斗。

在阻滞防御中，小股骑兵支队必须在同己方主力相距甚远的情况下抗击敌人。这些支队拖延并迟滞敌人，然后通过侧翼或其他不直接穿越主防线射界的路线后撤。这样便给主防线前方留下开阔地形，以便他们投射有效火力。此举还使骑兵能够从侧翼扰乱敌军。在有限时间内，骑兵比机动性欠佳的部队更适合在一条宽大战线上从事一场阻滞防御。他们能更快地形成防线，能更容易地以射自各个方向的火力袭击敌人。另一方面，骑兵必须尽早脱离他们的阻滞防线，从而使其部队在不被敌人观察到的情况下上马并后撤。

突如其来的火力和对敌侧翼实施目标有限的袭击能为一场正面阻滞防御提供支持。骑兵部队执行这些任务时极具价值。

718. 骑乘战通常只发生在两支小股部队的遭遇战斗期间或一股虚弱之敌猝不及防之际，特别是在侦察行动期间。对士气低落之敌发起的骑兵冲击会给对方造成巨大的心理影响。

719. 无论骑兵部队开赴何处，马拉炮兵必须能跟上他们。摩托化炮兵应跟随摩托化部队。因此，更好的行进路线应分配给炮兵。行军期间，马拉炮兵部队应部署在前方，以便迅速执行他们的任务。由于占据发射阵地需要时间，而骑兵部队的前进速度较快，因此，先遣骑兵力量通常不得不在马拉炮兵尚未就位，无法提供火力掩护的情况下投入战斗。马拉炮兵的这种掩护往往会导致两股力量失去联系。如果骑兵部队接近敌人时必须穿越给其机动性造成限制的地形，掩护火力应由摩托化炮兵提供，因为后者的跟进速度更快。

部队展开和战斗期间，炮兵应向前部署。他们必须尽一切努力缩短观测位置与发射阵地之间的距离。暴露在外的炮兵需要最靠近的部队为其提供安全警戒。

720. 摩托化步兵加强了骑兵的火力。侦察和行军警戒依赖其他兵种。暂时搭乘卡车的骑兵巡逻队可配属给摩托化步兵。这些部队很容易遭受空袭。他们分阶段推进，通常只有在弄清情况后才会实施。这股力量必须从位于后方的集结阵地向前推进，从而避免靠近敌人时横向变更部署。

只要步兵搭乘卡车，他们就会被限制在道路上。卸载工作必须在敌人有效火力射程外进行，而且应选择一片隐蔽地域。如果没有可用的骑兵部队，摩托化步兵投入战斗就需要更多时间。摩托化步兵可用于接替后方阵地的骑兵部队，以掩护前沿骑兵部队的后撤，或者投入决定性地点。

721. 自行车部队主要在道路上行进。他们的移动速度取决于路况、地形、季节、天气和白昼的时间。

他们相对寂静地迅速行进。他们非常适合执行突袭任务，也可在夜间投入战斗。独立侦察和较重要的战斗任务仅在特殊情况下赋予自行车部队。另一方面，他们可用于占据行军路线附近的重要位置，但通常说来，他们必须获得其他兵种的支援方可执行这项任务。由于他们在战斗中的速度，自行车部队可作为一支有效预备队部署。

722. 摩托车部队的使用与自行车部队类似。在有限距离内，他们独立于道路。他们的速度和行动范围比自行车部队大得多。他们并不适合夜间行动。他们的速度和迅速转向的能力使其成为一支有效预备队。他们通常与摩托化部队一同投入。受领独立任务时，摩托车部队应获得其他摩托化部队的加强。

723. 骑兵师的工兵中队用于河道渡口、爆破任务、设置和拆除障碍物。可能有必要把工兵小队或工兵排配属给骑兵旅或骑兵团。部队跨越宽大河流时，必须集中所有可用工兵中队提供支援。

　　724. 骑兵部队与上级指挥官之间，通常只能通过无线电和飞机进行通信联络。骑兵部队应使用所有可用的通信设施。骑兵师和骑兵军不铺设通信干线。

注释：

1. 这一章谈及的几乎完全是（骑马的）骑兵，而不是现代机械化骑兵。《部队指挥》一书出版时，骑兵的重要性已急剧下降，德军当时的骑兵师配有许多摩托化单位（参见附录 4）。德国人在波兰战役中投入一个骑兵旅，在法国战役中投入一个骑兵师，以及在俄国使用各种编制的骑兵部队。

2. 参见第 292 段的注释。

陆军总司令

参照：TA Nr. 2200/34 T4 1934 年 10 月 18 日

我在此批准补充第十四章至第二十三章以及本手册的附录。

任何修改和补充必须经我本人批准。

冯・弗里奇男爵

第十四章
装甲战车 [1]

725. 装甲战车（gepanzerte Kampffahrzeuge）包括携带武器与弹药的装甲车和坦克。虽然这可使车辆在行驶时可以保持不受限制的射界，但观察却很困难，而震动也会影响火力的准确性。对车组人员来说，在战斗条件下操作装甲车辆会非常疲惫。装甲车辆通常可以穿越受到化学毒剂污染的地带，而不会给车组人员造成严重风险（特别是在他们佩戴防毒面具的情况下）。[2]

装甲车

726. 装甲车的道路行驶速度较快，作战范围也较大，但越野能力有限。因此，装甲车的部署通常需要一片可用道路网。一般说来，这种车辆的装甲可抵御轻武器火力和火炮、迫击炮弹片。

727. 虽然装甲车主要用于侦察，但也可用于掩护部队的移动和后方地域的交通。装甲车独立执行或与其他类型的快速车辆合作执行的额外任务包括对敌侧翼、后方、后方交通线的远距离突击。此外，装甲车偶尔也会用于携带重要的命令和信息（参见第 98 段）。

装甲车辆之间的通信，以及他们与指挥部之间命令和信息的传递，可通过视觉或书面方式完成，并由信使车辆携带。而距离更远的时候则应使用无线电通信（电话或电报）。关于通信的更多信息参见第十七章。

坦克

728. 与装甲车相比，坦克的装甲更厚，配备的武器威力更大，且具有出色的越野机动性（坦克的道路行驶速度和作战范围不及装甲车）。一般来说，坦克主要用于直接战斗（主要是在进攻中）。

729. 配备机枪的坦克与配备更大口径火炮的坦克之间的区别是后者更大、更重、装甲更厚。

坦克部队也配有装甲车，专门用于诸如无线电通讯、架桥和补给这些特殊任务。

730. 配备机枪的坦克[3]多应用于攻击暴露在外、缺乏掩护的目标。不过，这些坦克在执行侦察、通信和警戒任务时也很有效。配备更大口径火炮的坦克[4]主要用于压制敌人的反坦克武器和装甲车辆，以及为仅配备机枪的坦克肃清道路，从而突破敌人的阵地。

731. 坦克的作战行动受到地形类型和能见度等条件的影响。开阔、起伏的地面最为理想，宽阔而又深邃的河流、湖泊、沼泽、密林、深沟、崎岖地形与建筑区会给坦克的使用造成限制，甚至会导致无法使用坦克。此外，黑夜和浓雾会严重减缓坦克的运动。

732. 出敌不意是坦克投入行动，并取得成功的最重要的条件之一。一切行动准备应在保密状况下进行。应该对坦克的履带印加以遮蔽，以免被敌人的空中侦察发现。因此，坦克最好在硬质路面的道路上行驶。在软土地面上，短距离的履带印可使用诸如拖曳这种技术方式消除。降低引擎功率可减少车辆噪音，这一点可通过使用软土路面和有利风向实现。在某些情况下，其他声音也可能遮蔽坦克引擎声。

733. 坦克部队的内部通信可通过无线电（电报或电话）、骑手、信使或视觉信号等方式进行传递。在战斗状况下，命令可通过无线电传递。第十七章会谈及通信。

坦克部队同其他部队的通信参见第340段最后一部分。

734. 指挥官的意图、态势、对敌人防御力量的估计，以及对地形的判断，都是影响坦克部署的具体类型的决定性因素。

735. 利用坦克进行侦察主要是为了确定敌人反坦克武器的位置，并评估坦克投入地段的地形条件。坦克指挥官会收到其他兵种发来的重要信息，特别是步兵、炮兵、工兵和航空兵发来的相关信息。不过，坦克指挥官通常只能研究地图和航拍照片，再加上自己的观察——特别是在时间紧迫时。

736. 所有可用力量都应集中在战斗的重点处，特定兵种的投入应与他们同决定性情况的关联度相符。在战斗的初始阶段，特别是一场遭遇战期间，独立作战力量有时候可能需要对敌人的前沿阵地或实施坚决抵抗之敌遂行打击。

737. 大多数情况下，应该将坦克集中起来实施进攻。只要有可能，坦克集中地域就应避开敌人的空中和地面侦察，面朝进攻方向。此外，应在规避敌人炮火的情况下尽量靠近前沿阵地。

坦克进入集中地域应做到安全而又隐蔽，从而实现出敌不意。坦克部队通常沿不同路线分成一个个群体进入集中地域，一般来说可在黑夜或雾色的掩护下实施这种集中。

738. 坦克部队指挥官下达的进攻令应指明任务，以及时间、方向和目标的详细情况。必要时，这道命令还应建立侧翼限制，并包含与其他部队的协同、通信，以及进攻完成后实施集结的具体说明。

739. 坦克部队以纵深梯次配置队形实施进攻，他们应根据地形条件所允许的最大速度向目标进攻。并根据态势的发展，加强先遣力量，迅速粉碎抵抗并发展胜利。坦克部队的预备力量通常尾随在后，从一处掩护阵地前出到下一处掩护阵地。

进攻宽度取决于战争态势、战场地形和己方可用力量，一个坦克营的标准进攻宽度为 800 ~ 1500 米。

740. 坦克的进攻目标主要是敌人的步兵（特别是其重武器）、炮兵连，以及其观测所、指挥所、预备队、坦克、后方勤务和设施。

指挥官应为与步兵协同行动的坦克分配相同的目标（参见第 339 段）。如果坦克必须执行多项任务，指挥官则应根据每支部队执行一个任务的原则进行分配，或依次执行这些任务。通常情况下，指挥官无法在战斗进行期间为一支坦克部队分配新任务。

741. 在完成一次进攻后，应将坦克集中起来补充弹药、燃料和替补人员，以便尽快为后续行动做好准备。一般说来，后续集中地域只能用于目标有限的进攻。

742. 在追击行动中，坦克应受领积极进取的任务和纵深目标，也就是说坦克部队应设法追上被击败的敌人，或者突破敌人的后撤路线，对敌人的炮兵、预备队、指挥所和后方交通实施攻击。

743. 坦克在防御中的使用参见第467段与第501段。

744. 在后退行动期间，一场坦克突击可促成部队同敌人脱离接触。在很多困难情况下，这可能是指挥官唯一的选择。利用坦克部队对实施追击并已迫近之敌反复展开进攻可减缓对方的追击速度，并迫使他们谨慎前行。此外，这种进攻也能减缓己方部队与敌人脱离接触时遭受的压力。也就是说，坦克部队必须对敌人追击中的装甲车辆施以打击。

745. 仅在某些极为特殊的情况下，才可将静止不动的坦克当作火炮或机枪平台使用。

746. 一个或多个坦克团可以和其他摩托化部队及支援力量编成一股诸兵种合成装甲力量，这种诸兵种合成部队必须针对越野状况下的联合行动加以训练和组织。

747. 坦克部队具有装甲重型火炮的能力，可有效用于行进或停顿期间的应敌。由于坦克的速度和作战范围优势，坦克部队可对纵深目标实施突袭。不过需要注意的是，有效使用装甲力量的必要条件是适合它们运动及战斗的地形。

748. 战斗中，装甲部队多被应用于打击敌侧翼和后方，或用于突破敌人的防线。

749. 摩托化步兵部队由具备越野能力的摩托车部队和搭乘车辆的步兵组成，他们可以与其他摩托化部队合并，在配以必要的支援力量（反坦克力量、炮兵、战斗工兵和通信兵）后，构成一个轻型摩托化战斗群。这种战斗群可配属给装甲部队，用以加强或发展装甲部队所取得的战果。此外，当一个轻型摩托化战斗群独立投入战斗时，应获得装甲战车的加强。

较快的速度、较大的作战范围、一定的越野能力，以及运送增援部队进入战场的潜力，使轻型摩托化战斗群能够执行各种任务。他们既可以迅速、出敌意料地调至偏远的战场位置，也可以沿一条宽大或狭窄的战线迅速投入战斗。

750. 指挥官经常会要求装甲部队及其配属的轻型摩托化战斗群在脱离后方交通的条件下展开行动。在这种情况下，装甲部队及其配属的轻型摩托化战斗群必须携带大量弹药和油料，并要获准在战场上搜寻补给物资。因此，指挥官必须确保弹药和油料的补给、预计部队的后续支援要求，并为此做出计划。

对装甲车辆的防御

751. 指挥官必须对敌装甲车辆的出现抱有高度警惕。指挥部、作战部队和后方支援力量必须做好抗击敌装甲部队进攻的准备，所有人员必须能通过型号、性能、可能的投入方式及识别标志辨认敌方车辆。

所有侦察巡逻队一旦识别出敌人的装甲车辆，必须立即通知受威胁部队的指挥官。

752. 部队对敌装甲车辆的防御主要取决于地形。有效的测量和绘图将确定敌装甲车辆可能或不可能展开行动的地域，部队必须充分利用有利于抗击敌装甲车辆的地形。

753. 在情况允许时，部队应布设障碍物。设在道路和小径上的障碍物主要用于对付敌人的装甲车，而设置对付敌坦克的障碍物则通常需要花费大量时间、人员和材料。更多信息可参见第二十章。[5]

754. 配备反坦克武器的己方装甲力量可构成抗击敌装甲车辆的主要防线。此外，还可以利用反坦克炮和野战炮兵对己方装甲力量进行增强。

755. 行军或宿营期间对敌装甲力量进攻的防御应按第四与第十二章阐述的原则进行组织。

756. 在战斗中，敌人通常会投入大量装甲车辆，并具有突然性优势。因此，防御方必须在敌人有可能实施进攻的所有地点组织尽可能强大的防御力量。

757. 必须在敌装甲车辆准备进攻、逼近或进攻的过程中，利用炮兵对其实施打击。只要有可能，就应集中多个炮兵连的火力。此外，炮兵火力应集中覆盖敌装甲力量最有可能实施进攻的地段。

步兵反坦克炮的主要作用是消灭即将成功突破到步兵主阵地前的敌装甲车辆。一般来说，步兵反坦克炮应部署在能提供相互支援火力的隐蔽发射阵地里（这些阵地应获得地形走向或防范敌人占领阵地的障碍物的掩护）。在某些情况下，步兵反坦克炮可部署在受威胁阵地的后方。

炮兵和步兵重武器的主要任务是打击敌坦克、敌坦克支援的步兵，以及支援敌装甲车辆实施进攻的观察所。

轻型步兵部队的任务是同敌坦克身后的步兵交战，只要任务允许，他们就必须避开敌坦克火力。

758. 部署在纵深的反坦克炮和预备队是否与达成突破的敌坦克交战，应由师属反坦克营营长根据师长的指导加以组织。

若师长保留对反坦克营的直接控制，那么他必须与该营营长保持安全通信，但是在遭受攻击时，后者经常不得不独立行事。整个师属反坦克营应将火力集中于敌装甲力量实施进攻的主要攻击点。在情况需要时，反坦克营可置于受威胁地段指挥官的控制下。[6]

在特殊情况下，个别火炮和炮兵排应以直射火力打击实现突破的敌坦克。此外，迅速布设的障碍物（地雷与铁丝网等）和特殊情况下的高射炮火也可用于阻止敌坦克的前进。

注释：

1. 这本手册编写时，德国陆军并没有配备坦克。德军的一号坦克（重 6.5 吨，仅配备 2 挺机枪）是在 1934 年推出的，与本手册第二部分出版的时间差不多。德国第一款真正的坦克是四号坦克，直到 1936 年才列装。虽然德国人于 1935 年组建了第一个装甲师，但 1935 年和 1936 年，他们在战争学院以名义上的装甲师从事演习。参见附录 4。

2. 本手册第二部分于 1934 年出版时，一号坦克刚刚投入列装，离二号和三号坦克投入服役还有几年时间。

3. 一号坦克只配备了机枪。

4. 二号坦克配备了一门 20 毫米主炮，三号坦克配备了一门 37 毫米主炮，四号坦克配备了一门 75 毫米主炮。

5. 一个 300 米宽、10 米长的雷区需要埋设 800 颗地雷（一个战斗工兵连可在 1 ~ 4 小时左右布设这样一片雷区），一片 100 米宽、50 米长并穿插埋设地雷的重型树木屏障，则需要花费配备电锯的战斗工兵排约 6 小时左右的时间。

6. 一般说来，团属反坦克连会掩护他们所属的团，而师长掌握的反坦克营则是一支机动预备队。除了最极端的情况，德国人从来不会单独部署一门火炮。（Wedemeyer Report, p. 25）

第十五章
空军 [1]

759. 在大多数情况下，大规模地面军事行动的成功需要建立在具有空中优势（Luftüberlegenheit）的基础上。要实现这一点，可用的空军部队必须及时集中，必要时可从其他地区抽调空军力量。

空中部队与地面部队（特别是防空力量）的紧密协同是成功的必要条件。在大多数情况下，这种协同应由总指挥官负责。

760. 获得专用空中力量支援的部队将在地面作战行动中实现最高效力。不过，获得支援的部队的指挥官和参谋人员必须通晓飞机的类型和性能，以及机组人员的能力。[2]

761. 掌握多支空军部队的指挥部应派驻一名空军指挥官担任顾问，他可对作战地域内或该指挥部辖内所有空军力量行使职权。

762. 空军部队的部署和行动取决于天气状况，天气预报勤务可提供重要的策划信息。雾、大雨、冰雹、降雪、低云和阴云密布的天空状况都将对空中行动造成严重限制，特别是在山区。

风会对飞机的速度造成影响，而如何利用风力则是远程飞行的一个重要因素。直射的阳光会降低空中能见度，特别是在望向太阳时。地面上的薄雾、烟雾和空中的高湿度会导致定向更加复杂，并给航拍侦察和目标识别造成困难。

天气条件对夜间飞行造成的影响比昼间飞行更大，一般来说在明亮月光下的飞行会较为容易。

不过，需要提及的是，诸如战斗空中侦察和低空战场攻击这些短程飞行，通常几乎可以在任何天气条件下实施。天气条件对空军部队造成的影响，与目标的距离成正比。

侦察机

763. 侦察机中队通常由 9 架飞机组成。

虽然侦察机中队通常会在军级指挥官的控制下行动，但也可能会暂时配属给步兵师、骑兵师、装甲力量和轻型摩托化战斗群。

764. 除了空中侦察，侦察机还可用于联络任务或查看己方部队（评估他们的伪装）。倘若配以适当的装备，侦察机部队还可在执行侦察任务期间施放薄烟幕或运送轻型武器。

在用侦察机充当炮兵空中观测机时，其任务是为炮兵获取并标识目标，以及观测并校正炮弹落点。

战斗机

765. 战斗机以联队（Jagdgeschwader）和团（Jagdregimenter）的编制展开行动。一个战斗机团下辖二到三个联队，一个联队编有三个中队，每个中队配备 9 架飞机，每 3 架飞机组成一个小队（Kette）。

正常情况下，战斗机部队会在集团军的控制下从事作战行动。

766. 战斗机部队指挥官必须同他的部队所属的指挥部保持直接通信联系。在任务范围内，他应享有行动自由。

767. 衡量战斗机的战斗力的基本要素是飞机的性能和机组人员的效率。

一项作战任务的最长持续时间应为两小时（包括往返驻地的时间），如果各飞行架次之间有彻底休息的时间，战斗机每天可执行两至三个昼间飞行架次（用于夜间行动的飞机一般每晚执行一个飞行架次）。一般来说，每天两个飞行架次通常是实施低空攻击的绝对最大值。

768. 一项战斗机任务通常会从空军基地发起。一般说来，战斗机只有在特

殊情况下才可分散至前进机场（特别是那些远离主要空军基地的机场），例如
需要高出航率时。

769. 在大多数情况下，战斗机会以联队、中队或昼间小队的形式展开行动，
单架飞机一般来说只会执行夜间飞行任务。

若战斗机在执行夜间飞行任务时，将使用己方地面部队所在地域的上方空
域，空军部队必须将相关情况告知地面部队。

770. 战斗机不仅可以通过打击敌机的方式为己方地面部队提供支援，还可
用于掩护己方飞机对敌阵地实施空中侦察、打击敌人的空中侦察、掩护己方部
队和后方重要设施免遭敌人空袭。需要特别说明的是，战斗机不应用于在其防
空区构成空中防线。

771. 如果有足够充裕的时间和兵力，战斗机可以执行对地攻击任务。尤其
是在战斗机部队与地面力量协同行动时，对地攻击特别有效。

战斗机的地面攻击目标通常位于炮兵观测范围外。战斗机主要用于打击敌
人的兵力集结、行军纵队，以及正在跨越河流或被限制在狭窄空间内的部队。

不过，当敌人对战斗机的对地攻击做好了防御准备时，指挥官必须预料到
己方战机有可能会遭受严重损失。当战斗机用于对地攻击任务时，指挥官必须
明确己方战机受损的原因。

772. 对地攻击任务通常只在昼间实施，所投入的编队也不应少于一个联队。
同时遂行突然袭击的战斗机数量越多，作战效果越佳，敌人的防御难度也越大。

遂行攻击期间，战斗机编队一般应在尽可能低的高度飞行，投掷小型炸弹
并以机枪扫射。在接敌飞行期间，战斗机编队应避免发生空战。倘若无法避免
空战，通常就意味着必须放弃对地攻击任务。

773. 战斗机的其他重要目标还包括敌炮兵空中观测机和系留气球（这些通
常是临时目标）。

天气态势和敌人的警戒状态都会给空中攻击的时机和目标造成影响。一般来
说，最佳攻击时刻是清晨和傍晚，对这些目标的攻击尝试通常会迫使对方后撤。

774. 消灭空中的敌机是战斗机和防空部队的共同任务，二者的紧密配合能
取得最佳战果。一般情况下，战斗机和防空部队只有在昼间行动中才能实现最

大程度的协同。

战斗机必须知道己方防空部队的位置和射程，防空部队必须知道己方战斗机投入行动的时间、地点和数量。总指挥官确保这种协同，也就是说总指挥官、战斗机和防空部队之间的通信至关重要。

如果己方战斗机能够及时赶至战场，他们的即时攻击是最佳的防御形式。对空预警勤务（Flugmeldedienst）必须及时提供关于敌机数量、类型、航向和高度的信息，并以无线电或地面标志引导战斗机飞往敌机的方向。此外，射向敌机的高射炮火也可引导己方战斗机。

用高射炮驱散己方领土上空的敌机编队，可为己方战斗机实施攻击创造有利条件。此外，高射炮部队必须防止敌人在空战期间投入援兵。

由于在夜间很难发现敌机，所以当夜间空战发生在己方领土上空时，防空探照灯连必须识别出敌机，以便己方战斗机实施攻击。

轰炸机

775. 一般来说，轰炸机会编为轰炸机联队（Bombengeschwader）。每个轰炸机联队下辖三个中队，而每个中队编有 9 架轰炸机。

轰炸机部队通常由高级指挥部门掌握。不过根据相关情况，这种控制权可交给集团军或集团军群。

776. 轰炸机部队指挥官应时刻保持与他的部队所属指挥部的直接通信联系。在命令范围内，轰炸机部队指挥官可保留执行任务的酌情处置权。倘若部分或全部飞机无法到达自己的主要攻击目标时，指挥官可以命令他们攻击其他目标。

777. 轰炸机联队通常会遂行昼间轰炸。夜间轰炸一般是由单机或依次投入的小股机群所实施的，每个机群攻击的间隔时间较短。[3]

如果目标的距离不太远[4]，轰炸机可在昼间执行两次飞行任务。如果入夜时间较长时，轰炸机在执行夜间任务时，也可以执行两次飞行任务。

778. 轰炸机支援地面部队的任务，必须在攻击范围和攻击方向这两方面同地面部队进行协调。轰炸能造成较大的破坏，更重要的是，会对敌方的士气产生影响。一般来说，轰炸主要针对的是己方炮兵射程外的目标。

779. 轰炸机的轰炸类型包括高空轰炸、低空轰炸和俯冲轰炸。

昼间实施高空轰炸期间，炸弹从高空投下。夜间，轰炸高度会有所降低。高空轰炸主要针对大型目标，例如敌军部队的集中、建筑区、宿营地、装卸作业、弹药库、后方设施、大股行军纵队、铁路和汽车运输。低空轰炸期间，轰炸机应从尽可能低的高度投掷炸弹，通常会先实施低空逼近，以确保出敌不意。低空逼近提高了投弹命中率，并能避开敌人的大部分防空武器。在很多情况下，低空轰炸针对的目标通常与战斗机对地攻击的目标类似。

实施俯冲轰炸时，轰炸机会以最大航速从高空向目标俯冲，然后在不到1000 米的高度投掷炸弹。这种攻击主要针对的是较小的目标，例如桥梁、水闸或类似设施。

通信和地面设备

780. 空中力量与其他兵种的协同，需要各兵种与联合指挥人员之间有效而又安全的通信网络做支撑。

781. 空军部队通常会依靠陆军的有线通信网进行通讯。

782. 一般来说，空军与其他兵种间的无线电通信由联合指挥部控制。而空军内部的无线电通信，比如无线电导航（Funkortung）等，均由空军掌握。

783. 以紧密编队执行昼间行动的战斗机和轰炸机部队，各架飞机之间日后将实现语音通讯功能。[5]

784. 如果飞机配备了无线电设备，利用无线电通讯是最快捷的空地通信方式。航空兵部队的指挥台通常拥有设在空军基地或前进机场的电台，指挥部和其他地面部队的无线电台可监听航空兵通信网。在飞机通信被敌人进行拦截，或加密无线电信息不可用的情况下，可采用预先制定的特别缩写和无线电代码。通常情况下，飞机只应以无线电传送那些具有严格时效性的信息。

不过炮兵观测通信是个例外。[6]

785. 信息、命令、地图、照片的传递和交换均可通过信息袋或飞机拾取钩进行传输，不过拾取钩只能用于传递最重要的信息，而且是在没有其他选择的情况下。

信息投掷区应由相关部队指挥官提前建立，或根据飞机向最靠近的指挥官提出要求。

信息袋应从约50米高度进行投掷，同时执行投掷任务的飞机应逆风飞行。

地面部队应把一个布制十字板铺在地面上，以此标识信息投掷区。信息投掷区应避免以下地域和障碍物：玉米地、湖泊、森林、高大或单棵树木、建筑物与电话线。这些地域和障碍物对空中的飞机而言较为危险，并有可能给地面部队寻找投下的信息袋造成较大麻烦。此外，信息投掷区也不应太靠近指挥部或部队集中地域。

飞机尾钩拾取区应根据部队指挥官的命令设立，而且在此前他必须获准使用必要的设备。尾钩拾取区必须在地面上做出标识，并以一个箭头标明风向。配有一个特殊挂钩杆的飞机将在5米左右的高度飞行，以执行拾取信息袋的任务。出于安全方面的考虑，一般会要求拾取区前方和后方地带没有障碍物，而且在离开方向上还应有一片紧急着陆区。

786.根据己方飞机的要求，地面部队应使用地面信号、信号弹或较小的地面指示板标出前线的走向。

此外，较大的地面指示板可标出指挥所、信息投掷区和尾钩拾取区。根据特别命令设立时，这些较大的地面指示板还可向飞机传达特定信息。一般来说，信号板应根据飞行员的要求进行布设。

除了以上方式，地面部队和飞机还可使用信号弹和机载信号弹进行通信联系。这些信号的含义必须预先确定，并定期修改。

临时信号通常只用于将己方飞机的注意力吸引至某个特定地点，这些临时信号包括反光的金属、信号弹、射向某处的曳光弹、信号板或旗帜。

787.特遣编队的空军指挥官需要确定飞机传递信息的方式，可供选择的方式包括无线电、投掷信息袋，以及任务完成后返回基地或前进机场时传递信息。

788.空军基地的位置和状况决定了空军部队的执行效率，而空军基地的位置选择则取决于地形和战术态势。

地面特征和地表承载能力，随着飞机的大小、起飞和降落速度、有效负载能力的变化而变得越来越重要。

此外，飞机起降时应特别留意高压塔、电话线、塔楼和烟囱。这些障碍物有可能会造成空难，特别是在夜间和能见度较差时。出色的宿营设施、供水、供电、电话、铁路，以及伪装潜力连接都有利于空军基地的建立。

789. 及时建立并准备所需要的空军基地是军事行动取得成功的一个重要因素，缺乏机场可能会导致空军部队的战斗力严重下降。在部队前进和后撤行动期间，这一点更是显得尤为重要。

790. 一般来说，空军基地应由机场修建部队和专门指定的人员负责准备。而各种飞机，应根据其类型停在机棚内或露天停放。

791. 空军基地应设在空军部队及其设施所在处。[7]

792. 前进机场的大小通常为 500 米 × 500 米。它们通常会建立在指挥部附近，主要用于传送命令并缩短飞行距离。

对于空中侦察行动而言，前进机场是不可或缺的。不过，战斗机和轰炸机仅在特殊情况下使用前进机场。

793. 疏散机场是避免遭受敌轰炸机突袭的有效手段。若主要空军基地遭到破坏，疏散机场也可充当紧急跑道。

794. 假机场可以欺骗敌人，但它们只有同虚拟的空中交通相结合才能奏效。

795. 各空军基地必须防范敌人来自空中和地面攻击，这种警戒任务主要由空军部队自己负责。此外，空军基地所属的地域指挥部会提供高射炮和高射机枪以加强基地的对空防御。

796. 战斗机从一个空军基地转移到另一个空军基地取决于战术态势。当高级指挥官与为他提供支援的空军部队指挥官之间的通信变得困难时，就有必要进行这种转场。此外，敌人的空袭也可能让高级指挥官决定实施这种转移。空军基地在进行转移前，必须先行实施侦察。一般来说，会先派遣一支先遣力量对新基地进行侦查，然后主力部队才会进驻。在进行基地转移前，必须先建好新基地的通信设施。航空兵的摩托化纵队每昼夜可行进 150～200 千米。在充分准备的情况下，一座空军基地可在 3～5 个小时内完成拆除，而临时修建一座空军基地也只需要花费 4～7 个小时的时间。当然，仓促进行的转移会增加所耗费的时间。

797. 夜间照明系统可协助飞行员找到他们的航线，并引导他们返回基地。通常情况下，照明设施应由防空部队所建立。而且照明设施必须依据标准化程序建立，这套程序限制了可见光源——包括高射炮、火箭、闪光灯和旋转灯标发出的光线。不过，空军基地的识别信号和跑道照明应由空军部队负责构建。

注释：

1. 这一章的德文标题是 Luftstreitkräfte。在本手册出版时，德国空军（Luftwaffe）尚不存在。1934 年 10 月 1 日，希特勒下令组建德国空军（德国人的第一款军用飞机也于当年投入生产），同时秘密扩大陆军和海军——这些都违反了凡尔赛和约。

2. 有六种基本类型的飞机，其中两款侦察机的作战半径为 700 — 800 干米，两款战斗机的飞行持续时间为 2 ~ 2.5 个小时，轻型轰炸机携弹量为 250 千克（航程为 1000 千米），重型轰炸机携弹量 1200 千克（航程为 1600 千米）。

3. 间隔 5 ~ 10 分钟。（Wedemeyer Report, p. 129）

4. 400 千米或更短距离。（Wedemeyer Report, p. 122）

5. 这本手册预料到了空对空无线电通信方面的技术发展。但直到 1940 年的不列颠战役，空对空无线电通信仍是德国空军的弱点（英国皇家空军的战斗机显然拥有无线电优势）。

6. 战术侦察机的无线电台最大传输距离为 150 千米，战役侦察机配备的无线电台最大传输距离为 300 千米，而轰炸机载电台的最大传输距离可达 600 千米。至于战斗机，则只有长机配备有电台，最大传输距离为 50 千米。

7. 战斗机和轻型轰炸机需要 750 平方米的起降场，而重型轰炸机需要 1000 平方米的起降场。

第十六章
防空部队 [1]

798. 由于敌人会将空中侦察和空袭行动扩展至其战机的航程极限，因此我方所有部队必须随时做好抗击敌空中行动的准备（决定性作战地段的防空任务至关重要）。此外，空袭的威胁在昼间和有利飞行的条件下会成正比地增加。

除了正常任务，敌侦察机也可能对临时目标直接展开即时攻击。在一些特殊情况下，敌侦察机甚至可能对特别有利可图的目标投掷单枚炸弹。

在大多数情况下，敌人的战斗机和轰炸机会以突如其来的方式实施攻击，速度极快。不过，我们有时候可以通过发现敌人的侦察机而预料到这种攻击：在敌人的战斗机和轰炸机出动前，会有敌人的侦察机先进行活动。

799. 及早发现敌机，并进行敌我识别对有效、及时的防空而言至关重要。一般来说，飞机的类型、引擎声、数量、高度和姿态都是识别并判断敌方意图的重要指标。至于己方飞机，则需要使用各种信号向地面部队表明自己的身份。

800. 防空工作由部署所属防空部队的指挥部负责。

801. 防空部队可独立行动或与战斗机协同防范敌人的空中侦察和炮兵的空中观测。防空部队需要保卫地面设施，使其免遭空袭，并为己方战机提供支援。对空预警勤务必须及时发现敌机，并通知所有遭受威胁的部队。

投入防空部队的要求正确判断空中态势，并了解敌机攻击战术的原则。

此外，防空部队的训练和技术装备的战备状况必须保持最高水准，而且他们的士气和技术装备的可用性也都非常重要。

802. 防空的目标是摧毁敌机。防空部队至少应迫使敌人中断其攻击，或使敌人无法彻底完成其任务。

803. 在许多情况下，防空部队可能会使用防空武器直接对己方空军部队的上方进行射击，这有可能造成误击事件。

804. 防空部队配有高射炮（Flak）、自动高射炮（M. Flak）、高射机枪（Fla. M.G.）、防空探照灯（Fla. Schw.）和空中障碍设施。一般来说，会分配给防空部队对空预警连。

805. 高射炮是对空防御的主要力量，它们可通过公路或铁路移动，出色而又密集的道路网有利于摩托化高射炮兵的部署。虽然安装在火车上的高射炮可以迅速移动并完成远距离调动，但却受限于铁路交通网的铺设范围。

高射炮连的伪装较为困难，这使他们很容易遭受攻击。因此，当高射炮连位于敌炮兵射程内时，有必要经常变更发射阵地。

对高射炮来说，最佳射击目标是排成紧密昼间队形、沿恒定方向和高度飞行的多架敌机。其次，是在中低空飞行的单架敌机。敌人的战斗机，特别是数量较少，且在高空飞行的战斗机，并不是高射炮的理想目标。此外，需要注意的是打击飞行高度低于 1000 米的敌机时应使用高射机枪而不是高射炮。

一般来说，高射机枪会安装在火车或汽车上，在用于打击低空、短射程内的空中目标时特别有效。因此，高射机枪可用于掩护部队集中、掩护行军中的部队、保护后方设施（机场、弹药库等），与探照灯相配合的高射机枪能有效防御敌人的夜间空袭。需要注意的是，仅在部分特殊情况下才可将高射机枪部署至前沿地段。

806. 防空探照灯[2]安装在火车或汽车上，可照亮敌人的空中目标，将其笼罩在光锥中，便于己方防空武器和战斗机进行攻击。此外，探照灯还会导致敌机组人员暂时失明，使他们迷失方向，并扰乱他们投掷炸弹的行动。不过，地面上的雾和低云会给防空探照灯的有效性造成限制。

808. 空中障碍设施（阻塞气球或风筝）可加强对空防御。不过，这些空中障碍设施的部署取决于风速，且无法有效阻塞大片空域。夜间行动或能见度较差时，空中障碍物可减少所需要的防空武器数量。敌机发现空中障碍物后，可能会在更高的高度飞行，或放弃空袭。

809. 情况允许时，如果步兵、骑兵、装甲部队和轻型摩托化战斗群的任务需要支援，可临时给他们配属防空部队。

810. 对空防御不可能为所有地段提供掩护，尝试为所有地段提供掩护只会分散战斗力。因此，相关命令必须确定优先提供防空掩护的位置。一般说来，防空掩护的优先级应视敌人的空中威胁的性质而定。但是，对空防御也可优先考虑支援己方空中行动和对敌机的打击。某些情况下，防空部队可留在前沿地域后方担任预备队。

811. 防空武器火力会把敌人的注意力吸引到防空部队掩护的地域，但如果指挥官命令防空部队停止射击和照明行动可缓解这种影响。相反，猛烈的射击和照明可用于欺骗某个地域的敌人（这种措施的弹药消耗量极大，只能在特殊情况下采用）。

812 当将防空武器用于地面行动时，会降低其主要作用的效力。一般来说，防空武器仅适用于在特殊情况下作为防御火力来打击近距离内的战车。

813. 集团军属防空指挥官或高级防空部队指挥官，也是集团军司令关于一切防空事务的顾问。他们不仅需要负责麾下所有防空部队的部署、装备和弹药补给，指挥区域对空预警勤务，还要确保他们的报告经通信系统送达毗邻部队、后方地域和空军部队。

814. 防空指挥官负责与己方空军部队协调相关事宜。争夺制空权，不仅需要防空指挥官与空军指挥官进行良好沟通，还需要对空预警勤务快速而又可靠的行动。信息的快速评估和持续交流可使空军部队和防空部队能够迅速投入战斗，并针对空中态势的变化修改相关命令。

815. 高射炮营[3]营长通常会根据军长的命令指挥全军所有防空部队的行动。高射炮营营长会给各部队下达命令，指出需要加以掩护的地域，监督作战地域内的整个防空部署，并确保所有防空部队与毗邻部队及部署在该地区的空军部队的协同。

而且，高射炮营营长还要与军通信官相配合，并负责麾下部队内部的通信效力、指挥作战地域内的对空预警勤务，以及确保重要的报告及时传送给毗邻部队和后方地域。

此外，高射炮营营长还负责确保全军所有防空部队的弹药补给，以及不断了解相关态势和军长的意图。无论是行进期间还是在阵地上，高射炮营营长都必须与军长保持紧密联系。战斗中，高射炮营营长的指挥所应设在靠近军指挥所的地方。

816. 一般来说，防空部队需要同时投入战斗。当各高射炮连的覆盖范围重叠时，防空部署就是有效的。倘若需要同时对多个广泛分散的地点加以掩护，标准解决方案是将高射炮连和防空探照灯部署在最重要的地点，并以高射机枪掩护其他地域。

817. 高射炮连的部署位置不应靠近野战炮兵发射阵地——野战炮兵的射击可能会给高射炮连造成影响（野战炮兵的射击很难加以伪装，会把敌人的火力引至野战炮兵连，并祸及高射炮连）。因此，高射炮连在选择发射阵地时必须同野战炮兵指挥官进行协调。

如果地形允许，单个的高射炮连可部署至阵地前方地域，他们在那里可以打击越过己方前线的敌机。

818. 变更高射炮连的发射阵地会降低他们的防空效率。不过，若高射炮连频繁变更阵地也会给敌人的侦察造成麻烦。如果发射阵地已被敌人发现并遭到攻击，有可能导致行动瘫痪时，高射炮连就有必要变更阵地。此外，防空探照灯连在昼间应尽量留在后方，只要在黄昏时开入前方阵地即可。

819. 对空预警勤务的有效性对整个防空体系而言至关重要，该勤务可提供关于敌人意图的重要迹象（参见第184段）。空中行动的速度对对空预警勤务的可靠性和快速性提出了很高的要求。

820. 对空预警勤务要确保防空部队和战斗机的及时投入，将空中情况告知地面指挥部和空军部队，警告地面部队和后方勤务即将遭受攻击，为部队在敌机到来前采取防御措施提供充裕的准备时间。

此外，对空预警勤务还可识别一切投掷信息袋的活动，以及判断是否有敌机在己方领土上降落。

821. 野战集团军的对空警戒勤务包括防空部队的对空警戒观察员和对空预警连的对空观察哨。

对空预警连可作为一支部队部署，或以排的形式部署在实力不足的防空部队所在处，用以加强防空营的通信。此外，他们还负责建立或完成防线后方的对空预警网，从作战地域一直延伸至后方。

822. 对空预警连连长要在与防空指挥官协调后建立对空信息中心。对空预警连连长负责有效沟通，并保持对空域的监视（特别是在侧翼和前线上的缺口）。此外，对空预警连连长还要担任连队所属指挥部的对空信息中心负责人。

823. 由于对空预警勤务需要良好的通信联络，所以对空预警连将使用该连所属指挥部的区域通信网。一般来说，应优先考虑有线通信。

824. 由于通信流量非常大，且很容易遭受攻击，所以应将对空信息中心设在敌炮兵的射程外，并远离突出的地标、建筑区和主要道路。

注释：

1. 防空部队隶属于空军，但可根据作战要求配属给陆军部队。防空部队包括轻型、重型防空营和探照灯营。

2. 一个探照灯营下辖三个连，每个连配备9部1500毫米口径的探照灯（照射距离可达约10000米）和6部声音探测器。目前，探照灯营已完全实现了摩托化。（Wedemeyer Report, p. 138）

3. 魏德迈在报告中提及了两种不同类型的防空营。彻底实现摩托化的重型防空营辖四个连，每个连配备2挺20毫米高射机枪、4门88毫米高射炮和4具自动火炮定向装置。88毫米高射炮是一款优秀的武器，于1918年首次引入，二战期间经过了多次修改，可担任并执行各种角色和任务。轻型防空营辖三个连，每个连配备12门20毫米高射机枪和4部600毫米口径探照灯。此外，轻型防空营可能还会配备一个拥有9门摩托化37毫米高射炮和4部600毫米口径探照灯的连。在1937年和1938年战争学院的演习中，步兵师通常配属一个轻型防空营。（Wedemeyer Report, pp. 24, 136-138）

第十七章
通信

825. 通信兵部队和各部队的通信排，负责建立并保持指挥部与各部队之间，以及各部队内部的信号通信网。[1]

此外，通信兵还要负责操作连接后方勤务的通信网。这种通信网的建立，有助于进行收集情报、维护信息安全、欺骗和反谍报等工作。

826. 有线电话和无线电是通信部队实施通信的主要手段。在有些时候，通信部队也会使用其他方式进行通信，包括在某些特殊情况下使用信鸽和通信犬。

827. 信号通信的方法必须同其他方式相互补充。由于敌人的行动、阵地所处的地形、当时的天气情况或一些其他困难因素，任何一种通信方式都有可能在不同时间或地点出现问题。

需要注意的是，能构成最快、最安全通信的手段永远是首选。此外，在己方领土上，永久性设施是构成通信网的基础，不过永久性电缆的安装很耗时间。

828. 有线通信是信号通信的基本要素。不过，陆地上的电缆易受外部影响，地形对线路的安装和重建的影响也极大。

一般来说，有线电话用于口头交换信息、发布命令、接收消息和直接商讨问题，而高速电报和电传系统能以一种既快速又安全的模式传送大量文字数据。通常，只有高级指挥部门才会使用这两种系统。

829. 无线电通信可以迅速投入使用，并实现信息的远距离传送。传送的方式可以是电报，也可以是语音。而且，天气、地形或敌人的武器对无线电通信的影响都不大。但是，无线电通信对强烈的电气干扰非常敏感。任何无线电信息都有可能会遭到拦截，甚至敌人可以通过无线电测向来确定发射台的位置。

无线电为有线电话提供了有益的补充，通常是有线通信的唯一替代方式。战场上，无线电主要用于指挥信息的传送。无线电对地面部队与飞机，以及飞机之间的通信都很重要。

不过需要注意的是，无线电通讯必须遵照明确的时间表运作，以避免各发射台之间发生干扰。此外，利用无线电传送的信息也必须简短——过长的信息会使通信网超负荷，并给敌人提供利用信号获取情报的机会。

830. 信号灯通信不受地形影响。其有效性随恶劣的天气条件（雨、雪、雾、薄雾）而下降。地形特点可能会导致难以建立有效的信号灯位置。战斗中，信号灯是有线、无线电通讯不可或缺的备用手段。较短的距离内，信号灯也可加强有线和无线电通信。[2]

831. 烟火和光信号设备通常用于传送预先确定的信号，其有效性取决于能见度条件。不过，烟火和光信号容易与敌人的信号相混淆，以及容易被敌人发出的假信号干扰。一般来说，步兵与炮兵之间，以及其他地面部队与观察气球之间会选用这种通信方式。此外，声音报警设备可用于警告空袭和毒气攻击。

832. 信鸽和通信犬可用于传递信息、命令和示意图。需要注意的是，使用信鸽需要进行大量准备工作——逆风、雨、雾、雪，以及雷雨，都会降低利用信鸽进行通信的效力。而且在许多情况下，是根本无法使用信鸽的。此外，必须提及的是，信鸽无法在黑暗中飞行。[3]因此，如果处理得当，在短距离内使用通信犬更为可靠（它们可用于前线地域）。[4]

833. 在战场附近，电话交谈、无线电信息和信号灯信息都有可能被敌人截获。部队必须以技术手段对付敌人的情报收集工作，违反通信安全程序可能会给己方部队造成严重后果。

此外，在敌人有可能接入通信电缆的地段（通常是在前线3千米以内），可能需要布设多条且高度绝缘的电缆。[5]

无线电信息必须经过加密，而信号灯信息则只需在敌人有可能实施拦截的情况下进行加密。在面临迫在眉睫的危险时，指挥官有权以明码发出无线电和信号灯信息，哪怕会被敌人截获。本手册第 784 段谈及了飞机的通信，第 733 段谈及了装甲车辆的通信。

无线电信息的内容可使用标准代码表传送。前线侦察部队如果认为敌人已知道他们的存在，或他们发送的信息不会危害他们的部队，也可以使用这种方式传送信息。开火令、立即生效的射击指挥信息、不具备战术影响的炮兵观测和侦察信息也可以使用同样的方式传送，不过人员姓名、部队番号和地点必须隐去。

无线电语音传送可用于前线侦察部队传递消息，以及传送对敌人没有战术价值的炮兵观测和侦察信息。在其他情况下，无线电语音传送仅限于在危险迫在眉睫的时候，或有部队指挥官的命令时使用。

834. 各个地段的负责人必须对敌人实施无线电拦截的威胁进行评估，并对无线信号通信进行一定限制，甚至禁用。

835. 由相关负责人决定无线电静默的要求，并确定优先顺序、开始时间和持续时间。除非有其他指示生效，否则无线电静默应在作战行动开始时结束。而且，倘若情况需要立即、及时传送消息，而且没有其他替代手段可用时，每个军官都有权主动打破无线电静默。此外，在某些情况下，未同敌人发生接触的侦察部队可能需要把他们的消息发送给假定敌人已知的无线电台。

836. 以信号通信实施欺骗，需要进行谨慎的战术和技术准备。虚假的通信必须同其他欺骗手段相配合，例如假运输、部队的假调动和佯动。

837. 集团军和更高级别的指挥部可下令干扰敌人的无线电通信。

838. 公共广播电台可用于播放陆军官方公报，向普通民众下达通知、做出解释、发布警告，并反击敌人的宣传。当将公共无线电服务用于军事目的时，由陆军高级指挥部指挥、控制和管理。

839. 集团军司令部负责管理直至师一级的无线电通信，而师长负责监督下属各梯队的无线电通信。此外，高级指挥官保留对无线电通信的最终决定权。

840. 通信官不仅是师长的通信顾问，也可能是师属通信营营长。通信官可按照师长的意图，指挥通信兵的行动，并监督通信部队之间的协调。此外，通信官还负责人员和设备的加强及更换。而下级部队的通信官则负责他所在部队的信息勤务，并保持同师属通信部队的联系。

841. 通信指挥官和部队通信官必须保持对情况和指挥部意图的认知、就通信工作提出建议，以及确保他们的上级可迅速了解当前态势。第106段谈及了上级与下级指挥部门，以及毗邻部队之间建立通信的责任。

842. 通信部队的投入取决于战场环境的具体情况。主要作战方向和主要努力点需要安全可靠的通信，与遭受孤立和威胁的敞开侧翼保持通信联系尤为重要。

通信官应毫不犹豫地投入他掌握的所有人力资源，根据情况的要求执行一切紧急任务。

虽然使用回收的设备可以节省时间和人员，但此类设备必须在重新投入使用前加以彻底检查（通常只有通信部队可使用这类设备）。

843. 态势的变化可能会要求通信部队重新组织通信，部队应为此目的而组建通信预备队并确保他们可随时投入使用。不过，需要切记的是，当通信部队的调动或替换有可能干扰己方通信时，不应采取此类行动。

844. 为指挥部和观察所选址时，所有指挥官必须考虑通信部队的要求。当高级指挥官指定下属指挥部的位置时，通信网的建立会更加容易。第109段谈及了高级指挥官在行军和战斗中的位置。

845. 在部队行进期间，各指挥部之间的无线电通信应保持待命状态，而有线连接则处于准备就绪的状态。

846. 集团军司令部的通信部队需要与毗邻集团军司令部建立通信联系，并最大限度地使用永久性电报、电话和无线电设施。此外，他们还应向下连接军部，向上连接高级指挥部和本土。

847. 军属通信营应与集团军司令部所辖通信部队互相配合（若军属通信营位处本土，则与邮政部门配合），共同建立通信网。军通信网需要将各个师与军部连接起来，而各个师则根据命令将他们的通信接入军通信网。倘若整合的通信网无法在合理的时间内建立，军属通信营应协助建立该通信网。如果军部掌握的师较多，应沿行军路线铺设两条通信线。军部指导建立前进电话站，各个师可在延长的停顿期间接入其中。

848.师属通信营负责建立师部与下属部队之间的通信联系——这是战斗中特别重要的一项任务。此外，这个通信网还应保证炮兵指挥官与他的下属指挥官们的正常通信。

前进期间，师属通信营应沿行军路线铺设师通信干线，并将其与军通信网相连接。倘若军属通信营为连接大多数前沿部队而铺设的电缆穿过该地段，步兵师就不必建立单独的师属通信干线。但必要时，师属通信营可受领相关任务，支援或完成这条通信线的修建工作。在这种情况下，师属通信官应负责师作战地域内有线通信连接的修建工作。

师属通信营的大部分力量必须保持可用状态，以完成他们在战场上的任务。在即将同敌人发生接触时，该师必须摆脱与后方不必要的通信保持。

849.各部队辖内通信排应负责建立部队指挥官与下属指挥官之间的通信联系。

850.师属通信干线需提供通信联系，而无线电则是备用手段。当步兵师的通信干线发生故障时，可使用无线电和信号灯进行通信联系。为提高联系后方的有线通信的效率并避免通信线路过长，可采用若干措施。在作战行动开始前，军属通信营和集团军通信部队可以延长师属通信干线，提高其战备状态，并设置横向通信连接。

851.第四章至第十二章也谈及了通信部队的使用，主要信息参见第90段到第119段、第259段、第291段和第346段到第348段。第十三章介绍了骑兵与其上级指挥部门之间的通信。第三章谈及摩托化侦察部队与其上级指挥部门之间的通信。

注释：

　　1. 师属通信营辖一个完全实现摩托化的无线电连和一个部分实现摩托化的电话连。无线电连配备 14 部功率较小的 5W 和 2W 电台，以及 4 部 100W 大功率电台（语音或莫尔斯电码的传送距离可达 300 千米）。电话连有 4 部交换机、6 个马拉线段、10 个摩托化线段，外加 2 个用于指挥部地域短途接线的连接线段。每个摩托化线段携带 12 千米电缆，每个马拉线段携带 8 千米电缆，而连接线段则为 3 千米。（ Hartness Report, p. 45 ）

　　2. 信号灯是一种非常缓慢的通信手段。在战斗条件下，一份 20 个字的信息可能需要 10 分钟才能传送完。（ Wedemever Report, p. 63 ）

　　3. 信鸽至少需要三天时间来进行定位，而且它们在雪天也很难辨明方向。此外，鸽子的飞行速度大约是每分钟 1 千米。（ Wedemeyer Report, p. 64 ）

　　4. 通信犬可以记住并找到 2 千米范围内战场上的位置。它们可以追踪一股已确定的气味线索达 6 千米。（ Wedemeyer Report, p. 64 ）

　　5. 早在 1914 年，德国陆军就已具备使用感应技术窃听敌方电话的能力，而且这种技术不需要在物理上接入对方的通信线。

第十八章
化学战 [1]

852.化学武器包括刺激性毒气、起水疱毒气和窒息性毒气等 [2]，它们能使无防护或防护不足的士兵暂时或永久性地丧失战斗力。野战期间，它们还会给牲畜和获得一定防护的士兵造成影响。由于化学武器会在一片给定空间内扩散，针对其他武器的标准防护措施对化学武器无防护能力。除了摩托化部队搭载佩戴防毒面具的士兵，可以跨过受污染地带外，其他非专业部队无法跨越这种受污染地段。

由于化学毒剂的持续时间和在相应空间扩散的能力，它们往往比常规武器更具效力。此外，化学毒剂还会造成严重的心理影响，特别是针对那些缺乏经验或防护不足的士兵而言。

853.化学毒剂的效果取决于它们的毒性大小，其效力随空气中或地面上毒剂密度及其持久性的增加而加大。遭受污染的表面越大，化学毒剂的效果也越强。一般来说，空气毒剂的持久性较为有限，而地面毒剂的有效性则可持续数日或数周。

854.化学毒剂的潜在有效性取决于天气条件和白昼时间。此外，风力和风向也是关键因素。强风可吹散大部分化学毒剂，使其丧失效力，而来自太阳的热量也会使毒剂上升，并加速地面上的毒剂的蒸发。凉爽的天气会延长毒剂的存在时间，但极寒天气却会彻底破坏大多数毒剂的功效。薄雾和小雨有利于空气毒剂的传播，并掩盖它们的存在，但大雨会导致空气毒剂的沉降，并中和地面毒剂。大雪会肃清空气毒剂，但无法中和地面毒剂——有一种毒剂可以留存在雪下，在士兵们挖掘战壕或修筑阵地时又重新出现。

一般来说，使用毒气最有效的时刻是夜间、清晨或黄昏。

855. 地形特征会给化学毒剂的效力造成影响。在洼地、山谷、沟壑和避风处使用化学毒剂可增加毒性的持续时间，而在湿地和沼泽区使用化学毒剂的效果却非常差（它们往往会加速化学毒剂的消散）。

856. 一般来说，只能通过同时使用大量化学毒剂来实现最大效力。不过，反复使用少量毒剂也能取得良好的效果，并对敌人产生极大的心理影响。

857. 倘若以突然袭击的方式投放化学毒剂，或通过投放方式误导敌人做出错误的反应并采取错误的对策，那么化学毒剂的使用效果会更好。化学毒剂的使用能创造一种突然性，而这种突然性有利于部队迅速利用毒剂的效果来扩大战果或实现突破。

858. 投放化学毒剂的方法包括利用迫击炮和火炮炮弹传播，利用金属罐、化学毒剂投射器、喷洒和炸弹传播，以及通过近距离支援飞机播洒。

859. 利用火炮和迫击炮的炮弹进行投放，是化学毒剂最常用的投放方式。当攻击目标靠近己方部队时，敌人必须处在顺风处。与其他方法相比，利用火炮和迫击炮炮弹投放毒剂受风向的影响较小。虽然利用这种方式进行投放需要大量化学弹药，但不需要其他特殊准备。因此，利用火炮和迫击炮投放化学毒剂最容易实现突然性。

化学火力的类别包括突如其来的毒气袭击、压制火力、防御火力、毒气与高爆炸药的结合。

一场突如其来的毒气袭击需要在无防护的敌军部队上方迅速积聚毒气浓云。压制火力应在敌人上方形成并保持高浓度的化学毒剂，这样一来，就连获得防护的部队的战斗力也会下降——至少在弹幕持续时间内会下降。在投下大量地面污染毒剂后，经过该地域的部队都会遭受损失，而绕行或清除污染则会耗费大量时间。己方防线与毒剂投放目标之间的安全距离取决于风向和风速、地形类型和化学毒剂的类型。

860. 安装在地面上或搭载在特种车辆上的容器可用于施放空气毒剂。一般来说，这些装置应由专业化学战部队来操作。空气毒气的施放会产生高浓度毒气云，需要空阔的地形以及朝向敌方的较低的风速。

一场化学毒剂投射器[3]攻击可发射多种毒气弹（通过安装在地面上的管子射出）。这时，风向不太重要，因为毒气云会在敌人控制的地带内形成。这种攻击类型能产生最强烈的毒气云，倘若加以充分准备，它能实现最大程度的出敌不意。

需要注意的是，施放毒气和使用化学毒剂投射器很少用于机动作战。

861. 喷洒化学毒剂是污染相关地带最有效的方式，不过，喷洒大片地域需要使用专业的化学战部队。而局部地面污染可派战斗工兵执行，或以火炮和迫击炮火实施。

虽然使用飞机投掷化学炸弹可用于污染火炮射程之外的地带，但对面积更大的地域则几乎无效。虽然低空飞行的飞机可在较大地域喷洒毒剂，但精确度却欠佳。

隘路、森林覆盖和破碎地形、遍布水道的洼地，以及山脉是实施污染的有效地域。地面污染在不规则地形、某些特定地点、宽度和深度较大的地域特别有效。一般来说，这种污染地域可加强障碍物和其他壁垒。

862. 使用近战化学武器（毒气手榴弹和毒烟罐）时，风向是保护己方部队的关键因素。而在前线燃烧毒气罐时，也需要注意风向。

863. 快速移动的交战期间，部队通常无法获得大量化学毒剂，这种情况下只能通过火炮或迫击炮的化学火力压制少量目标。

倘若有大量化学毒剂可用，敌炮兵是化学攻击的主要目标。其他目标包括敌防线上的突破点，以及集中的敌军部队和预备队等（参见第 344 段）。

864. 利用飞机投放化学毒剂在追击行动中特别有效，低空攻击投放的地面污染毒剂对人员和牲畜的影响极大。

865. 防御行动期间，化学毒剂更容易部署，特别是在实施固定防御时。

在阵地前方布设化学障碍物，并利用火炮和迫击炮形成"化学火力"，以及使用近战化学武器对付敌人的突破，都可以加强防守部队的防御力。关于化学毒剂在阻滞防御中的使用参见第502段。[4]

866. 当部队脱离战斗或后撤时，可实施化学弹炮击，以污染较大面积的地域或障碍物，并以此给敌人造成障碍。

867. 在指挥部的指导措施中必须确保每个士兵的防化保护，而且这些措施必须考虑到敌人的化学毒剂的特点和类型。

868. 及时了解敌人的装备、化学毒剂的类型及其使用方式，是非常重要的。

869. 为保护己方部队，必须充分利用敌化学毒剂的弱点。

870. 即便敌人拥有大量化学毒剂，在天气条件不利时他们也只能有限使用。某些情况下，我方可对此加以利用。

871. 部队必须始终充分利用有利地形，以降低敌化学毒剂的作用。部队长时间据守一处阵地时，可能有必要放弃个别无法防御毒气的地点和发射阵地——即便这些地点伪装得很好。

纵深梯次配置或广泛分散的部队可通过频繁调动和假阵地来降低敌方化学毒剂的威胁（这种措施限制了敌人获取目标和将化学武器集中于有利可图的目标的能力）。

872. 在天气不利于进行化学战时，部队仍必须保持警惕并不断观察敌人的阵地。没有接到毒气警报的部队如果被毒气击中，有可能遭受严重损失——即便化学毒剂的效力因天气不利而有所下降。

空袭即将到来，以及部队处于敌人中型或轻型火炮射程内时，指挥官可下令发出毒气警报。

873. 如果发现敌人的化学武器，部队应立即发出毒气警报（参见第695、第697段）。虽然不准确的毒气警报会扰乱部队，并随着时间的推移使士兵们掉以轻心，但过晚发出警报却有可能造成严重后果。

874. 化学探测器可以提供预警。只要指挥官预计敌人可能使用化学武器（特别是地面污染），就必须将化学探测器投入使用。此外，化学探测器对侦察和地形勘测部队特别有用。

875. 部队如能及时发现敌人进行化学战前的准备工作，是对付敌人化学武器最有效的措施。

　　成功的防御措施包括以火力消灭对方的化学武器，以及压制敌人的火炮和迫击炮。也就是说，部队不能仅仅依靠风力和地形等天然因素来避免化学武器的攻击。

注释：

1. 虽然 1925 年的日内瓦协议禁止在战争中率先使用化学武器，但本手册还是用了整整一章来阐述化学战。这一章无疑受到了德国人在第一次世界大战期间使用化学武器取得了巨大成功的影响，特别是 1918 年鲁登道夫攻势期间格奥尔格·布鲁赫米勒上校指挥的化学战。美国陆军 1941 年版或 1944 年版的 FM 100-5 手册都没有以专门的章节阐述化学战，这两本手册对化学品的讨论主要涉及防御措施。

2. 这里没有特别提及神经性毒剂。第二次世界大战前，德国人已开发出世界上第一批神经性毒剂，沙林和塔崩，并且错误地认为盟国也已开发出神经性毒剂。

3. 类似于英国人在第一次世界大战中使用的利文斯毒气投射系统。二战爆发时，这种投射系统被认为已经过时。

4. 这一段特别有趣，因为第一次世界大战几乎没有提供将化学毒剂成功运用于防御作战的案例。化学毒剂的成功使用（里加、鲁登道夫攻势）几乎都是在进攻行动中的。

第十九章
烟雾 [1]

876. 烟雾有助于部队和设施避开敌人的侦察、欺骗敌人、限制敌人的战场行动，并降低其火力效力。

877. 提前施放烟幕需要部队灵活而又果断的决定。

878. 部队施放一道烟幕可限制敌人的地面侦察，不过这道烟幕必须要么围绕敌部队，要么遮蔽己方部队（Selbstverneblung）。倘若风向垂直于敌人的观察方向，这一点可通过一道烟幕（Nebelwand）或一片烟雾区（Nebelzone）加以实现。而如果风向不是这样时，部队则只能通过制造一片烟雾区来达到所需要的效果。

围绕己方部队设置一片烟雾区只能部分限制敌人的空中观察，用这种方法几乎不可能长时间遮蔽重要的设施或桥梁施工。

879. 仅用烟雾遮蔽己方部队会引来敌人的注意和火力。因此，烟雾遮蔽必须扩大到比受掩护部队或设施更远的范围。

此外，向敌人施放烟雾会降低对方的火力效果，其功效大于以烟雾遮蔽己方部队。这种施放烟雾的方式，会把在烟雾中行进和战斗的不利条件强加给敌人，而且所需要的发烟装置往往比遮蔽己方部队少得多。因此，向敌人施放烟雾通常是最佳选择。

880. 一道欺骗性烟幕会误导敌人，吸引其火力，并降低对方的警戒状态。

当然，这种技术只有在敌人未意识到这是一种欺骗措施时方可奏效。

881. 烟幕的面积、浓度及持续时间取决于天气、风力大小、烟源与目标区域的距离、地形、发烟装置的数量和类型。发烟装置包括发送器、弹药和其他烟雾生成设备（发烟罐、烟雾手榴弹、烟雾枪榴弹和烟雾炸弹等）。

较高的空气湿度会造成浓密，且持续时间长久的烟雾。凉爽的天气和多云的天空能产生比炎热或霜冻天气更好的效果。强烈的阳光会消除烟雾，而大雨会使烟雾冷凝成雨水。一般来说，来自恒定方向的稳定微风是使用烟幕的最佳条件。

根据天气情况，烟雾与烟源的距离决定了遮蔽效果下降速度的快慢。与烟源的距离超过 500 米之后，烟幕很少能持续保持不透明状态。

山区、高度起伏激烈或森林密布的地带不利于烟雾的不间断伸展，地面湿度较大的开阔地最有利于烟雾效果的发挥。

882. 发烟装置只能在获得己方部队掩护的情况下使用。利用火炮和迫击炮发射烟幕弹，或通过飞机投放烟雾（通过发烟或轰炸）时，烟源应位于敌方领土上空或内部。

发烟、烟幕弹炮击或飞机施放烟雾，因风和地形而存在不同。当风速为每秒 2 ~ 10 米时，发烟对遮蔽处于所有风力条件和地形上的己方地域较为有效，但无法用于遮蔽逆风情况下的前线。发烟对遮蔽敌人的视线同样有效，但只能在风吹向对方、距离较近，且地形有利的情况下使用。利用烟幕弹和飞机施放烟雾遮蔽敌人的视线几乎在任何天气（只要风速达到每秒 8 米）和任何地形都有效，哪怕是在逆风条件下也可用于遮蔽己方前线。[2]

883. 烟幕可用于遮蔽战场的各个地段，并给敌人的观察造成限制。不过当风对角吹拂与己方战线，或与己方战线垂直时，毗邻部队可能会受到烟雾影响。因此，烟幕的设置必须紧密协调。所有部队指挥官只要能确定天气和风力条件不会对他们的部队或友军的战斗力造成不利影响，都有权自行决定使用自己的发烟装置。当然，部队指挥官应预先从上级部门获得这种授权。可能的话，部队在使用烟雾前应通知毗邻部队。

884. 指挥官下达发烟命令与部队执行该命令之间，如果发生影响战斗力的剧烈天气变化，建议取消发烟命令。不过，对此负责的指挥官必须清楚地了解取消计划中的发烟行动可能会造成的后果。

885. 各部队可用的发烟手段旨在产生持续时间较短的小型、局部烟幕。某些情况下，指挥官可以集中控制烟雾的使用，或把多支部队的发烟装置集中到一处。此外，装甲车辆可使用自身设备随时利用烟雾遮蔽自己。

886. 集团军司令或军长可将化学战部队和烟幕弹药分配给辖内部队，或者把它们留下用于特殊任务。师长控制分配给他的化学战部队和装备的投入，并协调化学战部队与他麾下部队的配合。

发烟部队及其装备应集中在行动计划、地形和天气条件表明能取得最佳效果的地方使用。每次使用烟雾，部队都必须对其目的、效果、持续时间和类型加以控制，并同毗邻部队协调。

887. 发烟部队指挥官也担任他所隶属的指挥官的顾问，他必须不断了解指挥官的意图和战斗情况，并根据自己的观察，对态势加以评估，为自己部队的行动提出建议。

888. 为了让烟雾效果与战斗行动同步，总指挥官可以把发烟部队置于所要遮蔽部队的作战控制下，或指示两支部队协同行动。不过，只有当使用烟雾效果遮蔽一支部队时，隶属条件才会出现。

倘若烟雾遮蔽需要由炮兵、步兵迫击炮和发烟部队协同产生，炮兵指挥官应负责整体控制。

烟雾和火力及运动的同步，以时间表加以控制最为有效。

889. 倘若只需要在战斗到达某个阶段时使用烟幕，指挥官可选择自行下令施放烟雾，或将决定权交给受遮蔽部队。

890. 部队在烟雾中进行战斗和移动时，受到的影响与在雾天时相当。自然产生的雾与烟雾的不同之处在于后者是突然出现的、越靠近烟源浓度越大，且只能持续较短时间。

部队远离明确标示的路线时，在烟雾或雾中保持方向最可靠的方法是使用指南针。在某些情况下，部队可通过烟雾或雾的飘移识别风向，从而判断方向。此外，部队在穿过烟雾或雾时，应实施分阶段前进，这是保持部队凝聚力的一种有效方法。

891. 在进攻一股被烟雾遮蔽的敌军时，突击力量即便进入烟雾中也比防御方更具优势。

892. 防御方必须在烟幕中保持其火力效力。此外，由于烟幕中的匆促反击可在近战中取得决定性结果。因此，部队必须靠近受威胁地点。值得注意的是，有条不紊的反击通常应在烟幕消散后实施。

893. 在敌人采取行动时，可能会设法将我方的火力吸引至某一道烟幕上。我方部队必须抵制这种开火射击的诱惑，所有参战部队仅在烟幕直接出现在他们阵地前方时方能获准独立开火射击。

894. 部队应尽一切努力实施空中侦察，以弄清敌人在烟幕后方的活动。

895. 烟雾可以和化学毒剂混合。当己方部队被敌人施放的烟雾遮蔽时，士兵们必须佩戴防毒面具，直到确认烟雾无毒后方可摘下。

注释：

1.Künstlicher Nebel，字面意思是人造烟雾。

2. 一个发烟排可在 1 平方千米的地域内制造持续时间为 40 分钟的烟雾，一个轻型野战榴弹炮连可生成一道 150 米长的烟幕。设立一道烟幕需要每门火炮发射 8 ~ 16 发烟幕弹，并以每分钟 4 ~ 6 发炮弹的射速保持这道烟幕。

第二十章
障碍物

896. 道路、小径和地形上的障碍物（Sperrungen）可给敌人造成限制，并引导对方朝特定方向行进。障碍物和壁垒（Hindernisse）是控制战斗的重要手段，特别是在防御战中。无论军队是处在静止状态，还是在行军运动中，障碍物和壁垒都能为他们的安全提供有益的补充。此外，障碍物和壁垒还有助于军队施放烟雾，为欺骗敌人起辅助作用。

运输路线（铁路、水路、公路和永久性交通线）上的障碍可限制敌人的交通和行动。

897. 扩大障碍物，以及选择障碍物类型的关键考虑因素包括指挥官的意图、态势、布设障碍物需要的时间、可用的力量和手段、地形。[1]

第861段、第865段、第866段谈及了将化学战毒剂作为障碍物来使用时的要点。

898. 道路障碍物、小径障碍物、地形障碍物和交通路线障碍物，越深越有效（其中地形障碍物的宽度越宽也越有效）。倘若敌人没有料到我方火力网前有障碍物的存在，而被迫采用特殊方式投入人员清除障碍，或为清除障碍物而被迫在不利条件下进行战斗，那么障碍物的有效性就会得到加强。

部队可设置不同类型的障碍物，并视情况使用虚假障碍物和隐蔽障碍物。包含地雷[2]或化学毒剂的障碍物，即便未被己方火力覆盖，也能给敌人造成损失。

在许多情况下，水道、湖泊、沼泽、森林和丘陵地带这些天然障碍可作为障碍物使用。

障碍物可用于加强己方防御火力的效力。

899. 道路障碍物、小径障碍物和地形障碍物可获得天然障碍的强化（额外设置人工障碍物也能提供这种加强，例如布设雷区、布设炸药和使用高压电网）。第901段和第902段谈及穿越障碍地形的道路。

900. 交通线的长期阻塞可通过进行永久性破坏（gründliche Unterbrechungen）来实现，而临时性破坏（leichtere Unterbrechungen）也可造成短期阻塞。

901. 对交通线进行永久性破坏只能由高级指挥部、集团军或集团军群司令、集团军和骑兵军及骑兵师的独立指挥官进行授权。

想要对铁路、水路和公路造成永久性破坏，通常需要对主要建筑物和设施进行大规模破坏。想要对固定通信造成永久性破坏，要求对长距离的地上、地下电缆加以破坏，或破坏电话交换台、电报中心、电报中继站和无线电台的技术设备。

902. 对交通线进行临时性破坏，以及对道路、小径和地形进行阻塞，可由各部队指挥官独立执行（除非在特殊情况下，有高级指挥官提出相反的要求）。不过，下达命令的指挥官要对发生或未发生的一切情况负责。

在某些情况下，对于已寻到驻扎地的部队来说，对交通线进行临时性破坏，以及对道路、小径和地形的临时阻塞，有利于提高安全性。此外，在部队穿越己方作战地带时应避免对交通线进行临时性破坏，以及对道路、小径和地形的临时阻塞。在部队停止行动时，可选择是否对交通线进行临时性破坏，以及对道路、小径和地形的临时阻塞。在部队后撤期间，必须对交通线进行临时性破坏，以及对道路、小径和地形的临时阻塞。在敌方作战地带内，部队应尽量对交通线进行临时性破坏，以及对道路、小径和地形的临时阻塞。

903. 部队指挥官麾下可能会配有战斗工兵和专业人员，以执行复杂而又广泛的障碍设置。单独行动或获得其他部队加强的工兵，可奉命设置这些障碍。[3] 此外，所有兵种必须要以现有手段设置简单的障碍物。

904. 部队必须及时实施侦察，从而找到设置障碍物的机会。虽然审视地图通常能提供一些初步数据，但部队为执行更广泛的障碍设置任务而进行的侦察应基于上级部门提供的航拍照片和数据。

905. 局部指挥官必须向上级部门汇报进行交通线阻塞的时间、地点和类别。此外，局部指挥官还必须汇报己方交通遭受破坏的可能性。

906. 若要永久性破坏交通线，那么必须由指挥官下达（一般以书面形式签发）一道正式命令。倘若这道命令是以技术通信手段传递的，那么受令者必须立即以书面形式进行确认。

在摧毁重要建筑物时，应由执行任务的指挥官决定爆破时机（特别是在后撤期间）。需要切记的是，过早下达爆破令可能会造成严重后果。

907. 设置主要障碍区的命令应包括：障碍区的目的、程度和范围、所需要的手段、施工调度和安全、缺口要求和位置、封闭缺口的权力，以及施工期间的通信要求。必要时，这道命令还应说明完成后的障碍区应如何用于警戒和其他战术目的，以及由谁来使用。

排除障碍物

908. 部队排除敌人设置的障碍物可能需要进行大量的准备工作，而这些准备工作必须及时启动。

在某些情况下，部队绕开障碍物可能是最佳的选择，特别是在预计到敌人会利用这些障碍物实施防御时。

909. 空中和地面侦察可确定敌障碍区的位置、类型和范围、缺口，以及绕过障碍区的一切可能性。因此，部队应对障碍区进行探测，并发现一切隐藏的诡雷和地雷。

在通常情况下，只有在战斗期间才会发现敌人布设的障碍物。必要时，配属给侦察部队的战斗工兵军官应赶往前方检查障碍物。

910. 根据相关调查，部队可投入必要的力量和装备排除障碍物。

步兵、骑兵、炮兵和摩托化部队通常只能肃清简单的障碍。因此，在必要时可投入战斗工兵、通信兵或其他技术部队（战斗工兵也可为排除障碍物单独展开行动）。

指挥官可能会要求战斗工兵、施工部队或其他专业部队清理雷区、高压障碍物和拦蓄地带，以及重建被摧毁的装置或建造新的设施。

在某些情况下，炮击和轰炸可摧毁障碍物。此外，坦克也可移除一部分障碍物。

911. 排除大量障碍物可能需要相当多的人力和物力支持，以及采取特殊的安全措施。

注释：

1. 参见第 753 段的脚注。

2. 德国人通常使用两种基本类型的地雷。S 型地雷（Schützenminen）是反步兵地雷，T 型地雷（Tellerminen）是反车辆地雷。后者的形状和尺寸像个餐盘（Teller），故而得到了 Tellerminen 这个有趣的名称。

3. 军属工兵营编有四个摩托化连，每个连携带 260 枚 T 型地雷、104 枚 S 型地雷、60 卷蛇腹式铁丝网、16 卷铁丝网和 667 块 2.5 千克装炸药。此外，德国陆军还有障碍设置队（Sperrkolonne）。障碍设置队一般由两个排组成，每个排配备 20 辆 3 吨卡车，携带 1800 枚地雷、135 卷蛇腹式铁丝网和 1500 千克炸药。（Hartness Report, p. 43）

第二十一章
装甲列车

912. 装甲列车（Panzerzug）可在短时间内行进很长一段距离。不过，由于装甲列车只能在铁路上行驶，而铁路线很容易遭到破坏，所以装甲列车的效力有限。不过，突然出现的装甲列车，以及用装甲列车对付一股处于劣势的敌军时，会给敌方造成极大的心理影响。

需要注意的是，装甲列车无法用于长期战斗行动或对付拥有炮兵的敌人。

913. 除了火车头外，装甲列车通常还有 8 ~ 10 节车厢，这些车厢搭载有武器和防护装备。火车头一般位于整列装甲列车的中部，而警戒车厢搭载装备或沙袋，位于列车前部和后部。

装甲列车的火车头和武器车厢的重要部分均覆盖有装甲板，能抵御轻武器攻击和炮弹弹片。而武器车厢则配备有迫击炮、机枪和速射炮（每种武器都配有战斗组员）。此外，装甲列车还配有用于传送命令、火力控制和外部通信的通信系统。一旦预料到即将发生战斗，充作宿舍和食堂的车厢就会同装甲列车脱开。

914. 装甲列车搭载的人员包括战斗部队、火车车组和一支铁路修建部队。战斗部队由负责操作列车上的武器的人员和步兵组成。根据情况的需要，战斗工兵及其装备也可加入其中。

915. 临时安装装甲板的列车与装甲列车相似，但战斗力较弱。

916. 处于警戒状态的装甲列车可在 30 分钟内做好出发准备，否则的话，它们需要约三小时准备时间。

装甲列车分开后停在不同的轨道，是混淆敌人空中侦察的首选技巧。而在行进期间，机枪应安装在防空射击位置。

装甲列车的速度通常为每小时 20 ~ 30 千米。

917. 装甲列车可临时配属给集团军司令部或军指挥部。指挥部的运输官负责与铁路部门协调，并监督装甲列车的行动。

918. 装甲列车的任务必须认真策划并严格保密。装甲列车指挥官不仅必须了解整体情况，还必须熟悉轨道系统，或获准查阅必要的航拍照片。此外，装甲列车不能用于夜间、森林地带或难以监视的地域。

919. 装甲列车除了用于确保铁路交通的安全、部队的装卸、铁路爆破或修理工作、补给和疏散行动、逆向运动、扫荡不安全地区，还可作为一支能快速部署的预备队使用。

920. 在可能的情况下，装甲列车应成对部署，特别是在敌人控制的地区行动时。两列装甲列车在行进时可前后排列，若有复线铁路，也可并排部署。装甲列车之间可通过哨音、光信号和无线电进行通信。

侦察巡逻队可以掩护装甲列车——他们配备机枪，部署在火车头上，或待在手动或机动铁路敞车上。一般来说，侦查巡逻队应携带修理轻微损坏的必要设备。

921. 在装甲列车进入敌方控制地域展开行动时，应采用一切必要手段与后方保持通信联系。

922. 装甲列车通过车站和其他设施前，必须对它们加以检查。当装甲列车停下时，必须做好保护工作，以免受到无人操纵的列车或火车头的影响。因此，铁轨上必须设立安全障碍。

923. 节约弹药至关重要。在情况允许时，补给物资可以从其他列车抽调。

924. 装甲列车指挥官必须知道应在何时拆除铁轨及电线连接，以及应该如何拆除铁轨及电线连接。

925. 装甲列车上的火力和步兵的同步推进通常可以粉碎虚弱敌人的抵抗。

而如果装甲列车紧随步兵推进，则是一种有效支援手段。但倘若装甲列车遭遇配有优势炮兵力量的敌人，则应在烟雾遮蔽下后撤。

926. 装甲列车之间展开战斗时，最重要的目标是敌人的火车头。步兵应在所有武器的火力掩护下进攻敌人的列车——他们应设法切断敌列车的后撤轨道，以及采取预防措施来阻止敌人的其他列车或部队开至。

为避免遭受敌方装甲列车的攻击，己方装甲列车可施放一道烟幕，并设置障碍物阻塞铁路。

927. 当己方部队预料到会遭受敌方装甲列车的攻击时，应在可能的情况下破坏铁轨（参见第896段至第907段）。

隐蔽的障碍物会导致列车脱轨，而设置可见障碍物的目的是迫使装甲列车停在有可能遭受火力打击处。

火力伏击区应选择因能见度较差而迫使敌装甲列车缓慢行驶的地方。如果有足够的力量，部队应对停止不动的敌装甲列车实施攻击。但是，部队不应忽视对敌人其他装甲列车或后续部队的警戒。

第二十二章
运输

928.最高统帅部未下达具体命令时，运输手段由主要指挥部决定，运输官负责管理运输工作。

铁路可以迅速而又安全地运输任何规模的部队，并为大股部队提供补给。汽车运输可有效减轻铁路的运输负担，并为铁路运输提供补充。不过，汽车主要用于短途运输，且承载能力相对较小。此外，汽车的使用取决于道路状况。

虽然水路运输可有效载运大量补给物资，并疏散伤病员和俘虏，但却是一种速度更慢、可靠性更差的运输方式。

特别手册中谈及了部队通过沿海和公海航运的调动。

铁路

929.铁路对战争而言具有决定性意义——它们对动员、战略集结和陆军保持战备状态至关重要。最高统帅部控制铁路，并使其用于军事目的，铁路部门必须遵从军事指令。

指挥部的运输官给作战地区内的铁路部门下达军事命令，并共同监督命令的执行、监控运输进展。

车站官被派至各个重要车站，在运输指挥官与铁路官员之间协调交通运输。他们下达一切必要的军事命令，以维持车站的纪律和秩序。

一般来说，车站官应在运输官的指挥下展开行动。

在敌方领土征用或新建的铁路，其军事用途由最高统帅部和铁路部门联合管理。

930. 标准轨距的铁路可用于军事目的，其效率取决于军用列车数量——24小时数表示 24 小时内可双向行驶的列车数量。军用列车的速度通常与民用列车相当，平均行驶速度为每小时 30 千米。

931. 列车站（Bahnhofsleistung）的容量取决于 24 小时内所能装卸的军用列车数量。这种容量可通过特殊措施增加，例如修建辅助站台。一般说来，每天能装卸 12 列列车就算合格的车站容量。

932. 为运送部队准备空列车、运输的管理和装卸点都需要时间。在军队未提前通知铁路部门的情况下，第一列列车驶离前大约需要三天的准备时间。如果铁路部门已做好标准备战工作，只需要少量列车的运输，准备时间可降至几个小时。

933. 标准列车或战备列车的建立有助于军队的调动。标准列车（Einheitszüge）基于各兵种所辖部队的满编力量，而建立战备列车（Bereitschaftszüge）有助于部队的调动。

934. 运输的持续时间取决于列车总数、它们的日常可用性、行进距离和行驶速度。

935. 在搭乘列车行进时，准备在到达后投入部署的部队所需要的时间取决于准备时间、调动持续时间、部队行军到装载站需要的时间和卸载后集结需要的时间。

利用铁路运送骑兵和摩托化部队，可以加快所部署部队的战备，但缺点是部队会发生脱离，必须重新集中后才能恢复机动性。

在某些情况下，部队步行前进能更快地到达目的地，特别是路程较短的情况下。

936. 移动命令应明确表明指挥部的总体意图。因此，部队必须采取一切措施以确保此类命令的安全。

937. 高级指挥官可与运输官协调，确定最早的装载时间。运输官应尽一切努力满足部队移动或到达顺序，甚至是满足他们在移动方式和执行方面的特殊要求。

938. 调度室就部队的一切移动向运输官提出建议。

939. 移动命令通常包括装载表、关于移动编成和优先级的总体说明、装载和出发时间表、停车供应食物和饮水流程和到达时间。

940. 先遣部队可利用民用列车、专列、汽车或飞机向前行进，他们应为部队在卸载点和集中地域的卸载、住宿和食物供应进行一切必要的准备。

941. 调度室应为每一次移动指派一名运输官，该运输官可针对装载、行进、卸载、警戒和移动的内部控制下达军事命令。作为加强，调度室还可派遣一名装载官。

942. 在移动期间，各部队应自行负责伙食供应，除非上级部门已做出其他安排。

943. 部队的运输和移动很难避开敌人的空中侦察。交通流量的增加越是超出正常范围，就越容易被敌人发现。但是，部队仅在极少数情况下可进行夜间移动。倘若情况允许，部队应在远离部署地段处卸载，然后通过夜间行军赶往目的地。

944. 装卸作业期间，所有部队都有责任实施警戒，防范敌人的空中侦察和空袭——即便防空部队已投入部署也应如此。

士兵们不得聚集在装载台、通道和靠近车站处。接近和离开行军应尽可能以小股队列沿不同道路进行，并避开敌机的视线。虽然必须将集中点设在装卸点附近，但必须避开敌人的空中观察。车站及其附近的隐蔽处应易于识别并做出标识。分为装载组的部队应该能够靠近装载台并立即进行装载，而卸载部队应立即离开车站。需要注意的是，这些措施必须同车站站长或铁路部门协调后确立。

在移动期间，部队应把机枪架设在敞开车厢的防空射击位置上。

装卸作业必须防范敌人的地面攻击。在某些情况下，部队应做好移动期间随时投入战斗的一切准备。当情况不确定时，在获得铁路部门同意后，一名军官可待在列车驾驶室里。

945. 部队应沿铁路派遣局部力量和巡逻队，确保铁路设施免遭敌人的地面袭击。

防空掩护对具有作战重要性的车站、军事设施、交叉路口、发电厂和主要铁路桥梁而言至关重要。防空部队、战斗机和烟幕可提供昼间掩护，而夜间还可以灯火管制来加以补充。

946. 欺骗性移动只能在铁路网和所需要的铁路任务允许时方可实施。而且，这种欺骗措施仅在敌人未能有效识别的情况下方可奏效。此外，倘若这种假移动是通过使用空列车来进行的，可有效欺骗敌人的空中侦察，但通常无法欺骗敌人的情报机关。

汽车

947. 特别组织的汽车部队可运送补给物资、部队和马匹等。

948. 与列车相比，汽车的移动更加灵活。在道路状况较好时，汽车的行驶速度很快。但部的装卸却有许多变量，很容易产生种种摩擦。而且，这些困难会随所运送部队规模的增大而增加。

949. 加强步兵团或编制更大的部队，可通过汽车进行有效运送，运输距离至少可达 60 千米。在更短距离内运送编制较小的部队和补给物资，同样可以使用汽车运输。

950. 特殊情况下，集团军属车队、师属补给车队，以及由公共部门的车辆组成的辅助车队都可充当运输部队（在 1914 年马恩河战役期间，法国人便曾使用巴黎的出租车将援兵迅速运往前线）。

951. 部队以汽车执行重要的移动任务时，只能在状况良好的道路上进行。

部队在开始移动前，必须对路况加以调查（参见第 275 段）。若无法做到这一点，部队也必须在移动期间完成这种调查。

部队应沿行军路线部署工兵及其装备，或把他们纳入行军纵队。

952. 汽车纵队的平均速度取决于道路的坡度、类型、路况，行进的时间、季节、天气，以及车辆的类型和车况。

部队通常难以实现固定行军速度。因此，各纵队之间的距离会发生变化，车辆间的距离同样如此。前进速度越快，这种间隔就越大。

953. 在大多数情况下，速度最快的汽车应位于行军纵队的队首，从而使纵队各部分都能以他们的最大速度前进。倘若部队打算以密集队形行军，或想让辖内各单位获得更长的休息时间，那么则应该将速度较慢的汽车置于行军纵队的队首，并速度较快的汽车晚一点再出发。

954. 决定行军平均速度的那些因素也决定了部队的行军能力。一般说来，一名司机在 24 小时内的驾驶时间不应超过 10 小时，定时更换司机几乎能使车队的行军速度翻倍。如无法替换司机，部队的行军将会面临更大的挑战。

955. 休息日对人员状态的调整至关重要。每次移动后和每次休息时，士兵都必须检查他们的装备。此外，指挥官每天至少应安排两个小时的时间用于维护装备和补充燃料。

需要注意的是，汽车部队每周通常需要一天时间来完成重要的维修保养工作。

956. 高级指挥部门可决定部队移动的优先事项。部队指挥官（通常是所运送部队的指挥官）负责执行移动，汽车部队指挥官则可担任前者的技术顾问。部队移动前的准备时期和移动期间，指挥官之间的紧密协调至关重要。

957. 指挥部门应规定汽车的出发和到达时间、行驶路线、行军目标、每日目标（如有必要的话）、休息停顿时间、交叉路口和超车时的优先通行权、燃料补充、道路修理，以及空车队的处置。

此外，汽车运输部队指挥官应与被运送部队的指挥官协调其他相关细节。

958. 不在斜坡上或斜坡前方的宽阔道路和停车场，是快速装卸作业的最佳选择。实现快速装卸的基本条件包括：对敌空中侦察和空袭的警戒、部队往来现场较短的路径，以及汽车纵队便利的进出道路。此外，应基于一支车队停止时的长度来计算必要道路的长度。

如果同时装载或卸载所有部队，执行效率会很低。因此通常说来，装载和卸载部队应在不同地方按时间顺序进行。

倘若一支部队紧密集中，或打算在卸载后紧密集中，则应在路线上的某个特别指定地点进行装载或卸载。装载时，部队和车队分批逐一调至装载线；卸载时，各纵队按顺序进行。此外，每组车队（哪怕是单独一支车队），都应在装载或卸载完毕后立即驶离。这项规定既有利于防空，也便于技术装备的装载和卸载，以及装载组的配备。

959. 装卸设备齐全时，一支汽车队的装载大约需要 30 分钟的时间，而卸载则需要 15 分钟的时间。但如果装卸单位缺乏训练，则往往需要更多时间。

960. 第 198 段所述的那种紧密、呈战术部署的纵队，通常对机动车辆无效。

倘若指挥官预计部队卸载后不久就会投入战斗，那么就应该让准备投入战斗的部队先到达卸载点。

倘若已在不同地点装载的各个车队将从某处沿同一条路线行进，指挥官必须对他们到达那里的顺序加以细致安排和控制。

在大多数情况下，大股部队的移动需要多条道路。而指挥官在将路线分配给行军纵队时，也必须尽力保持部队的完整性。一般来说，分配到同一条道路上的部队通常不应超过一个加强团。

961. 高级指挥官应率先赶至卸载地域，而行军纵队指挥官和相应的车队指挥官则应待在消息和命令能轻松送抵处。至于运送途中，其他所有部队指挥官则应同他们的部下待在一起。

962. 部队执行一场摩托化行军需要特殊程序。在某些情况下，不同的摩托化纵队可直接赶往当日目标或卸载点。而另一些情况下，摩托化纵队可能有必要在控制点停下并汇报情况，在接到特别命令后方可继续前进。

在一支行进纵队中，各部队指挥官和汽车司机必须知道行军路线和目标。此外，摩托车手和其他信使应负责在行军纵队内传送消息和命令。

963. 交通控制至关重要，特别是在沿行军路线有可能会遇到其他部队时。在这种情况下，总指挥官应确立通行优先级。

交通控制机构应在复杂地点设立路线标记（例如道路旁的箭头）。此外，在夜间他们还应派遣士兵担任交通引导员（特别是在无人监督的地段）。

964. 部队经常需要展开夜间行军。为欺骗敌人的空中侦察，可能需要指挥官在昼间将部分或所有纵队派往虚假的方向。不过，指挥官必须考虑到这种欺骗行动所造成的绕道距离。

由于大股部队在夜间进行装卸会较为困难，所以需要特殊程序。

车辆行驶时不开车灯是迷惑敌人空中侦察的一种方法。在天气晴朗、可视度较高的夜间，车辆可以减速行驶。而在漆黑的夜间，车辆只能以最低速度行驶。

夜间行军的计划因素与昼间行军大致相同。

965. 摩托化行军期间，若指挥官预计敌人会采取行动，那么可命令其他部队提供掩护，防范敌人的地面袭击，直到卸载工作完成。

高级指挥官应分配防空部队，为大股部队的装卸和行军路线上遭受威胁的各地点提供对空防御。

空袭警报（参见第241段）拉响时，指定用于防御低空空袭的武器应奉命开火射击，而汽车纵队继续前进。

966. 行军开始前，指挥官必须为部队安排更长的休息时间（参见第957段）。此外，在每次休息期间，部队必须进行技术和战术调整。

虽然指挥官可根据需要命令部队进行短暂停顿，但这种停顿不能扰乱整体移动。

第254段和第304段谈及部队休息停顿的要求。在当地条件允许时，行军路线必须保持畅通。

967. 摩托化行军期间，通常会沿行军路线设立宿营地。车队人员与被运送部队一同住宿，汽车则通常会保持装载状态。

968. 燃料和装备保障遵循第二十三章阐述的通用程序。燃料和润滑油补给单位可纳入行军纵队，指挥官既可把他们派往前方的指定补给点，也可将他们部署在队列后方。

设备维修应由汽车修理站单位完成。这些单位可部署在纵队前方，并沿行军路线设立维修点，或者部署在卸载地域。此外，汽车修理站单位也应纳入行军纵队，以便拖曳损坏的车辆。根据道路网和可用的维修站，损坏的车辆将被拖至特别指定的地点。

969. 行军期间，战地厨房为部队准备伙食，并在休息期间分发。

部队通常会携带行军口粮。除了口粮补给队，摩托化部队的所有车辆都可用于这一目的。

此外，指挥官在制订口粮计划时必须认清的一个事实是：在卸载后，部队可能无法立即获得依靠马匹拖曳的口粮补给队的及时补给。

此外，当大股部队使用汽车进行长距离移动时，需要特殊的口粮供应程序。

970. 在部队搭乘汽车移动期间，被运送部队的医护人员应为他们提供医疗服务——服务对象包括运输部队。

971. 依靠马匹拖曳的部队可通过铁路或公路移动，并分配给使用汽车运输的部队。指挥官可以提前把依靠马匹拖曳的部队派往前方，或命令他们跟随在纵队后方。因为这些部队在同他们的马匹拖曳单位重新会合前用途有限，所以指挥官应留给他们一些汽车，直到他们自己的车辆或马匹赶至。不过，指挥部关于摩托化行军的命令，决定了所留汽车的数量。

972. 利用汽车运输的部队与他们依靠马匹拖曳的单位之间必须不断保持命令和消息的传递。

第二十三章
作战地域的后勤保障

973. 为保持战备状态，上级部门必须不断满足部队的补给要求，并为士兵们消除有可能影响作战效率的顾虑。

974. 适时而又充足的补给是军事行动取得成功最重要的要求之一。补给工作的重要性和难度，会随着待补给部队的规模和战斗态势的紧张程度的增长而加大。由于部队的需求多种多样，且经常迅速发生变化，所以必须通过强力、连贯的领导对补给预测加以管理。

骑兵特有的补给要求参见第703段，装甲部队和轻装部队的补给要求参见第750段。

975. 参谋长按照指挥官的意图管理后勤事务。在集团军一级，参谋长要获得后勤副参谋长的支持。而在军一级，则需要一名总参军需官为参谋长提供协助。至于师指挥部，也应有一名总参军官负责后勤。在各指挥层级，后勤参谋必须了解指挥官的意图和当前情况，并他负责向管理各种补给系统的军官和官员（Beamten）[1]下达命令。

军队较低层级的后勤工作也以类似方式进行管理。补给军官应根据部队指挥官的命令管理补给勤务，一般来说会有一名军需官（Zahlmeister）[2]为他提供协助。补给军官应根据相关情况决定是否需要为部队临时或永久性地配备补给管理单位（例如弹药补给）。

所有指挥官必须确保从事补给勤务的人员数量不超过绝对必要数。

976. 国内的弹药厂、配给仓库和军械办公室应集中补给物资，并做好装运准备。

补给物资由弹药列车、口粮列车或其他列车发运或个别运送，在大多数情况下都会使用公共铁路系统。这些物资被送往转运站，在那里会进行重新分配（必要时也可重新组织成个别运送）。此外，这些物资也可直接运至补给卸载站，由集团军、军或师在那里领取自己的物资。

从国内运来的物资也可通过汽车队直接送往堆栈、仓库或分发点。

水路运输仅用于消耗量巨大的补给物资，或用于疏散伤病员和返还空容器。

977. 集团军司令部应设立补给物资卸载站（Ausladebahnhöfe für Nachschub），集团军运输官也将根据各个军和师的要求建立卸载站。敌人空中行动的威胁将决定集团军是否需要为辖内每个师建立一个补给卸载站而付出的最大努力，但在许多情况下，军或多个师都不得不仅使用一个卸载站。

只要铁路网和相关情况允许，补给卸载站就应设在紧邻前线的后方。由于交通拥堵和敌人的空中威胁，补给物资的堆放和车辆的应避免在车站周围集中。

978. 集团军应将大部分补给物资存放于堆栈和仓库，并保持部分物资在补给链和补给队中的流动。

当卸载站与前线相距太远时，集团军司令部应在更前方建立分支仓库（Zweiglager）和堆栈，或把补给物资运至极限点或分发点。在集团军设立的极限点，补给物资可交付给军或师的补给队，再由他们转运给分发点（Ausgabebestellen）的各部队。

军和师要么保持补给物资在其补给队内的流动，要么直接将补给物资分配给各部队，仅在极少数情况下会将补给物资保存在补给仓库。

979. 集团军司令部控制所有补给分支的后方勤务，以及战地秘密警察和宪兵力量。

980. 集团军可使用后勤部队暂时加强各个军，为军辖内各师提供补给（参见第 23 段）。

骑兵军拥有足够的补给队，可携带辖内各师需要的弹药和定量口粮。此外，骑兵军还掌握一些摩托化救护车排、兽医摩托化救护车队、燃料和润滑油供应队和一个摩托化维修排。

981. 步兵师和骑兵师应配有必要的后勤力量，以为其部队提供补给。当运输工具不足时，集团军应为步兵师和骑兵师提供主要的加强。[3]

师属补给队通常携带部分初步配发的弹药和一天的口粮——这些物资可填补补给卸载站、集团军后方设施(堆栈、仓库、极限点)与师属分发点之间的缺口。

982. 师属补给队的物资应存放在分发点，这样一来，各部队就能迅速而又轻松地获得补给。因为补给队搭载的物资同轻型补给队和口粮补给队有很大不同，所以补给队仅在特殊情况下才会把他们运送的物资转交给轻型补给队和口粮补给队。

983. 轻型补给队（leichten Kolonnen）[4]可为其所属的部队携带弹药、装备和其他战斗物资。此外，炮兵还可从轻型补给队抽调人员和马匹进行补充。

984. 行军期间，轻型补给队通常会加入他们所支援的部队所在的同一支行军纵队（在某些情况下，部队指挥官也可能不采取这种做法）。轻型补给队的加入和他们的住宿，由行军纵队指挥官负责。轻型补给队在行军纵队中的位置参见第288段和第289段。

在行军时，纵队指挥官负责指定轻型炮兵的位置、轻型补给队的前进和初期行军目标。倘若行军条件发生变化，轻型炮兵的新位置由炮兵指挥官决定，并由部队指挥官批准。轻型补给队也将从部队指挥官那里接受新命令，而部队的下属指挥官们必须立即同他们的轻型补给队建立联系。这些下属指挥官将根据相关态势、地形和战斗部队的密度确定分发弹药和其他作战物资的地点——这些因素也决定了轻型补给队的后续位置和行动。

985. 补给队由战斗辎重队（Gefechtstross）、口粮补给队（Verpflegungstross）和行李队（Gepdckstross）组成。[5]

军官和高级军士必须限制补给队的规模，是其保持绝对必要的数量，并确保作战部队的行军长度不会增加即可。

在获得指挥部批准后，一支补给队可通过增加补给车数量的方式暂时扩大运输规模（这种扩大也可通过增加车辆运送弹药或无法行军的人员来实现）。

自行做出这种决定的部队指挥官，必须把他采取的行动汇报给上级指挥部。

986.战斗辎重队应携带必要的补给物资，包括武器、弹药、零配件、用于小修的工具、医疗和兽医装备、每日口粮和战地厨房的应急口粮，其详细编成和载运的物资取决于他们的编制表和装备表。

战斗辎重队应始终与他们所属的部队待在一起，并由部队指挥官指定的一名军士率领。

987.战斗辎重队在行军纵队中的位置参见第290段。

在战场上，战斗辎重队应在有掩护的情况下，尽可能靠近战斗部队。战斗辎重队可分成几个分队，或合并起来由一名军官指挥，并同战斗车辆、牵引车、弹药分队和其他车辆待在一起。

988.非摩托化部队的口粮补给队由马拉大车和机动车辆组成。口粮补给队的马拉大车组成1号口粮补给队，机动车辆组成2号口粮补给队。

1号和2号口粮补给队各携带一天的口粮配给。

1号口粮补给队通常是战地厨房与2号口粮补给队之间的连接枢纽，一般会从口粮分发点获得口粮配给。

摩托化部队的口粮补给队由汽车队组成，可携带两天的口粮配给。与非摩托化部队的口粮补给队不同，这些汽车队不会被编为1号和2号口粮补给队。

989.倘若以单一兵种组成的纵队（参见第278段）进行行军，1号口粮补给队通常会跟随在所属部队的战斗辎重队身后。而在其他所有情况下，1号口粮补给队应遵照行军序列跟在战斗部队身后，并保持所需要的距离。这一点也适用于一个师沿多条路线行军期间。在后撤过程中，1号口粮补给队享有优先权，可沿远离敌人的一侧实施侧翼行军。

骑兵部队可以增加补给队的车辆数量，以方便为他们的马匹携带部分饲料。

摩托化部队的口粮补给队应和他们所属的部队一同行进，但是在往来于口粮装载点时，他们可以和另一支部队的2号口粮补给队合并。

990.在分发点装载补给后，2号口粮补给队的指挥官应把补给队带至师部指定位置。各部队和宿营群指挥官将在指定位置领取口粮。需要注意的是，只有口粮补给队指挥官可批准车辆提前撤离。

如果态势和道路状况允许，2号口粮补给队的车辆应前进到所属部队旁。若无法做到这一点，他们就应在部队指挥官指定的地点将口粮转交给1号口粮补给队的大车。

991.1号口粮补给队的大车通常和所属部队待在一起。2号口粮补给队的车辆将口粮分发给他们所属的部队后，若情况允许，应留在原地，直到这些部队向前开拔。在其他任何情况下，1号和2号口粮补给队的宿营问题都应由师部解决。

口粮补给队留在所属部队的车辆，其合并问题必须加以认真策划和管理。口粮补给队不得延误或妨碍部队的移动，口粮补给队的车辆通常只在所属的部队向前开拔后才会进行合并。

992.行李队通常会实现摩托化，他们负责运送行李、衣物和战斗行动中暂时用不上的其他装备。

倘若以单一兵种组成的纵队（参见第278段）进行行军，行军纵队指挥官可以允许行李队跟随部队一同行进。但在其他情况下，行李队应按照规定序列，组成与各行军队列相对应的分队，跟在战斗部队身后行进，并保持适当距离。需要注意的是，行军指挥官应指定各分队的顺序。

各部队会经常使用到他们的行李队，因此，倘若行李队未与其所属部队一同行进，就应待在指定处。

行李队通常只能在部队出发后进行集中，然后沿指定行军方向前进。

993.骑兵和摩托化部队的口粮补给队和行李队，在位于前线时不得给所属部队或后续部队的移动造成妨碍。如果考虑到安全等因素，整个或部分口粮补给队和行李队在某些时候可同主力待在一起，晚些时候再跟上他们所属的部队。当然，这些必要的决定必须由总指挥官做出。

弹药补给

994.各级指挥官必须确保节约弹药，并及时补给弹药。

各级指挥官必须采取一切措施为部队补充所需要的弹药，以保持他们的火力——这同战争能否取得胜利息息相关。

995.各个师的基本弹药基数中的一部分，交由士兵、作战车辆和牵引车所携带，轻型补给队也应携带一部分基本弹药基数。而剩下的弹药则由师长控制，并留在师属补给队里。

战斗期间，弹药补给最初由作战车辆提供——他们可从轻型补给队获取基本载弹量，而后者又可从弹药分发点得到所需要的弹药。

996. 补给队运来的弹药由弹药分发点存放。一个师通常会需要多个弹药分发点，并将这些分发点设在后方不太远处（但必须超出敌人的炮火射程）。这些弹药分发点必须加以伪装，并沿坚固的道路设立，以便让尽可能多的车辆同时装载弹药。

弹药分发点不仅应储备作战地域内各种武器所需要的弹药，还要储备其他有可能派上用场的弹药类型，以免轻型补给队被迫绕道并穿越战场。

高爆弹[6]、烟幕弹和化学弹必须分开存放。第 1049、第 1056、第 1057 段中介绍了关于这个问题的更多信息。

防空部队的弹药补给，通常由集团军直接提供。在情况需要时，防空弹药也可存放于师属弹药分发点。

997. 部队的师部可决定弹药分发的时间、地点和规模。

998. 弹药需求的基础将由各部队定期提交的可靠库存报告形成。一般情况下，弹药补给应由师部集中管理（如有必要，特别指定的官员可协助管理较低指挥层级的弹药补给）。

999. 弹壳、哑弹和弹药箱内的垫材必须在领取新弹药时交还。

阵亡者和伤员身上的弹药必须取走。伤员应留下几发子弹用于自卫。

口粮补给

1000. 每个指挥官都有责任为他的部队提供连续而又充足的口粮补给。派至指挥部的行政官员必须提前计划好一切必要措施。倘若口粮补给发生问题，各部队至少应获得他们的面包配给。

1001. 各部队必须充分利用作战地域内的口粮补给来源。也就是说，口粮的获取方式还包括向当地人购买或征用。此外，运送来的补给物资或作战地域外的库存可弥补口粮的不足。口粮的采购通常由高级指挥部管理。

1002. 一般来说，仅在有限基础上提供野战住宿的生活津贴，而且只适用于高级机构。

1003. 口粮采购通常由行政官员负责。高级指挥部门决定是否允许口粮补给官在被占领地区进行采购，以及将这种权力下放到哪一级部队。此外，高级指挥部门还应规定采购价格和付款方式。

1004. 如指挥部门需要批准在国内征用补给物资，必须遵守现行法律，且只能在相关需求无法通过其他方式获得满足的情况下进行。如需在盟国征用补给物资，则要经过特别谈判签署的条约以确定相关程序。

1005. 征用是在敌人的领土上获取生活补给物资的最佳途径。虽然这种征用主要由高级指挥部门的行政官员管理，但各部队也可在各自地域内征用他们急需的物资。虽然征用通常由一名军官授权，但也存在例外（例如侦察巡逻队）。部队应尽一切努力获取地方当局或当地重要人物的配合。征用通常必须获得部队指挥官的批准[7]。只有在紧急情况下，下级指挥官才可下令批准征用物资，而且他的指挥层级至少应为营级。在这种情况下，批准征用物资的下级指挥官必须以书面形式向部队指挥官汇报征用地点和时间、所征用口粮的类型和数量，以及支付方式。在所有情况下，口粮的类型和数量，以及进行征用的地区，都必须以书面形式加以记录。此外，实施征用的行政官员应在战区内建立并保持均衡的库存量。

1006. 如果部队能找到并缴获敌军的口粮库存，可有效减少了他们对补给系统的依赖。位于大股部队前方或侧翼的这些库存，对骑兵和摩托化部队而言极具价值。当库存超出自身需要时，所有部队必须向上级部门报告。指挥官应命令各部队保护他们缴获的库存物资，直到将其移交给管理机构。

1007. 销毁口粮库存的命令，只能由高级指挥部门下达。在后撤期间，所有指挥官必须防止库存物资落入敌人手中。

1008. 在战场上，所有人员和马匹都将获得野战口粮，且口粮标准中应规定其成分。

1009. 战地厨房应携带野战口粮，而士兵们则可用他们的面包袋携带配发的面包口粮。至于充当马匹野战口粮的燕麦，则由马匹或车辆携带。口粮补给车携带的用于当前消耗的食物储备，通常是 1 ～ 2 个份额（Portionen）[8] 和配给量（Rationen）[9]。一般来说，粗饲料通常会在当地进行采购。

师属侦察营和骑兵部队的马匹携带应三分之一的口粮用于当前消耗，当这些口粮被消耗后必须立即获得补充。

1010. 部队应为每个士兵携带两份基本口粮（eiserne Portion）[10]，并以此作为一种永久性的口粮储备。士兵们用他们的背包或马鞍袋携带一份有所缩减的口粮（饼干和肉罐头），而战地厨房则应携带一份完整的口粮（饼干、肉罐头、蔬菜罐头、咖啡和盐）。除了师属侦察营和骑兵部队的马匹，其他所有马匹都应携带一份应急口粮。

一般情况下，基本口粮和份额口粮只能在指挥官（最低至营级）下达明确命令时方可使用。紧急情况下，小股部队的独立指挥官也有权下达这种命令。需要注意的是，消耗的基本口粮和份额口粮必须尽快加以补充。

1011. 通信犬和信鸽的食物的采购和运输需要特殊管理。

1012. 如果部队无法通过采购或征用的方式替代补给车辆提供的口粮，就应在口粮分发点获得补给。此外，易腐食物（特别是鲜肉），必须在分发首日就交给战地厨房处理。各个连的口粮，通常由伙食军官管理并进一步分发。

1013. 面包连在作战地域使用移动烤箱或民用烤箱为部队烘焙面包。一个面包连应尽可能长时间停留在一处，以实现最高效率。此外，面包连通常还负责将面包运至口粮分发点。

1014. 屠宰排负责处理采购而来或棚车运来的牲畜。可能的话，屠宰工作应在作战地域的屠宰场完成，以确保尽快将鲜肉送至口粮分发点。在特殊情况下，各部队可能需要自行完成屠宰工作。

倘若新鲜屠宰的肉必须在冷却前煮熟，那么充分的切割和捶打会使肉类更容易煮熟。此外，负了致命伤或已经死去的马匹可充当口粮，但必须尽快屠宰或切割。

1015. 文具和其他提供舒适性保证的物品也可根据需要在口粮分发点进行供应，并销售给部队。

军装和装备的更换

1016. 前进口粮补给仓库可保留一间洗衣房，储备少量最重要的军装和野战服装（主要是作战外套、裤子和靴子）。在分发口粮期间，这些储备的物品可按照师里的要求发放给各部队。

部队如有直接需求，可通过指挥链上报，军用服装办公室会将相关物品从国内直接发给各部队。

医疗保障

1017. 医疗保障系统（Sanitätsdienst）负责卫生保健、医疗、伤病员的住宿和疏散，以及医疗供应系统。

1018. 军医是负责所有医疗卫生问题的指挥官的顾问，师部的军医主任同时还会担任师医务部队指挥官，并就医务部队的部署提出建议。

1019. 在行军和野外宿营期间，医务连和师属外科医院（Feldlazarett der Division）应设立一个更容易到达的收容站（Krankensammelpunkte），以便部队将伤病员疏散至此。必要时，可利用机动救护车为收容站提供支援。

在治疗伤病员之后，收容站的工作人员必须返回自己的医务单位，或转至其他医疗保障站。

1020. 在较长时间的野外宿营期间，医疗保障系统应以类似于驻军的方式进行组织。部队应建立野外诊疗所或野外医务室，这两个机构都可与当地医院合作，并由医务部队为这些单位提供人员和装备。

当部队恢复行军时，野外医务室会被取消，或转入后续医务部队。

1021. 在战斗中，部队医护人员应设立急救站（Truppenverbandplätze）。一般来说，这种急救站通常会设在营一级的部队中，部队的担架手或辅助担架手可将伤员送至急救站。急救站通常从较小的急救所发展而来，相距较近的急救站应予以合并。

急救站应避开敌人的观察，并能防御轻武器火力的攻击。此外，其位置不仅应该尽量靠近前线并易于到达，还必须靠近水源。

在战斗即将发生时，担架手应同医疗车集中在一起。担架手可把背包放在急救站，然后携带担架和救护包前进。辅助担架手由部队指挥官指定，执行的任务与担架手相同。

1022. 指挥官必须高度重视，并严厉禁止以照料伤员为借口而降低部队战斗力的事件。比如尚能行走的轻伤员不仅应自行返回急救站，还应把身上的大多数弹药留在前线（仅留几发子弹自卫，并随身携带自己的轻武器）；未经军官批准，不担任担架手的士兵不得携带伤员返回后方；奉命将伤员送至后方的士兵，在任务完成后应立即返回，并向所在部队报到。

1023. 与急救站相比，急救总站（Hauptverbandplatz）可提供更全面的医疗救助。急救总站应根据师长的命令建立，而设立地点由医务连确定。在特殊情况下，师作战地带内可设立两个急救总站。急救总站的标准与急救站相同，它必须标有医疗勤务标记（通常是白底的红十字）。一般来说，急救总站旁可竖起国旗。

此外，医务连的救护车应尽量向前行驶，以便将伤员送至急救总站或其他疏散伤员的地点。

1024. 医务连可在附近为尚能行走的伤员设立一个收容站，以缓解急救站和急救总站的拥挤。

1025. 倘若出现大批伤员，则应在战地附近设立师属外科医院（最好位于敌炮火射程外）。不过外科医院只应处理那些伤势太重，无法确保后送能保证其生存的伤员。

1026. 在战斗取得一定进展时，急救总站和野战医院应向前移移动，或转移至其他部队的医务机构。一般来说，医务连和外科医院可进行整体调动或部分调动。

1027. 在后撤期间，部队应把无法转移的伤病员交给当地的平民医生照料。另外，部队还应留下必要的医护人员，根据1929年7月27日签署的《日内瓦伤病员公约》为这些人员提供保护。

1028. 机动救护车排将急救总站的伤病员疏散至师属外科医院，或送至更后方的收容站及集团军医院。空车队也可用于将未接触传染病的伤病员带回，但不能要求他们进行长途跋涉。

1029. 集团军救护车营可沿铁路、公路或水路，在预计会有大批伤病员运至的地点建立收容站。伤病员需要留在收容站，直到他们可搭乘医院列车、用于轻伤员的医院列车、医务船或用于轻伤员的医务船转移到后方医院或本土为止。

1030. 必要时，部队可为毒气感染伤员或患上传染病的士兵建立专门的医院。

1031. 在战斗结束后，各部队必须打扫战场，以便收容伤员，并保护阵亡者和伤员不受暴民的掠夺和抢劫（特别是在夜间）。此外，各部队还必须安葬他们的阵亡者。一般来说，高级指挥官应负责确保这些任务的完成。

1032. 部队的医疗设备由外科医院医务连的库存或师属外科医生医务补给车辆提供。医务部队既可从师属或集团军属外科医生补给车获取相关设备，也可从集团军属卫勤仓库获取相关设备。值得一提的是，集团军属卫勤仓库也可根据需要设立前进分库。

兽医保障

1033. 兽医应保障军用牲畜的卫生保健、传染病的预防和治疗、病畜的治疗、病畜的护理、病畜的疏散、家畜和肉类检验、马匹屠宰、牲畜尸体的利用，以及兽医设备的供应。

兽医官是负责兽医保障事务的部队指挥官的顾问。师兽医主任同时担任师属兽医部队指挥官，并就兽医部队的部署提出建议。

1034. 部队的兽医官及其助手为负伤和患病的马匹提供初期治疗。[11]

只有那些仍能行走、适合服役，以及没有传染病的马匹可继续留在部队里，而其他马匹则应转移到马匹医院。此外，部队可出售或宰杀无法治愈的马匹。

1035. 在行军和野外宿营时，师属马匹医院应设立一个或数个易于到达的兽医收容点，以便各部队将患病、负伤但尚能行走的马匹送至此处。而那些无法行走的马匹可由各部队收容，并送上马匹运送车。

战斗期间，各部队应在靠近其战斗辎重队的地方建立兽医急救站。这些急救站应避开敌人的观察，可能的话也应避开敌人的火力，而且设立地点应尽可能靠近道路。此外，兽医急救站还应尽量靠近农场和水源。师属马匹医院可设立一个或多个兽医收容站，这些兽医收容站可位于战场的更后方，但必须易于到达。

倘若各部队无法将患病或负伤的牲畜带回，则可由兽医把它们从兽医急救站带至兽医收容站。其中，生病或负伤的马匹要再从收容站转移到师属马匹医院。一般来说，马匹医院设在更后方，位于主要行军路线或其附近。

1036. 为保持师属马匹医院的接收能力，应由兽医机动救护车将需要进一步治疗的马匹运至集团军属马匹医院（这些医院通常设在铁路线附近）。倘若师属马匹医院与集团军属马匹医院之间的距离太远，后者可设立一个或多个集团军属前进兽医收容站。必要时，集团军属兽医医院可作为传染病医院建立。

1037. 那些终身残疾和需要很长时间才能康复的马匹，将通过铁路从集团军属兽医医院送回国内医院。

1038. 替换马匹由师属军马补充所提供，而师属军马补充所的马匹则由来自师属兽医医院适合服役的马匹，以及集团军属军马补充所提供。师属军马补充所通常设在兽医医院附近，并和该医院一同移动。

1039. 兽医官必须立即对征用或缴获的马匹进行检查，然后再送至兽医医院。由于存在传染病的威胁，所以部队只能在紧急情况下使用这些马匹，而部队指挥官也应对此负责。此外，征用或缴获的马匹必须同部队里的其他马匹隔离。

1040. 集团军属移动检验站负责对牲畜进行血液检测。

1041. 兽医官从集团军属仓库获取设备，紧急情况下也可从师属兽医补给车获取设备。分库可前出到各个师，并由集团军属仓库提供补给。

1042. 如果安装马蹄铁的设备、战地锻炉和锻冶用煤无法在当地征用或购买，则应由兽医仓库提供。

汽车的保养和补给

1043. 若要确保机动车辆正常行驶，必须保证燃料、润滑油和轮胎的充足供应。采购这些物品的困难程度，决定了是否需要节约使用，并进行严格管理。部队缴获或发现的库存物资必须上报，并加以充分利用。

1044. 师属摩托化部队和个别机动车辆可携带供行驶 750 千米左右的燃料和润滑油，这些物品可直接装在车上，或以燃料补给队的卡车运载。

1045. 部队和隶属指挥部的车辆可从加油站获得燃料、润滑油和轮胎方面的支持。摩托化部队的燃料和润滑油补给队可在适当的地点设立加油站。

加油站和燃料供应车可从燃料和润滑油补给队获得补充。

补给队可在燃料加注轨道头装满燃料，并获取轮胎补给。运自国内的补给物资则从集团军属联合车场和铁路末端分发。

1046. 汽运设备在集团军属车场进行维护。各部队只配备少量零配件和工具，以便从事小修工作。一般来说，师和集团军会配备汽车维修所排。此外，所有维修所应尽可能长时间在一处展开工作，从而最大限度地提升他们的维修效率。如果有可能，这些维修所还应同作战地域现有的汽车维修所配合开展工作。需要注意的是，由于车辆的大修必须使用国内的维修设备，所以需要进行大修的车辆应通过集团军属车场疏散回国。

武器、装备的修理和更换

1047. 由于战斗辎重队和轻型补给队所携带的，以及仓库里储存的额外武器和装备的数量均较少，部队如需更换大批武器和装备就必须从国内运来。也就是说，武器和装备的更换并不容易，士兵们必须对其加以精心维护。此外，部队也应注意收集失落、损坏或缴获的武器和装备。

需要维修的武器必须立即送至后方。装备表和编制表确定了部队所申请的武器装备的类型。

1048. 部队的军械士负责武器的小修，师属通信营的光信号补给队负责维护师里的所有通信设备。除了汽车、医疗和兽医设备，各部队应把需要大修的装备送至师属军械收集点。然后，师属军械收集点会将武器、畜力车和自行车送至集团军属战地维修所，将其他所有装备通过集团军属军械收集点送入仓库或运回国内。

获准更换武器装备的部队，只能获得与他们交给军械收集点的武器装备相对应的武器装备。

补给营和补给连，弹药管理和口粮配给办公室

1049. 师属补给连和集团军属补给营有专门的人员装卸列车和补给车队运送的物资，也有专人管理仓库、堆栈、分发点和转运点。此外，各补给连还可用于打扫战场，并为回收的装备和缴获的物资设立收集点。

在集团军层面，弹药管理办公室隶属于补给营。而在师一级单位，弹药管理办公室则隶属于补给指挥官（Nachschubführer）。顾名思义，弹药管理办公室负责设立弹药库和分发点，并管理弹药库存。

一般来说，会有一名高级行政官员（Intendant）[12]负责监督口粮补给办公室——该办公室管理口粮库存和分发点（有时候也负责采购口粮）。

弹药管理办公室和口粮补给办公室负责控制从外部运来的补给物资，并管理现有的库存、分发点和转运点。接收队和补给队指挥官，以及伙食军官负责协助弹药管理办公室和口粮补给办公室。

此外，行政机构必须提前进入补给系统，并通过征集劳力来防止作战部队遭削弱。

补给队和后方勤务的移动

1050. 口粮补给队、行李队和后方勤务指挥官必须了解当前战场的情况，以便更好地完成他们的任务。而下级指挥官们也必须清楚当前的态势、行军路线和目标，以方便落在后面的部队能重新取得联系。

所有从事支援任务的指挥官都必须与上级部门保持不间断的联系，他们应优先考虑保持有线通信联系。此外，从事支援任务的指挥官们还必须确保其部队在规定时间内到达指定目标，并做好支援战斗部队的准备——他们必须尽一切努力确保在适当的时候为战斗部队提供补给。因此，从事支援任务的部队需要保持最严格人员纪律和行军纪律。

1051. 若各补给队和后方勤务没有被临时分配或部署到别处，可以分成几个分队移动和宿营。各分队的编成取决于指挥官的意图、相关态势、负载和移动手段、行军纵队的安全性，以及宿营考虑。若上级未具体指定分队负责人，则由军衔较高者承担指挥工作。如有上级下达的特别命令，那么该命令将会指定分队的检查点和宿营地域。

分队指挥官负责控制分队的移动和途中的休息停顿。此外，分队应沿有有线通信铺设的道路行进，这既有利于他们同补给勤务负责人和部队指挥官保持联系，也有利于各分队之间的联系。

倘若战斗即将爆发，那么弹药队和战地医院（如果他们依靠马匹拖曳的话）可与一支战斗辎重队合并。在相关情况、道路和掩护条件允许时，合并后的队伍应尽量靠近战场。当轻型补给队负责从战斗辎重队获取弹药补给时，必须迅速而又安全地完成补给任务。此外，若情况需要，可将个别车辆派往前方的战斗部队。

1052. 补给队、行李队和后方勤务在进行移动时，不仅相互间必须进行协调，还应同其他部队的运动相协调，以免在道路上和交叉路口处发生拥堵。

在后撤期间，各补给队和后方勤务必须尽可能撤至后方，以免干扰战斗部队的行动。

1053. 指挥官在策划补给队、行李队和后方勤务的移动令时，应考虑到在某些情况下他们不需要额外的安全保障。

由于补给队和后方勤务只配备了轻武器，无法从事激烈的战斗。所以在当地民众充满敌意或能预料到会遭遇敌人的威胁时，指挥官必须为补给队和后方勤务增加警戒和侦察掩护。而在特别不安全的情况下，指挥官则有必要为补给队和后方勤务派遣特别护送队。

1054. 所有行军的顺畅与否，都取决于对交通繁忙的道路的控制措施。堵塞点和建筑区，特别是那些狭窄的街道处，都需要加强交通控制——相关情况可能会要求交通管理人员和工人对道路和交通信号设施加以维修。在必要时，指挥官可为交通管理人员配备宪兵。

1055. 相关人员在控制分发点的交通时，必须注意让到达和离开的车辆使用不同路线。也就是说，他们必须规定同时在分发点装载和卸载的车辆的准确数目（驶入的车队和补给队应提前获知这些数据）。此外，等候的车辆必须停在隐蔽处，靠近分发点并离开道路，不能妨碍正在行进中的车辆和人员。

1056. 分发点不应设在十字路口。倘若分发点位于敌火力射程内，则不应设在地图上易于识别的地方，那会使它们成为敌炮兵眼中最醒目的攻击目标。

1057. 分发点、仓库、堆栈、卸载补给物资的火车站和其他重要后勤设施，应由防空部队和对空预警勤务加以掩护（特别是在交通最繁忙的时候）。当然，这一点取决于相关情况和可派遣的兵力。此外，重要的后勤设施必须加以伪装，以迷惑敌人的空中侦察。

宪兵勤务

1058. 集团军一级会配属地区指挥部和警卫部队，而师级或更高级别的指挥部则会配属宪兵（Feldgendarmerie）。仅在最特殊的情况下，战斗部队才可抽调士兵加强宪兵力量。

1059. 警卫部队除了负责保护仓库、堆栈和其他类似设施外，还负责看押俘房（以便将俘房转移出作战地域）。在正常情况下，警卫部队不会被用于抗击敌军的掩护任务。

1060. 地区指挥部设在战斗部队作战地域外的关键地点（例如道路交叉口），由地区指挥部负责当地交通的管理，并在他们负责的地区为行军部队的宿营提供安全保障。通常情况下，地区指挥部还会设立信息中心，以及收容散兵和俘房的收容点。这时，可为地区指挥部配属警卫部队和宪兵。

1061. 宪兵部队在集团军后方地域执行警察勤务。某些情况下，宪兵也可用于加强警卫和警戒勤务。此外，集团军司令也可为自己的指挥部配备少量宪兵。

宪兵的主要任务包括在分发点、仓库、堆栈、火车站，以及沿线地点维持秩序并管理交通。此外，宪兵还负责收容掉队的士兵，并把他们送回原部队；制止劫掠和未经批准的征用；监督平民，并为他们提供保护，以防暴行的发生；执行警务措施，以控制传染病的传播。

1062. 宪兵应身着军装，并在左臂佩戴写有"宪兵"字样的绿色袖章。宪兵在执勤时必须被视为军事警卫，而不执勤时宪兵则只能行使与其军衔相符的权力。

宪兵在和军官（或佩戴军官军衔的官员）打交道时必须谨慎行事。宪兵在发现军官（或佩戴军官军衔的官员）违反相关规定和宪兵们的指示时，必须予以指出。必要时，宪兵应要求涉事军官（或佩戴军官军衔的官员）说出姓名和所属部队，以便向上级投诉他们。

宪兵们无权对合成部队分遣队采取行动，他们应把涉及这些部队的一切问题向指挥官汇报。

1063. 上级下达命令后，陆军所有成员必须支持宪兵们的工作。

1064. 除了宪兵指挥链上的军官和宪兵所属部队的高级指挥官，只有校级或更高级别的军官有权批评违反规定的宪兵。只有宪兵部队指挥官或将级军官有权下令逮捕执勤中的宪兵。

注释：

1. 德军工作人员通常也包括文职官员（Wehrmachtbeamten）。这些文职官员也会身穿军装，并拥有名义上的军衔。不过在某些情况下，他们也会被列入战斗人员名单。

2. 军需官是文职官员，通常会佩戴少尉军衔，他们负责军饷、津贴、口粮、伙食、服装账目和部队财务。

3. 步兵师补给队由 8 支卡车队组成，每队配备 10 辆 5 吨卡车。其中第 7 和第 8 车队通常会携带弹药。（Wedemeyer Report, p. 40）

4. 步兵轻型补给队（每个团一个）拥有 39 辆大车，载运能力为 19 吨。通信和工兵轻型补给队（每个营一个）则配备 10 辆 1.5 吨卡车。（Wedemeyer Report, p. 41）

5. 连一级的战斗辎重队由 3 辆大车（每个排一辆）和一个战地厨房组成，战斗辎重队主要负责拖运弹药。连级行李队由 1 辆大车构成，在非摩托化部队中，连级口粮补给队由 1 辆大车（每个连 1 辆）和 1 辆卡车（每两个连 1 辆）组成。（Wedemeyer Report, p. 41）

6. 在第一次世界大战前，高爆弹和榴霰弹是不同类型的弹药。榴霰弹在飞行中爆炸，向前投射出数百个钢珠。而高爆弹虽然会产生爆炸，但却没有明显的碎片效果。在第一次世界大战结束时，各国都已完善了化学和冶金公式，从而使炮弹具有显著的爆炸和碎片效果。从那时起，榴霰弹消失了。第二次世界大战期间，盟军将新型炮弹称为高爆弹，而德国人则称之为 Splitter（字面意思是碎片化）。

7. 部队指挥官的定义参见第 26 段。

8. 人员的口粮。

9. 牲畜的口粮。

10. 基本口粮包括饼干（250 克）、冷肉（200 克）、泡菜（150 克）、咖啡（25 克）和盐（25 克）。

11. "马匹"这个词适用于从事军事勤务的所有役用牲畜。

12. 从事行政勤务的文职官员，通常会佩戴上校军衔。

后记

从卡尔·冯·克劳塞维茨的《战争论》以来，德国人对战争经验的总结从未停止。第一次世界大战结束后，汉斯·冯·泽克特将军成为德国军队领导者，魏玛防卫军便非常仔细地研究、分析了这场大战的发展。《作战指挥》（*Truppenführung*）便诞生于这一时期（第一部分于1933年出版，第二部分于1934年出版），由泽克特为首的德国国防部部队局组织撰写，展现了当年的德国军队在战争之道上的探索与创新。

《作战指挥》更新了《合成军队的指挥和战斗》（简称 "Das FuG"）的基本概念，毫无遗漏地收录了战事过程中指挥官职能涉及的方方面面，并试图将一战中出现的坦克、卡车、装甲车、飞机之类的武器有效纳入德国机动作战和战术灵活性的传统。其内容本身与政治无甚瓜葛，重点几乎完全在战术方面，战斗情报、后勤、战争政治、战略层级是本书的薄弱环节，甚至还因不太关注战争政治而受到指摘。

《作战指挥》的军事价值主要体现在以下三个方面。一是预料到新武器技术的出现，探讨了机动作战、空中力量、电子通信在战场上的创新运用及发展潜力。其中关于装甲战车、航空力量、无线电通信的构想在未来的战争中得到了验证，并获得了一定成功。关于炮火方位技术、自行火炮、化学战的构想则经历史验证而淘汰，被其他更先进的武器和技术取代。二是整本手册忠实地贯彻了"任务型命令"（Auftragstaktik）的概念。"任务型命令"要求上级指挥官告知任务目标及完成时间，但没有必要告诉下级如何去做，受领任务的下级指挥官须在充分理解上级意图的前提下执行任务。这样一来，下级指挥官在执行任务时就有了很大的自由度，可充分发挥其主动性，使军队的协同更加高效。三是手册具有语言描述精确、适用性强的特点。《作战指挥》是群体创作的产物，其撰写目的是为基层指挥官传授一套适用于复杂、特殊战斗情况下的智力工具，总参谋部和军方领导可在战争和演习验证后调整手册不合时宜的内容。

很难想象《作战指挥》在出版七十多年后，其关于作战、领导乃至战术的性质方面的许多内容，时至今日仍备受关注。美国陆军1941年推出的作战手册，大部分内容直接引自《作战指挥》。美国陆军 20 世纪 70—80 年代发展并推出的空地一体战战役学说中，也隐约可见德国军事理论的烙印。二战后的许多军事学说也深受德军在二战中的经历及德国机动作战传统的影响。

虽然这七十多年间，武器和技术发生了巨大变化，也出现了许多新技术，但作战和战争战役层级的性质却没有改变，战场上依然存在迷雾和摩擦。指挥官们的目标依旧是歼灭敌对武装力量，他们依旧需要在备受压力、混乱迷惑的情况下做出生死攸关的决策。"合成兵种"依旧是战术的基础，指挥官们最关注的问题依旧是如何最大限度地发挥部队战斗力。而这些问题都是《作战指挥》曾经探讨过的，而这也许就是这本书当前的价值所在。

附录

附录1
书面通信、战斗报告、战时日志指导方针

书面通信

1. 书面通信应尽可能简洁。

2. 反复检查书面通信。复述通过听写记录下的一切消息，以免发生误解和错误。

3. 指挥所必须总是仔细检查接收到的命令、报告或摘要。此外，发给同一收件方的多份命令和报告上应添加编号。

4. 应谨慎使用诸如右、左、前、后、这一边、那一边、上和下这些方向词。倘若存在混淆的可能性（诸如右侧翼、左侧翼和侧翼警戒这些指示取决于它们所参照敌人的位置），应以具体方位取代这些词。行军纵队和独立部队应以其指挥官的名字命名，除非基于战斗符号序列的简单命名更加适用。此外，行军纵队的前部和后部根据行军方向指定。

5. 各纵队之间的前后空间称为距离（Abstand），各部队之间的横向空间称为间隔（Zwischenraum）。对于一支梯次配置的部队而言，应具有距离和间隔。前向间距从纵队头部测量，后向间距从纵队尾部测量到下一个后续梯队。

6. 年、月、日应简写，如将 1933 年 9 月 20 日表述为 20.9.33 或 20.Sept.33。

为避免发生歧义，表明夜晚时应注明前后两天，并以斜杠隔开，例如 20./21.6 或 20./21 June 夜间。

此外，在表明小时和分钟时，应使用以下格式：

手写和印刷 : 905 Hours 或 1800 Hours

打字 : 905 Hours 或 1800 Hours

四位数而不添加 hours 的电传打字 : 0905 或 1800

以 24 或 000Hours 表示午夜，具体选择取决于执勤时段在该时间点是开始还是结束，例如 15. May 24 Hours 或 16.5 000 Hours。

值得注意的是，诸如昨日、今日和明日这些词可能也需要加以澄清（视情况而定）。

7. 地名不仅要以拉丁字母[1]书写，还要清晰、准确地复制自地图。倘若同样的名称不止一次出现在同一地区，就应添加额外信息，以免发生歧义，例如"厄尔斯以东 3 千米的诺伊霍夫"（相同的表示方法也可应用于地图上难以找到的那些地点）。具有双重名称或后缀的地点应标出其全名，例如 Ottstedt a. Berge。地名不详处必须以特殊表示法指明，以消除产生误解的可能性，例如"西格斯多尔夫与霍尔岑之间树林东部边缘的一组房屋"。音译一个外国地名时，还应在其名称后标出原名，例如 Plsn（Pilsen），Breszeczany（Bjechany）。

8. 道路通常会以道路两端的地名加以命名，例如"霍亨坦—巴尔瑙公路"。道路、交叉口、十字路口和出口必须谨慎确认，在大多数情况下，它们不应以方位标注。

9. 以海拔标注一个地点总是需要额外的标识，例如"328 点，吉尔斯多夫以西 2.5 千米"。

10. 诸如战斗地段和分界线这些线路的表述至少需要两个点，例如"达勒维茨西北方 1 千米的亚恩斯多夫教堂—风车房"。不过，这种表述可能需要插入"包括"或"除外"这些词。通常说来，在地图上绘制示意图强过进行复杂的表述。

11. 指定部队位置、地形地段和区域时，应从己方右侧或敌人左侧起，沿逆时针方向依次进行。

12. 使用地图网格为参照往往能更容易地识别地点和其他点，但前提条件是接收方也在同一网格内。倘若敌人有能力拦截我方通信，部队就需要采用这种方式来进行标注。

13. 指出地形参照的命令通常也应包括地图参考，即便接收方没有这种地图。同样，只有使用地图参考才能理解的一切地名，必须限制在接收方也有同一份地图的情况下。此外，下达命令方必须标明地图编号。[2]

14. 指挥部和部队名称的缩写必须符合信函和通信规定。

15. 信函必须以足够清晰的方式进行书写，以便收信方在光线不足的情况下阅读。不要使用有可能被雨雪弄脏的书写媒介。

16. 在将铅笔书写的文件归档前，接收方必须给这些文件涂上保护液，例如牛奶或稀释的胶水。[3]

17. 以下准则适用于标准电报纸：[4]

发送端这一段表示指挥部、师或部队的当前任务，不要写下发送报告的个人的名字。例如 2.K.D.; [5]Picket Detail Schulze 9./I.R.8; [6] Reconnaissance Patrol 2./R.R.8 [7]above Gunthersleben at Ohrdruf; Observation Post Book–B。

此外，还应确保接收地址的简短，例如"发至 I.R.10[8]；发至前卫指挥官"。

另外，签名段应包括清晰书写的发送方姓名，在信封上也应注明发送点和发送时间。至于收件方，则要在信封上确认收悉。

电报侧边的窄条是装订或黏合用的，不应在任何一侧书写文字。

内装保密或具有私人性质的电报时，信封才可以封闭——在后一种情况下，信封上应注明"私人"字样。

电报纸应当印在牢固的纸张上，并允许使用一张复写纸。

高级指挥部及其工作人员无须使用标准电报纸，他们通常使用记事本和复写纸。

战斗报告 [9]

一份战斗报告（Gefechtsbericht）应在开头处指出战场的位置和部队的部署，然后是个别部队的实力以及指挥的整体状态。

作战行动的描述必须包括准确的时间、开始时的态势、命令的下达、决策（简要说明原因）、行动前后的动作，以及战斗结束后的态势。此外，报告还应总结行动过程受到的主要影响。

如有可能，报告应逐字记录下以书面或有线通信方式下达的关键命令。另外，战斗报告还应记录下不太重要的命令和口头命令，并标明传送或接收的时间和地点。

文件传送或接收消息及其他信息时，战斗报告中的记录方式与命令相同。

战斗报告应记录关于命令和消息传递方法及手段的准确信息。

战斗报告中的所有命令和信息，应按时间顺序附加在另一页，这样便可向右展开，以便阅读。[10]

战斗报告的补充内容包括己方后续意图指示、对敌军的行动及其后续意图的评估、关于敌部队及其损失的信息、己方弹药消耗、缴获物资清单、关于战场的信息、关于天气的信息，以及己方人员、马匹、武器和装备的损失。此外，报告中附加的带有标注的地图、略图、简单的地形示意图都有助于报告的明确性。

战斗报告结尾处应附上报告者的签名、军衔和所属部队。

次要行动的战斗报告可记录在一张标准电报纸上。

战时日志

战时日志（Kriegstagebuch）是一支部队所采取的全部行动的主要记录，无论他们是在战场上、边防期间还是在国内动乱的情况下。与战斗报告相结合，战时日志是进行战后分析的基本文件。简而言之就是，战时日志与战斗报告构成了历史档案的核心。[11]

所有指挥部和低至营级的部队（包括骑兵部队）都应保持他们的战时日志。编制较小的部队，倘若其行动没有出现在上级部门的战时日志中，那么，他们也应有自己的战时日志。如果存有疑问，则由上级指挥官就此做出决定。

指挥部或部队应委派一名合适的军官负责撰写战时日志[12]。需要注意的是，日志的每日条目都必须包含准确的时间标记，而记录事件则不需要标准格式。

指挥官每个月都应确认战时日志条目的完整性和准确性。

每一份战时日志都必须在开头处说明其目的。

注释：

1. 书写或印刷时使用拉丁字母，而不是旧德文或哥特字母。《部队指挥——关于德国的战争艺术》一书的原版，在印刷时使用了哥特字母。与普遍的看法相反的是，第三帝国并不鼓励使用哥特字母，并自 1940 年起不再使用哥特字母印刷书籍。

2. 在 20 世纪 30 年代后期，德国陆军使用了三种基本类型的地图。1:25000 地图几乎完全由炮兵使用，绘制得最详细也最准确，地形高度以等高线标出。1:100000 地图是主要战术地图。以上两种地图都印刷成黑白色。至于 1:300000 地图则是主要的战役地图，以六种颜色印制。(Hartness Report, pp. 13-14)

3. 任何一个曾在德国军事档案馆（Bundesarchiv/Militärarchiv）同第一次世界大战或二战初期的文件打过交道的人，都会对这种程序的价值深表赞同。

4. 原手册引用两种标准电报纸为例：一种是 C6 格式（114 毫米 ×162 毫米），另一种是 A5 格式（148 毫米 ×210 毫米）。

5. 第 2 骑兵师。

6. 第 8 步兵团第 9 连。

7. 第 8 骑兵团第 2 中队。

8. 第 10 步兵团。

9. 用现代的说法，这些报告应称为战后报告。

10. 这种做法再次令埋头于档案馆内的历史学家们极为赞赏。

11. 与大多数军队相比，德国陆军在保持彻底而又准确的战时日志方面特别严守纪律并尽职尽责。第一次世界大战后，这些战时日志成为冯·塞克特 20 世纪 20 年代革新之前德国陆军所做分析的主要资料来源。历史学家们今天将这些幸存下来的战时日志视为极其宝贵的资源。

12. 军一级和更低编制的部队，通常由作战处（1a）负责撰写战时日志。集团军级和更高编制的部队，大部分参谋处都保持着由他们自己书写战时日志的习惯，而整体战时日志则由作战处撰写。

附录2

略图、示意图、全景示意图、态势图指导方针

所有军事绘图都必须要求清晰、易读，即便在低光照条件下亦是如此。此外，所有军事绘图都必须明确强调关键特征。

略图

略图（北约目前的做法是，大部分作战命令都附加一份行动每个阶段机动方案的略图）不仅可以用来表示一些复杂的东西，还可以在某些时候替代复杂的书面描述。

在时间紧促时，可使用几条铅笔线来描绘地形并标示己方部队。在大多数情况下，这种略图都是靠目测来进行绘制的。不过，关键距离和尺寸，例如某个地段的河道宽度，都应标出数字。在略图上直接写下此类信息，可省去详细的书面描述这一步骤。

倘若时间充裕，基本度量可通过地图传送的话，绘图员应标明地表状况和关键方向线，指向图纸的边缘外。而且，绘图员还应估计大致距离，必要时可通过步行、骑马或驾车测量距离。此外，绘图员应尽可能标明海拔高度，而地形形态则可通过等高线、山丘边缘线或阴影法加以标识。

示意图

示意图为主要地图提供补充。这种示意图基于侦察信息，并作为一份草稿用于地形组织。

示意图应同主要地图非常相似，必要时可通过概览示意图加以补充。相同比例的地图摘录可替代示意图。所有示意图的方向都应朝北。

示意图的比例尺通常为 1：2500。不过需要注意的是，1：12500 的比例尺主要

用于关键细节，而 1：50000 或更小的比例尺则用于较大的地形地带。此外，示意图上应总是标明比例尺。

特殊的战斗情况可以通过特殊绘图和文字附注的方式加以说明，但某些情况可能需要附加折页或一份随附的地形图。

绘制一幅示意图应从主地图移植网格，并在必要时予以放大。绘图员应先植入道路网，然后是水道、地名、开阔地和树林——这些条目使用的标记应与主地图相同。此外，河流流向以箭头标识，铁路和路线的起点及终点标为"从(至)A……X 千米"。主要绘图应标绘地形形状。绘图员应先填入标高线，然后是山丘和等高线。以阴影法绘制山坡可以加强地形的视觉概念，轻度、中度和重度阴影表示地形适合驱车、步行或攀登。

己方和敌方位置一般会在最后绘制，并使用不同颜色和缩写标识进行区分。

示意图应附有解释一切缩写的图例，必要时也可指明部队的位置。图例还应包括其他所有必要信息，特别是示意图上未妥善标明的地形性质。

示意图的绘制者应在地图右下角注明自己的姓名、军衔和所属部队。

全景示意图

全景示意图是从绘制者的角度来描绘地形，对前哨和观察者特别有用。

绘制者在绘制全景示意图时，应先在一张纸上画下观察到的地形轮廓，然后植入关键地点，并以柔和的深色铅笔线条勾勒出景观线、柔和的浅色铅笔线标出背景，再用更强烈的线条勾出前景。地名应写在全景示意图的上方或下方，指明并解释部队的位置。此外，全景示意图必须注明绘制者的位置和他的观察方位。

态势图

态势图绘制的是己方、敌方或二者的位置。此外，它也可用于表明一个或多个兵种的位置，或仅用于标识基地和后勤部队在指定时间的位置。

绘制态势图的方法包括用不同的色彩和阴影、实线和虚线、细线和粗线，来区分不同时间的不同态势。必要时，绘制者可在态势图上添加注释，从而解释图上的缩写、部队番号和其他符号。

附录3
德军步兵师，1937—1938年

到 20 世纪 30 年代末，德军步兵师已是一个现代化合成兵种编制。基于他们在第一次世界大战中获得的经验，德国人取消了旅级指挥机构，并采用三三制编成。以下编成由阿尔伯特·C.魏德迈上尉报告，他曾在 1936—1938 年作为美国交流军官在战争学院学习。（Wedemeyer Report, pp. 35–40）

	师部 摩托车信使排		
三个步兵团 三个步兵营		师属炮兵	
三个步兵连 重武器连	野战炮兵团	重型炮兵营	观测营
	三个野战炮兵营	两个重型榴弹炮连 重型加农炮连	声测连 光测连
	三个轻型炮兵连		调查连
侦察营	反坦克营	工兵营	通信营

	后方勤务		
面包连 屠宰连	辎重队	宪兵连	医院连 收容连
	八支摩托化车队 油料队 汽车维修排 劳工部队		两个救护车连 兽医连

步兵师的兵力

辖内部队	人员数	马匹数
师部	207	10
步兵团（三个）	3051	657
炮兵指挥部	38	19
轻型榴弹炮团	2362	1163
重型炮兵营	899	571
观测营	619	摩托化
侦察营	587	316
反坦克营	618	摩托化
通信营	441	58
工兵营	883	52
全师战斗兵力[※]	**15701**	**4160**
后勤补给	**1562**	**305**
全师总兵力	**17263**	**4465**

※战斗兵力是一支部队可用于从事战斗的人员，后勤补给兵力不计入战斗兵力。全师总兵力为全师战斗兵力与后勤补给兵力之和。

步兵师的武器装备

步枪	13500
手枪	3000
轻机枪	355
重机枪	133
轻型迫击炮（50毫米）	37
重型迫击炮（81毫米）	54
轻型步兵加农炮（75毫米）	20
重型步兵加农炮（150毫米）	6
反坦克炮（37毫米）	75
轻型炮兵榴弹炮（105毫米）	36
重型炮兵榴弹炮（150毫米）	8
炮兵加农炮（105毫米）	4
高射机枪（20毫米）	16[※]

※防空营从空军转隶步兵师。

附录4
名义上的装甲师，1935—1937年

　　德国第一款真正的坦克是直到 1936 年才出现的四号坦克。虽然德国人在 1935 年秋季组建了第一个装甲师，但直到 1937 年年底才彻底投入运作。战争学院的学员使用名义上的装甲师从事演习和兵棋推演，直至 1937 年年底。以下编成由哈伦·哈特尼斯上尉报告，他曾在 1935—1937 年作为美国交流军官在战争学院学习（Hartness Report, pp. 48–50）。该编成与 1935 年 10 月 15 日出现的第 1 装甲师的编成几乎完全一致。

	师部 空中侦察中队	
坦克旅		步兵旅
两个坦克团 两个坦克营	摩托车营	步兵团 两个步兵营
三个轻型坦克连 中型坦克连		两个摩托化步兵连 摩托车连 摩托化重机枪连 摩托化重武器连
炮兵团	摩托化反坦克营	摩托化侦察营
两个榴弹炮营		
三个摩托化炮兵连		
	摩托化通信营　摩托化工兵营　防空营	

武器装备	
坦克旅	其他所有师属部队
416辆坦克	48挺重机枪
748挺轻机枪	224挺轻机枪
153挺20毫米高射机枪	22挺20毫米高射机枪
6门37毫米反坦克炮	48门37毫米反坦克炮
52门75毫米火炮	36门37毫米高射炮[※]
	24门105毫米榴弹炮
	9架侦察机[※]

※调自空军。

德军师级指挥部，1937—1938年

作战处	补给处	行政处
Ia.作战科 首席参谋军官 首席通信主任 地图办公室	Ib.补给科 第二参谋军官 第二通讯主任 步兵和炮兵装备办公室 弹药办公室 补给队指挥官 行李队指挥官 邮政科长	IIa.人事科 副官 助理副官※
Ic.情报科 情报主任 第三通信主任 译员（2）※	IVa.行政科 高级行政官※ 出纳员（2）※ 口粮办公室 财务室	III.军法科 军法官※ 法律文书文员
顾问 炮兵指挥官 工兵指挥官 通信指挥官 反坦克指挥官 防空指挥官※※	IVb.医务科 军医主任 助理军医主任	V.牧师科 天主教牧师 新教牧师※※※
	IVc.兽医科 兽医主任 助理兽医主任	师部科 师部指挥官 师部警卫指挥官 摩托车信使排

※文职人员　　※※配属时　　※※※神职人员

　　在师一级作战单位中，作战参谋（Ia）通常也是师参谋长，而在师级以上编制的作战单位中，这两个职务通常是分开的。20世纪30年代后期，德军师一般只有两名充分获得资质的总参军官，也就是Ia和Ib，有时候Ic也是获得资质的总参军官。虽然通信主任是高级参谋，但一般都未获得总参资质。某些情况下，这些军官可能都完成了战争学院的教学课程，但见习期结束后没有获得任命。作战处的顾问们拥有对他们各自部队的指挥权。德军关键岗位上有一些文职人员，他们的上级是高级行政官，而后者也是IVa行政科的负责人。

参考资料

Balck, Hermann, *Ordnung im Chaos*, (Osnabrück, Germany: 1981).

Beck, Ludwig, *Studien,* Hans Speidel, ed., (Frankfurt, Germany: 1956).

Behrehdt, Hans, *Rommel's Intelligence in the Desert* Campaign, (London: 1985).

Blumentritt, Guenther, *Von Rundstet, The Soldier and the Man*, (London: 1952).

Citino, Robert M ., *The Path to Blitzkrieg: Doctrine and Training in the German Army, 1920-1939,* (Boulder, Colo.: 1999).

Clausewitz, Carl von, *On War*, Michael Howard and Peter Paret trans, and eds. (Princeton, N.J.: 1976).

Corum, *James S., The Roots of Blitzkrieg: Hans von Seeckt and German Military Reform*, (Lawrence, Kan.: 1992).

Creveld, Martin van, *Fighting Power: German and U.S. Army Performance, 1939-1945,* (Westport, Conn.: 1982).

Dupuy, Trevor N ., *A Genius for War: The German Army and the General Staff, 1807-1945*, (Englewood Cliffs, N.J.: 1977.)

Förster, Jürgen, "The Dynamics of Volksgemeinschaft: Effectiveness of the German Military Establishment in the Second World War," in *Military Effectiveness, Volume III, The Second World War*, Allan R. Millet and Williamson Murray, eds., (London: 1988).

Görlitz, Walter, *The German General Staff*, 1657-1945, (London: 1953).

Griffith, Paddy, *Forward into Battle: Fighting Tactics From Waterloo to the Near Future*, (Novato, Calif.: 1990).

Guderian, Heinz, *Achtung-Panzer!* (London: 1992).

Guderian, Heinz, *Panzer Leader,* (London: 1952).

Gudmundsson, Bruce I. *Stormtroop Tactics: Innovation in the German Army, 1914-1918*, (Westport, Conn.: 1989).

Haider, Franz: *Generaloberst Halder Kriegstagebuch*, (Stuttgart: 1957).

Hartness, Harlan N ., "Report No. 15,260, Report on the German General Staff School, Staff Methods, and Tactical Doctrine," National Archives and Record Administration, Record Group 165, Box 1113, (3 May 1937) (*the Hartness Report*).

Hughes, Daniel J., ed., *Moltke on the Art of War: Selected Writings*, (Novato, Calif.: 1993).

Kesselring, Albert, *A Soldiers Record*, (New York: 1953).

Leeb, Wilhelm von, *Die Abwehr*, (Berlin: 1938).

Liddell Hart, Basil H., *The Other Side of the Hill*, (London: 1951).

Liddell Hart, Basil H., ed., *The Rommel Papers*, (London: 1953).

Lupfer, Timothy, *The Dynamics of Doctrine: The Changes in German Tactical Doctrine During the First World War,* (Leavenworth, Kan.: 1981).

Macksey, Kenneth, *The Tank Pioneers,* (London: 1981).

Manstein, Erich von, *Lost Victories,* (London: 1958).

Megargee, Geoffrey P., *Inside Hitler's High Command,* (Lawrence, Kan.: 2000).

Mellenthin, F.W. von, *Panzer Battles: A Study in the Employment of Armor in the Second World War,* (Norman, Okla.: 1956).

Murray, Williamson, "Leading the Troops: A German Manual of 1933," *Marine Corps Gazette,* (September 1999), pp. 95-97.

Naveh, Shimon, *In Pursuit of Military Excellence: The Evolution of Operational Theory,* (London: 1997).

Newton, Steve H., *German Battle Tactics on the Eastern Front,* (Atglen, Pa.: 1994).

Rommel, Erwin, *Attacks,* (Vienna, Va.: 1979).

Rosinski, Herbert, *The German Army*, (Washington: 1944).

Simpkin, Richard, *Race to the Swift: Thoughts on Twenty-first Century Warfare,* (London: 1985).

United States Army, *Field Manual 100-5, Operations*, (Washington, D.C.: 1986, 1993).

United States War Department, *Field Manual 100-5, Field Service Regulations: Operations*, (Washington, D.C.: 1941, 1944).

United States War Department, *Technical Manual-E 30-451, Handbook on German Military Forces,* (Washington, D.C.: 1945).

Wallach, Jeduha L., *The Dogma of the Battle of Annihilation: The Theories of Clausewitz and Schliejfen and Their Impact on the German Conduct of Two World Wars,* (Westport, Conn.: 1986).

Warlimont, Walter, *Inside Hitler's Headquarters 1939-45,* (London: 1964).

Wedemeyer, Albert C, "Report No. 15,999, German General Staff School," National Archives and Record Administration, Record Group 165, Box 1113, (4 August 1938) (*the Wedemeyer Report*).

Westphal, Siegfried, *The German Army in the West,* (London: 1951).

Zabecki, David T., *Steel Wind: Colonel Georg Bruchmüller and the Birth of Modern Artillery,* (Westport, Conn.: 1994).

单兵作战技能手册

单兵作战技能手册

邓敏 编著

COMBAT SKILL MANUAL
OF THE SOLDIER

360 余幅示意图详细展示每名士兵都应具备的战斗技能

内容源于美国陆军部陆军司令部（Headquarters -Department Of The Army）颁布的作战训练条例和美国陆军步兵学校（US Army Infantry School）的训练手册

360余幅战斗技能示意图，更有详细的单兵格斗技巧图解

● 内容源于美国陆军部陆军司令部（Headquarters Department Of The Army）颁布的作战训练条例和美国陆军步兵学校（US Army Infantry School）的训练手册

● 生存、潜伏、隐蔽、急救、反侦察、反装甲、情报收集……系统呈现现代战争中士兵应具备的战斗技能

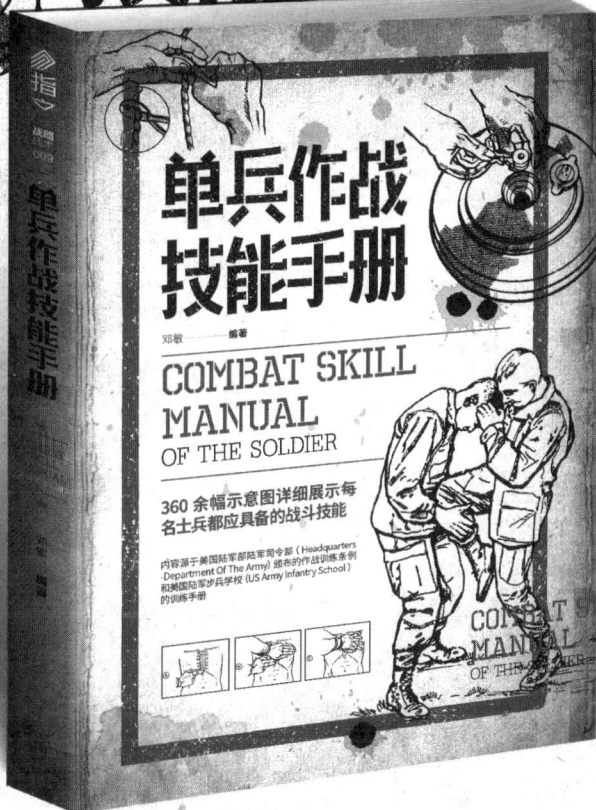

《国防军》三部曲

- 现代德国军事史研究泰斗——罗伯特·M.奇蒂诺（ROBERT M. CITINO）奠定地位之作。

- 《国防军》第二部（THE WEHRMACHT RETREATS: FIGHTING A LOST WAR, 1943）荣获纽约军事事务研讨会（NEW YORK MILITARY AFFAIRS SYMPO-SIUM）2012年度"亚瑟·古德泽特"奖（ARTHUR GOODZEIT AWARD）、美国军事历史学会（AMERICAN SOCIETY FOR MILITARY HISTORY）2013年度"杰出图书"奖（DISTINGUISHED BOOK AWARD）。

- 还原战场真相，解读德军"运动战"的得与失、成与败。